MBA エグゼクティブズ

戦略、マネジメント・コントロール、会計の総合力

ビジネス・ブレークスルー大学大学院経営学研究科教授
慶應義塾大学名誉教授

山根 節 ――著
YAMANE, Takashi

中央経済社

プロローグ…プロ経営者の時代

日本の弱点は「経営トップ」

　私がビジネススクールで経営学を教える仕事に携わってから，20年の歳月が過ぎた。ビジネススクール教授に奉職する前は，実務家として20年活動した。コンサルティング会社に7年在籍し，その後自分で会社を設立して経営者となって13年の計20年である。したがって私は教育と実務を半々，20年ずつこなしたことになる。

　40年経った今，経営教育について自分なりに見えたものがある。それは次のようなことである。

- ・良い経営者がいれば，日本は世界で勝てる
- ・しかし「日本の弱点は経営トップ」（by P.F. ドラッカー）にある
- ・経営は座学で学び，教えることができる。つまり経営者は育成できる
- ・今の日本企業に足りないのは経営教育である
- ・したがって経営教育に本気になれば，日本は勝てる！

　私は仕事柄，経営トップとお会いする機会が多い。数年前になるが，ある巨大企業の社内研修のお手伝いで新任の社長にお会いする機会があった。

　その新任社長は管理職時代の実績が認められて，トップに選ばれた人だった。地方の営業所長や海外事業部長などを歴任し，成功実績を積み重ねてきた。加えて非常に気配りの利いた感じの良い方で，周囲から「トップに選ばれて当然」という雰囲気を感じさせる人だった。

　しかしその企業の業績がやがて迷走し始める。就任当初にぶち上げた中期計画は未達の連続となり，社内の動揺も高まっていった。私は後から考えて，その理由がわかる気がした。

　それは研修会の冒頭，社長講話でのことだった。彼は自分の経験談や成功のための心構えを若手幹部に話した。そして最後にこう言った。

「若いころからいろいろなことを力の限りやってきた。それに悔いはない。ただ1つあるとすれば，今思うのは若いうちにこういう（経営の）勉強をしておけばよかった」

彼は努力家だったので，30代で上司に実力を認められて（その上司が後に社長となった），その上司から「ビジネススクールに行って，勉強してこい」と推薦されたのだが，目の前の仕事が面白くて断った。それが今となって，たった1つの後悔だと吐露したのである。

彼は努力家であり，中間管理職時代に実績を積み重ねて社長に選ばれたものの，「経営とは何か」，「経営者は何をするのか」を勉強する機会がなかった。つまり経営を教わってこなかったのである。

日本のトップは「代表取締役担当者」

わが国では，どのようにしてトップが選ばれるのだろうか。先の会社の事例が一般的なのではなかろうか。ミドル時代の成功実績から指名されるというパターン。

努力家のミドルが社長になると，自分がこれまで経験した領域は詳しいので，例えば営業出身だと営業の仕事にやたら口を出してくる。あるいは自分がかつて担当した事業部門となると細かいことまで知り尽くしていて，その部門の社員の裏の行動まで読めたりする。そうなると現場担当者のあらゆる言い訳を封じ，追い込むこともできる。しかし自分が経験してこなかった部門や仕事のことになると，「よきに計らえ！」を決め込んで聞き役に徹する，などということが起こる。

こういう日本のトップの姿を揶揄してか，一橋大学楠木建教授は「日本の社長は"代表取締役担当者"」と称するが，まさに笑えるほど言いえて妙である。

ピーター・ドラッカーは日本的経営を評価していた人である。日本が低迷を続けた「失われた10年」の時代でさえ，「日本を侮ってはいけない」と発言していた。彼は経営学者などという範疇を遥かに超えた巨人だったが，その彼がこう言っていた。

「日本企業の弱点は経営トップにある」
「日本の経営トップは経営しない」[1]

なぜこんなことを言われるのか？　それはやはり日本の中間管理職層が，経営を勉強する機会を与えられなかったからだ，と私は考えている。

中間管理職の仕事と経営トップの仕事は全く異なる。しかしそのことを知らずに中間管理職が経営トップに選ばれると，「何をしたらよいのか？」わからずに，つまり「経営をしない」で時をやり過ごしてしまうことが多いのではないか。

中間管理職はいわば「部分最適の仕事」をしている。組織全体の中で，部分領域を任せられる。多くの場合成し遂げるべき目的や目標が，上から与えられ明らかである。そのゴールを期待以上にやり遂げるのは，日本人の得意技である。

一方で経営トップには，目的や目標はあらかじめ与えられない。それを自ら創造し，設定するのがトップである。しかもそれは難しく悩ましい仕事である。

例えば壮大なビジョンを掲げて目標を高く設定すれば，リスクが飛躍的に高まる。投資額が大きくなり，失敗したときの反動が大きい。さらに従業員も付いていくのが大変で，組織が疲弊する。

逆にビジョンを小振りにすればリスクは小さくなり，従業員も楽になるが，今度は株主が許さない。株価が下がり，「経営陣交代！」の声が高まり，自分の地位すら危うくなる。

「社内のどの部門に，経営資源をどれだけ配分するか」も同様に悩ましい意思決定問題である。営業サイドに肩入れして営業投資を大盤振る舞いすると，研究開発部門長や財務部門長が文句を言い始める。新規事業部門に多額の資金や優秀な人材を集中配分すると，伝統事業部門は「俺たちが稼いできたのに」と恨めしい顔をする。

経営トップの判断とは，かように悩ましいトレードオフ対立の間での微妙な

---

[1]　Forbes Japan, Nov. 2014, p66

意思決定なのである。大局を視野に入れ，「全体最適」の立場に立った，正解のない意思決定を下すのが経営トップの仕事である。

「部分」と「全体」。つまり中間管理職と経営トップの仕事は，全く異なるのだ。

しかし日本では「管理職の延長線上にトップがいる」と考えられ，双六(すごろく)のアガリがトップであるかのように受け取られていないだろうか？

中間管理職と経営トップの仕事が全く違うとすれば，後継トップとなる管理職は経営をあらかじめ勉強しておかなければならないことになる。筆者は実務で社長も経験し，またビジネススクールで教鞭を取ってきたキャリアの中で，固くこう確信している。日本に足りないのは，経営教育であると。

MBAが重厚長大企業のトップにも登場

最近，新聞や雑誌に「プロ経営者」という言葉が躍るようになった。

それは元㈱ローソンCEO新浪剛史氏（現サントリーHD㈱社長）や㈱LIXILグループCEO藤森義明氏，㈱資生堂社長魚谷雅彦氏といった人たちである。実は彼らは皆，ビジネススクールを卒業したMBA（経営学修士，Master of Business Administration）である。

MBAタイトルを持つ人は，次のような企業には今日当たり前のように多い。

・外資系企業
・コンサルティング会社
・同族企業（その後継経営者）
・ベンチャー企業（起業家）

外資系コンサルティング会社に至っては，トップからスタッフに至るまでMBAでない人のほうが少数派である。

しかし実は日本の伝統的企業にも，最近MBAが増えていることに気づく。

トヨタ自動車㈱豊田章夫社長やイオン㈱岡田元也社長（どちらも米バブソン大学），サントリーHD㈱会長佐治信忠氏（米カリフォルニア大学ロスアンジェルス校）などは創業家出身なので，同族後継者という「当たり前カテゴリー」

に入れたほうがよいかもしれない（創業家は後継者をビジネススクールに送りたがる！）。

しかしそうした人以外に例えば次のようなトップたちがいる。

新日鐵住金㈱社長進藤孝生氏（元社長の三村明夫氏も同じハーバードMBA），㈱小松製作所CEO大橋徹二氏（スタンフォード），㈱日清製粉グループ社長大枝宏之氏，ブリヂストン㈱CEO津谷正明氏（いずれもシカゴ），㈱三井住友銀行頭取国部毅氏（ペンシルベニア），第一三共㈱社長中山譲治氏（ノースウェスタン），テルモ㈱社長新宅祐太郎氏（カリフォルニア・バークレー校），東京証券取引所㈱社長清田瞭氏（ワシントン）…etc.

これらの人たちは私が最近発見した事例だが，調べていくと実はほかにもたくさんいることがわかった。日本の重厚長大企業や伝統企業にもMBAがやっと増えてきたということであろう。そうした事例が示すのは，「やはり座学で経営をきっちり勉強した人は強い」ということである。

MBAの価値について，いわゆる「叩き上げ」の経営者の中にも少しずつ浸透してきていることを私も実感している。例えば次のような発言が見出される。

「若いうちは，ゼネラリストは不要。自分の専門に必死に取り組み，雑務を嫌がらずにやることでいろいろなことが見えてくる。若いうちに高めた専門性を背景に，30歳代半ば以降に経営学修士号（MBA）のようなゼネラリスト的な能力に挑むべきだ。そこで経営幹部に上れるか，管理職でとどまるかが決まる」（日本電産㈱社長・永守重信氏の発言[2]）

永守氏は今最も注目される創業経営者の1人で，「勘と度胸の人」のように見られがちである。ところがMBAの価値を見抜いている1人なのだ。

もちろんMBAがすべてだなどと言っているわけではない。経営を座学で勉強する場が必要，ということが言いたいのである。

---

2 日経産業新聞 2014/4/1，19面

経営者の仕事を学べ！

　それでは，あらためて勉強すべき経営トップの仕事とは，いったい何だろうか？

　ビジネススクールにはいろいろな科目が並んでいる。「会計管理」,「マーケティング」,「技術経営」,「ファイナンス」,「人的資源管理」,「競争戦略論」…etc。

　ビジネススクール的にシンプルに言ってしまえば，「経営者はこれらすべてを（一定程度）理解している人」のことである。マーケティングがわからなければ，顧客を見失う。会計や財務がわからなければ，企業を破産に追い込むかもしれない。ヒトに音痴な人は土台，経営者には向かない。かように，経営者はすべてを理解している必要がある。

　経営の本質は総合である。英語で"synthesis"という。

　「経営は総合」となると，全体像をつかむのに定性的な議論だけでは足りない。定量的な情報を組み合わせる必要がある。経営の全体像を捉える定量的な情報ツールとなると，会計が不可欠である。

　このことは著名な経営者も実感的に語っている。例えば，元コマツCEOの坂根正弘氏や京セラ創業者の稲盛和夫氏である。

　「リーダーにとって『見える化』ができるかどうかは，非常に重要な能力だ。この能力を磨くには，何事も全体的な観点から見ることである。できれば若い時から，自分のいる部署や部門だけでなく，会社全体について数字で把握するようにすると良い。全体が見えないのに，本当の問題点など見えるはずがない」（坂根氏[3]）

　「『会計がわからんで経営ができるか』…それは混迷する時代に，血を吐くような思いで叫んでいる，私の叱咤激励である…。経営を飛行機の操縦に例えるならば，会計データは経営のコクピットにある計器盤にあらわれる数字に相当する。…（その）意味するところを手に取るように理解できるようにならなけ

3　坂根正弘『言葉力が人を動かす』東洋経済新報社 2012

れば，本当の経営者とは言えない」(稲盛氏[4])

お二人ともに強調しているのは，「会計なくして経営はできない」ということである。

繰り返しになるが，経営は総合である。当たり前だが，会計数字も交えて議論しないと，経営の議論にはならない。

この本のコンセプト

この本が狙ったコンセプトは次のとおりである。

① **総合性**

実務家と研究者の両方を経験した筆者の知見をベースに，経営の全体像を常に頭に置くよう記述した。経営の部分領域を議論するにしても，全体の中の位置づけを明らかにしつつ議論している。

② **会計数値との統合**

全体像を明らかにするために，できる限り会計数値を取り入れている。しかも読者の理解が容易なように，比例縮尺財務諸表によって簡易な説明を心掛けた。

③ **ケースによる事例研究**

総論的な理論ばかりでは，ビジネスパーソンには具体的なイメージができない。理論は使い方がイメージできないと勉強にならない。したがって理論の概要を述べた後で，事例と事例解説によって現実的な場面から，現代の経営が理解できるように心がけた。重要なテーマをセレクトし，また経営実務でよく使われる経営理論を紹介しながら解説している。

この本は「経営を勉強したい」と思っているビジネスパーソンやMBA学生に向けて書いたものである。

何度も「全体を」と言ってきたが，しかし経営全体を1冊の本に書き込むこ

---

[4] 稲盛和夫『稲盛和夫の実学―経営と会計』日本経済新聞出版社 2000

とはもとより困難である。経営の全領域を網羅しようとすれば，それは「経営学全集」のようなイメージのものになって大部となるだろうし，もちろん筆者の手に余る。

　しかしこの本を読んでもらえれば，経営の全体像がおぼろげにわかるのではなかろうか。そしてその「おぼろげに全体がわかる」ことが，経営の学習では決定的に重要だと考えている。少なくとも経営の初学者にとって，全体の方向性を見失わない指針が得られるはずだ。この本を読み終えれば，経営者になりたい人が「何を学ぶべきか」「何をしなければならないか」がイメージできると考えている。

　また経営を学びたいと思っている人の中には，マーケティングや財務，人事や情報システムのスペシャリストを目指す人たちもいるだろう。そうした人たちにとっては，自分が果たすべきミッションが経営全体の中でどこに位置づけられるか，わかるはずである。「全体を視野に入れたスペシャリスト」こそが，本来求められる専門家人材である。

　この本は経営教育に携わる筆者の，日ごろの危機感から生まれた。せめて日本の経営教育に一石を投じることができればと願っている。

　繰り返して言いたい。

　日本企業の弱点は経営トップである。もし若手層がトップ教育の機会を広く得ることができれば，日本は勝てる！

　『有能な CEO を教育現場で量産したい！』

　これは日々，経営教育に携わる私たちビジネススクール教員の心からの願いなのである。

2015 年 1 月　　　山根　節

CONTENTS

プロローグ

第1章 経営の全体像とビジネスモデル

意識されないトップの仕事／ 2
経営の全体像とトップの 6 つの仕事／ 3
戦略の決定要素＝経営理念／ 5
「儲け話」の創造とビジネススキル／ 7
［コラム］ 会計とは経営の全体像を写すツール／ 9
会計を統合するビジネスモデルの定義／ 11
経営計画のフロー／ 13
経営環境分析，3C 分析と SWOT ／ 15
全社戦略と事業ポートフォリオ／ 18
機能別戦略とバリューチェーン／ 20
マネジメント・コントロールの設計とセブン S モデル／ 22
戦略とマネコンは一貫する／ 26
マネコンの本質はヒトのマネージ／ 28
［ケース］ ㈱LIXIL グループ
　　　　　…プロ経営者・藤森義明氏の GE 流マネジメント／ 31
　CEO 藤森義明氏の登板／ 31
　プレーヤー多く競争激しい住設業界／ 33
　5 社統合と M&A の狙い／ 35
　藤森社長の経営戦略と構造改革／ 36

グローバル企業へ経営理念を新しく構築／38
藤森社長のリーダーシップ・スタイル／40

> ケース解説

GEが育てたチェンジ・リーダー／44
成功確率の低いM&AとPMI／46
すべてGEで教わった藤森氏／47

第2章 経営環境と会計情報

経営環境を読む情報源／52
公表2次情報，そして会計情報／54
ランキングで読むビジネス動向／55
グローバリゼーション銘柄は資源，商社，自動車など／60
世界経済のけん引役・中国／63
スマイルカーブとムッツリカーブ／65
世界のリスク・ファクター中国／67
IT革命が引き金を引いたグローバリゼーション／69
ITが破壊する競争の壁と5 Forcesモデル／71
現在はまだIT革命の黎明期／74

> ケース　㈱小松製作所
>   　　　…オールド・エコノミーからの変容／76

コマツ，売上高営業利益率20%が目標／76
バブル期に世界最大市場だった日本／79
2001年坂根正弘氏の社長登板／80
ダントツ商品の開発とマザー工場制の導入／82
e-KOMATSUとKOMTRAXの威力／84

需要予測や債権回収にも KOMTRAX を利用／**86**
コマツの試練／**88**

> ケース解説

IT でゲームのルールを変えたコマツ／**88**
コングロマリット・ディスカウントと V カーブ／**90**
営業債権を増やし続けるコマツ／**92**
進む IT 革命と競争環境の変化／**96**

第3章 経営理念と経営業績

経営理念を意思決定する！／**100**
ビジネススクールにない「経営理念」科目／**102**
ホンダの基本理念「人間尊重」と「三つの喜び」／**104**
本田宗一郎氏の理想と創発的戦略／**106**
今日のホンダとイノベーション／**108**
経営理念の定義と役割／**111**
組織文化変革の方法論／**112**

> ケース ㈱スワン
> …宅急便創業者が創ったパン屋さん／**115**

「サービスが先，利益は後」／**115**
ヤマトは我なり／**117**
ポンと寄付した 46 億円／**118**
消費者が欲しいものを作る／**120**
福祉か金儲けか／**121**
働くことは苦しみではなく喜び／**123**
ライバルはスターバックス／**125**

障害者を納税者にする／127
　　　ケース解説
　　　　社会機関，人的機関としての企業／128
　　　　企業の社会的貢献／131
　　　　スワンと巨大なスケールのヤマト／133
　　　　BOPビジネスとプロ経営者／136

第4章 マネジメント・コントロール（1）
── 組織と計画コントロール

経営のハードウェア設計／140
分業の功罪と対立のマネージ／141
組織の編成原理 ── サークルとホイール／145
組織構造に関するさまざまな議論／147
バリューチェーン革新と外部ネットワーク組織／151
計画コントロールの本質／155
不確実な未来と計画策定／156
戦略計画の大罪と日本的計画管理／159
　ケース　　ユニ・チャーム㈱
　　　　　　…SAPS経営／162
　　ユニ・チャームの躍進／162
　　ユニ・チャームの沿革／165
　　子会社で始まったSAPS経営／167
　　SAPSマネジメント・モデル／168
　　SAPS経営の問題点と工夫／171
　ケース解説
　　なぜユニ・チャームはプロセスを管理する？／172

PDCA でなく SAPS が適する訳／**173**
リザルト・コントロールとプロセス・コントロール／**175**
プロセス・コントロールの功罪／**177**

第5章 マネジメント・コントロール(2)
── インセンティブと育成人事

経営のソフトウェア設計…情熱に火をつけるもの／**182**
「欲求階層説」とインセンティブ／**183**
青色 LED 訴訟が意味するもの／**186**
能力主義とインセンティブの配分／**189**
情報製造業としての企業と人材育成／**191**
経営人材を育成する 3 つの方法／**193**
ネットワーク構築と人事異動／**196**

【ケース】　日本航空㈱
　　　　　…企業再生プログラムと稲盛フィロソフィー／**199**
JAL，2 年 7 カ月で東証に再上場／**199**
再建を支えた現場の社員たちの奮闘／**200**
JAL の破綻前と再建後の財務諸表比較／**202**

【ケース解説】
財務諸表で見る JAL と ANA ／**204**
高インフラ設備型サービス業の航空会社／**206**
企業再生のメニュー／**209**
会社更生手続き特有の財務リストラ／**211**
企業再生の方法論／**213**

第6章 リーダーシップ・スタイル

リーダーシップ・スタイルのコンティンジェンシー・モデル／**218**
イノベーションとベンチャーが果たす役割／**221**
ベンチャーの定義と日本の低い起業率／**225**
ベンチャーのリスクと大企業社員のリスク／**227**
起業家たちの至福／**230**

ケース　㈱ローソン
　　　　　　…イントラプレナー新浪剛史氏の経営革新／**231**

日本で花開いたフランチャイズ・システム／**231**
新浪氏と中内㓛氏との出会い／**233**
新浪氏，ローソン社長に手を挙げる／**235**
新浪氏の10年間のローソン改革／**236**
セブン-イレブンとの差別化を模索するローソン／**238**
三菱商事の事情／**239**

ケース解説

サントリー新社長に迎えられた新浪氏／**241**
なかなか向上しなかったローソンの業績／**242**
三菱商事がサポートする事情／**245**
わが国ではアントレプレナーよりイントラプレナー／**247**
リーダーシップ開発のカギ／**249**

エピローグ／**252**

第1章

経営の全体像とビジネスモデル

「自由企業制度の将来は、『経営者がまさしく経営しなければならない』というスローガンに忠実であらんとするか否かにかかっている」(P.F. ドラッカー[1])

意識されないトップの仕事

アメリカでは「経営者はプロフェッショナルな職業」と捉えられている。専門的な教育を受け、役割の定義がはっきりした仕事と考えられているのである。

しかしわが国では「経営トップの仕事」が明確に認識されていない。それは多くの論者も指摘している。

「事業部長として優秀だった経営者が、大企業の社長として問題となることもしばしばある。…事業責任者をやれる人は案外いるけれど社長が務まる人が少ない、という経営陣の人材的偏りとつながっている」[2]

「あるとき突然『君が次の社長だ』といわれても、『それは何をやる仕事ですか』と聞く人は少ないと思います。つい『わかりました』と言ってしまう。しかし社長経験者でもない限り、本当はわかっていない可能性もあると思うのです。…社長業を務めていて、『あなたは何をやる人ですか』という質問に明確にこたえられるかどうか。何をやったか、は答えられても、責任や役割については答えられないことが、特に日本では多いのではないか、という印象があります」[3]

組織のトップという最も重要なポジションの仕事が明確に意識されていないというのは、考えてみれば極めておかしなことである。

ドラッカーも1980年代の日本企業をこんなふうに観察していた。

「日本の大企業のCEOには、『経営』に使える時間をわずかでも持つ者はほ

---

1 P.F. ドラッカー『ドラッカー HBR 全論文』ハーバード・ビジネス・レビュー(以下「HBR」) 2010/6
2 伊丹敬之『経営を見る眼』東洋経済新報社 2007
3 安渕聖司『GE 世界標準の仕事術』新潮社 2014

とんどいない。経営者の時間はすべて，社内業務のための時間でさえ，人間関係に費やされる。会社のコントロールは維持している。だが『経営』はしない。それは下の者に任される。

…（中略）…トップたちは自分の時間を会合に費やす。会合の間はじっと座り，緑茶をすすり，耳を傾け，いくつか質問する。彼らはまた仕事帰りに銀座のバーで，銀行関係者，様々な省庁の高級官僚…。彼らはとにかく，人と会ってじっと座って時を過ごすのだ。言うまでもなく，彼らの目的は何かを解決することではなく，相互理解を確立することにある」[4]

ドラッカーの観察眼は，笑ってしまうほどリアルである。年配のビジネスパーソンならば誰もが見てきたシーンであろう。

「経営はせず，下に任せる」という御神輿経営スタイルは，方向が明快な高度成長期には成果が伴ってきた。しかし荒波に揉まれる変化の激しい時代になるとうまく行かない。ひとたび嵐になったら船長がマストに上って「右舷に舵を切れ！」などと自ら指揮しないと，船は混乱のまま迷走するからである。

もちろん日本的経営の短所に気づき，改革に成功した企業は多い。しかしトップが果たすべき役割認識が希薄なことこそが，わが国の「失われた20年」の根本的要因ではないかと考えている。

経営の全体像とトップの6つの仕事

それではあらためてトップの仕事とは何だろうか？
ドラッカーは経営トップ（CEO）の仕事を次のように定義している。
<経営トップの仕事>[5]
① 重要な外部を定義する。「顧客は誰か？」「顧客の価値とは何か？」を問い続ける

4　P.F.ドラッカー前掲論文
5　P.F.ドラッカー著，上田淳生訳『マネジメント』ダイヤモンド社2001より。ただし，時代によって多少内容や表現を変えてきているので，筆者の編集を加えている。

② 「われわれの事業は何か？　何であるべきか？」を繰り返し自問自答する
③ 組織の精神，価値観や基準を決め，組織を作り上げ維持する
④ 現在の利益と未来の投資のバランスを図る
⑤ 次のトップを育成する
⑥ 対外的に組織を代表し，重大な危機に際しては自ら出動する

　経営学は軍略にヒントを得たものが多い。軍事用語もよく使われる。戦略や戦術という言葉が典型である。

　戦争で最も大切なのは，優れた戦略を立てることである。孫子の兵法に「敵を知り己を知れば百戦危しからずや」という言葉がある。優れた戦略はまず敵と己を知ることから始まる，と孫子は言う。

　「敵」というのは経営の場面では，財布の紐を固く締めているお客である。多くの場合，それは最終消費者である。さらに同じようにお客の財布を狙う競争相手がいる。消費者やライバルを包む戦場は，業界や地域，日本や世界へと広がりつつつながっている。これらを総称して「経営環境」と呼ぶ。

　企業は環境の中で生きている。環境とうまく適合できないと生存できない。それが自然界の法則である。

　孫子の兵法の「己」とは，自らが持つ兵力，兵站の質量を指す。経営では，それを「経営資源」と呼ぶ。企業はヒト，モノ，カネ，情報といった経営資源を持っている。経営環境を読み，手持ちの経営資源の質量を量ることで，優れた戦略を組み立てることができる。これが孫子の言葉の意味である。

　では企業の経営戦略とは，どんなものだろうか。

　建物の建築を例にとると，わかりやすい。もし自分が「良い建物を建てたい」と思ったとき，まずやらなければならないのは「良い設計図を手に入れる」ことであろう。

　そのためにはその建物に要求されている周囲のニーズや要件を考え，自分の土地やカネなど手持ち資源を量り，建築士と相談しながら設計図を練り上げていくだろう。経営では，この「環境との関わり方に関する長期的設計図」を経

営戦略と呼ぶ。

　良い設計図さえ手に入れば，それで終わりかといえばそんなことはない。設計図を手に入れたら，次に良い大工さんを手配し，必要な資材を集め，資金を調達し，図面通りに工事が運ぶように日程計画を立て「Plan-Do-Check-Act」のサイクルに落とし込み，そして工事チームをコントロールしていかなければならない。軍略でいう具体的な戦術展開である。ドラッカーの言葉では「現在の利益と未来の投資のバランスを図る」ということになる。

　この実行過程の仕事を「マネジメント・コントロール（マネコン）」と呼ぶ[6]。マネコンのシステムやプロセスも設計が必要であり，そして実際に現場をリード（Plan-Do）していくことが必要である。これらがトップの役割である。

　コントロールの対象は，ヒト・モノ・カネ・情報という経営資源だが，もちろんモノ・カネ・情報はヒトによって働きが決まるので，ヒトが最も重要なリソースとなる。ヒトのマネジメントがマネコンの本質である。

戦略の決定要素＝経営理念

　設計図，つまり経営戦略を決めるとき，実はもう1つ重要な決定要素がある。それは「どんな建物を建てたいのか？　その建物でどんな暮らしをしたいのか？」といった主（あるじ）の理想や価値観である。企業経営では，これを経営理念と呼ぶ。経営理念とは組織が共有すべき理想や価値観，行動規範，信念の総称である。

　経営理念の説明をする際，私は「織田信長・桶狭間の戦い」をよくたとえ話にもち出す。

　今川義元の軍勢10万人を前にして，手勢8千人の織田信長が描いた軍略。普通の人がロジカルに考えると，出てくる結論は「勝負は見えている。敵の軍門に下る」くらいであろう。しかし信長の理念は「天下取り」であり，「降伏するなら死を選ぶ」という強い信念を持っていた。信長のこんな理念が奇想天

---

[6] 経営学の論者によって，「組織マネジメント」，ないしシンプルに「組織」と呼ばれることもある。

外な決死の戦法を生む。一点突破の奇襲作戦である。そしてこの軍略でかろうじて得た成功から，信長は歴史をブレイクスルーした。

つまり戦略や戦術を決めるのは，理念なのである。

経営も同じで，「何がやりたいか？　何をなすべきか？」が決まらなければ設計図は引けない。

困ったことに，日本のトップはここがはっきりしない人が多い。

「この企業をどうしたいですか？　貴社の製品サービスを通じて社会とどう関わりたいですか？」という質問をトップに投げかけると，明快な答えをスパッと返してくれる経営者は実は少数派である。世界一になりたいのか，ローカルでまあまあの利益を確保し続ける企業でいたいのか，設計図は全く違うはずだ。しかしそこが明快でないトップが多いのだ。

トップが担うべき経営の全体像を図式にしたものが，**<図表1-1>** である。

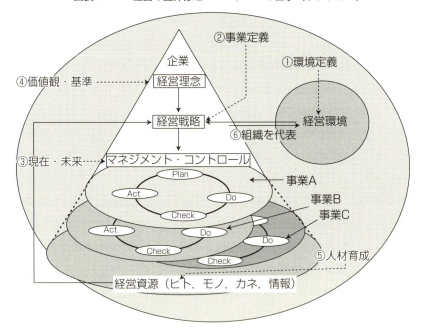

<図表1-1> 経営の全体像とCEOの6つの仕事（ドラッカー）

あらためて，基本キーワードを次のように定義しよう。

「経営戦略」とは「経営理念を実現するためにデザインされた環境との関わり方に関する長期的な基本設計図」である。そして「マネジメント・コントロール」とはその「実行システムとプロセスを設計し，それをリードすること」である。

ドラッカーの言葉に即していえば，経営者の仕事とは経営環境を定義し（①），経営戦略をデザインし（②），組織が共有すべき経営理念を決めて組織を維持し（③），マネコン・サイクルを設計する（④）。そして次の経営を担う人材を育成し（⑤），さらに組織を代表すること（⑥）が，トップの仕事ということになる。

「儲け話」の創造とビジネススキル

次に，経営トップが経営を進めていくには，どんな能力が必要なのだろうか。

そもそもビジネスとは何だろうか。ビジネスとは簡単に言ってしまうと，「何もないところに儲け話を創造すること」である。

経営トップが儲け話の設計図を引くためには，大局的視野，状況認知力，分析力や論理性といった素養が求められる。これらは"Logical Thinking"と呼ばれる分野の能力である。

そしてもう1つ，「儲け話を創造する」には，クリエイティブなデザイン能力が求められる。

英語のLogical Thinkingの反対語は，"Narrative Thinking"または"Story Thinking"である。まだ現実には存在していないフィクション（Story）を物語る（Narration）力がビジネスには必要なのである。

セコムの創業者飯田亮氏は「経営者はビジネス・デザイナー」と言っているが，まさにこれである。つまり経営者はロジカルなサイエンティストであるとともに，物語のクリエイター，あるいはアーティストということになる。

したがって経営者に求められる能力は次のようなものになる。

(1) テクニカル・スキル（業界ルールや商品知識，営業ノウハウなど）
(2) コンセプチュアル・スキル（洞察力，分析力，判断力など）
(3) クリエイティビティ（デザイン能力）
(4) ヒューマン・スキル（人間関係能力）

(1)と(2)はロジカル・シンキング系の能力である。業界ごとの知識やその会社特有の営業知識などは，最低限必要となる。それは特に営業や製造の現場にいる組織のロワーレベルの人たちにはなくてはならないものである。しかし組織内の地位が上に行けば行くほど，テクニカル・スキルのウエイトは減少し，逆にコンセプチュアル・スキルの重要性が高まる。

同時に経営のデザイン能力も，組織の上層部の人たちには特に求められていく。経営の設計力いかんで，企業の命運が決まってくるからである。

そして地位の上下に関係なく，ビジネスパーソンに必要とされるのが人間関係能力である。マネジメント・コントロールをリードしていくには，人を動かす力がどうしても必要である。末端の社員であっても，誰かの力を借りて動いてもらわないと仕事にならない。

これらのことを模式図化したのが<図表1-2>である。

<図表1-2> ビジネス・スキルとは？

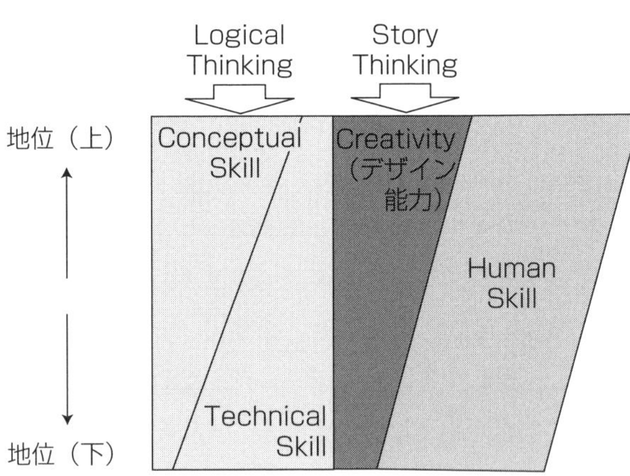

経営書では一般に，コンセプチュアル・スキルやヒューマン・スキルばかり注目される傾向があるが，経営トップにはデザイン能力，クリエイティビティがないと務まらないのだ。この点は強調しておきたい。

コラム：会計とは経営の全体像を写すツール

会計の本質は「経営の全体像を写像化する情報ツール」である。

この本では一貫して経営を議論していくわけだが，経営とはいろいろなコンセプトの塊である。企業はたくさんの種類の品物を作り（製品やサービス），資金（カネ）やいろいろな地域に工場や営業所（モノ）を持ち，さまざまな技術やノウハウをもち（情報），独特な歴史や企業文化を引き継いでいる。また，たくさんの社員（ヒト）が働き，オフィスアワー内の社員の行動は，その会社の経営の一部である。それらは有機的につながっているとしてもバラバラであり，すべてを総合的に捉えることはできない。

その中で，会計は『経営を総合的，包括的かつ統一的に捉える唯一のツール』である。この世の中にこのような総合性能を持ったツールは，会計以外に存在しない。

では，どうやって全体を捉えるかというと，経営活動全体に貨幣価値という尺度の光を当て，写像に投影するのである。これが財務諸表，ないし会計情報である。

これはいわば立体を平面図化したものなので，欠点も多々ある。貨幣価値に反応しないものは，漏れ落ちる。基本的に社内で発生した事実しか捉えられず，環境コストなど外部化されたものは捉えられない。

しかしこの種の全体を捉えるツールは他に存在しないため，経営を全体最適で考える立場にある経営トップにとっては，財務諸表を読み利用しうる能力（会計リテラシー）は必須のスキルとなる。

過去の経営の写像が財務諸表だとすると，会計は経営の未来構想も写像

化しうる。それは経営計画と呼ばれる（<**図表1-3**>）。

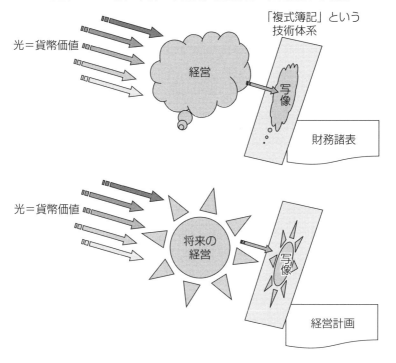

<**図表1-3**> 会計＝経営の「写像」，経営計画＝未来構想の「写像」

ビジネスは一般に次の順序を経て展開される。
源資（資金）の調達
　　⇒設備投資
　　　⇒コスト投入
　　　　⇒売上稼得
　　　　　⇒リターン（利益）獲得
財務諸表の構造はまさにこの循環になっている（<**図表1-4**>）。

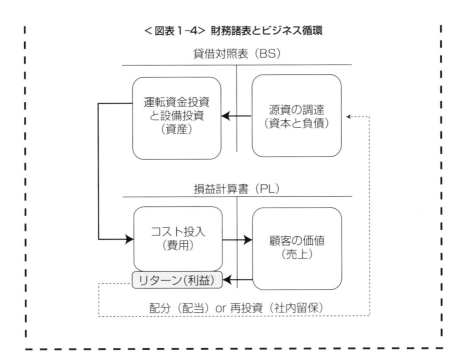

会計を統合するビジネスモデルの定義

　経営トップの仕事を流れという面から捉えてみたい。流れを説明するには，経営計画策定プロセスを考えていくとわかりやすい。コラムで述べたように，未来構想，つまり経営戦略の写像のツールが経営計画だからである。

　経営理念を具体化する経営戦略は，最終的に数値で描かれた経営計画に落とし込まなければならない。定性的な言葉だけでは具体性がなく，組織の人々にとって指針や目標が得られず，現実的な行動を起しにくいからである。

　一般に「経営戦略論」といった類の書物に，数値が盛り込まれたものはほとんどない。しかし現実の経営は会計数字と不可分である。

　経営と会計を統合して考える戦略概念に，「ビジネスモデル」がある。ビジネスモデルという言葉は流行り言葉のように扱われてきたので，明確に定義さ

れずに使われている場面が多い。しかしハーバード・ビジネススクールのクリステンセンは次の4つのプロセスからなるものと定義している[7]。

① 顧客価値の提供（CVP）
② 利益方程式
③ カギとなる経営資源
④ カギとなる業務プロセス

CVPとはドラッカーがトップの仕事の第1に掲げた「顧客は誰か？」、「顧客の価値とは何か？」に答えるものであり、これが明確でなくてはならない。それを支えるのが③と④のカギとなる経営資源および業務プロセスである。そしてクリステンセンが特に強調しているのは、②の利益方程式が明快かどうかということである。

利益方程式とは、収益モデル（売上を稼ぎ出す仕組み）と原価構造からなる。事業継続のための利益または現金をどう稼ぐのかについて具体的に示すことが必要だ。クリステンセンは、これが欠けている経営戦略はストーリーが一見美しくても失格だと言っている。ビジネスモデルとは、これらの条件すべてがそろった経営戦略を指している。

同じハーバードのマグレッタも、失敗するビジネスモデルは次の2つのどちらかが合格点に達しないものだという[8]。

① ストーリー・テスト（話の筋道が通っているかどうか）
② ナンバー・テスト（収支が合っているかどうか）

これは当然の指摘と考えられるが、従来の経営戦略論は会計数値的なチェックを欠いた定性議論が多かったのは事実であろう。したがって本書では経営と会計を統合的に論じていく。

---

[7] Clayton M. Christensen, et al., "Reinventing Your Business Model", HBR Dec. 2008（編集部訳「ビジネスモデル・イノベーションの原則」DIAMONDハーバード・ビジネス・レビュー（以下「DHBR」）2009/4）

[8] Joan Magretta, "Why Business Models Matter", HBR May 2002（村井章子訳「ビジネスモデルの正しい定義」DHBR 2011/8）

経営計画のフロー

　経営計画策定のプロセスをモデル的に示すと，<図表1-5>のようになる。経営計画は一般に，財務諸表と同じフォーマットで作成される。もちろん例外は多々あるが，計画数値と実績値が比較できないと株主などの利害関係者に説明できないので，同一フォーマットで作成されることが多いのである。

　具体的な現存企業の財務諸表を使って，経営計画のプロセスを考えてみよう。

　<図表1-6>はユニクロを展開するファーストリテイリング（以下，FR）の比例縮尺財務諸表である。

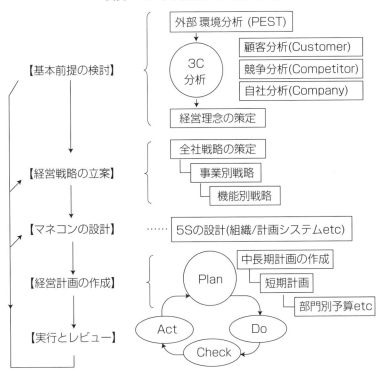

＜図表1-5＞ 経営計画フロー標準モデル

<図表1-6> ファーストリテイリング比例縮尺財務諸表
(2014年8月期　国際会計基準　営業利益まで表示　単位：十億円)

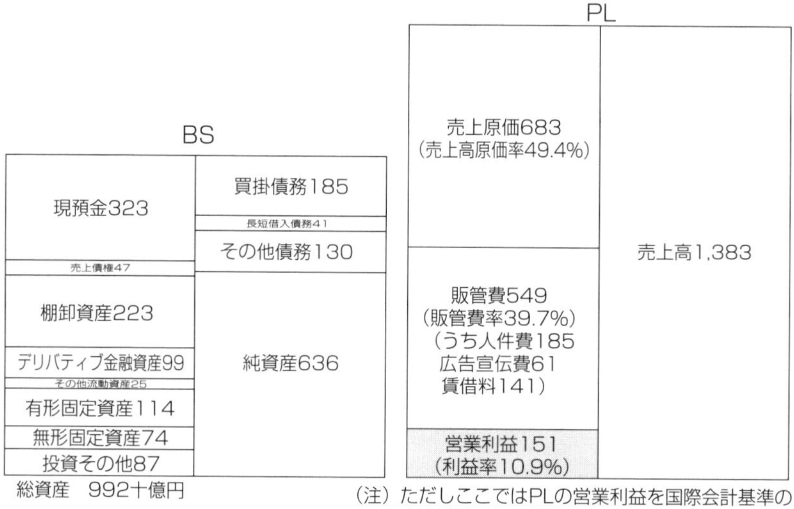

BS

現預金323	買掛債務185
	長短借入債務41
	その他債務130
売上債権47	
棚卸資産223	純資産636
デリバティブ金融資産99	
その他流動資産25	
有形固定資産114	
無形固定資産74	
投資その他87	

総資産　992十億円

PL

売上原価683 (売上高原価率49.4%)	売上高1,383
販管費549 (販管費率39.7%) (うち人件費185 広告宣伝費61 賃借料141)	
営業利益151 (利益率10.9%)	

(注) ただしここではPLの営業利益を国際会計基準の売上総利益から販管費を引いたものとしている

　FRの比例縮尺財務諸表によれば，2,230億円の在庫（棚卸資産）と1,140億円ほどの有形固定資産（店舗などの投資額。減価償却後）で，1兆3,830億円の売上を上げ，1,510億円の営業利益を計上している。極めて効率的なオペレーションに成功している。BS上の最大の資産は現預金であり，実質無借金の強い財務体質を持つ。

　PLを見ると，低価格業態であるにもかかわらず，売上原価率は50%を切っている。広告宣伝に多額資金を投じ（広告宣伝費は売上の4.4%に達する），それでも11%もの経常利益率を上げている。

　経営は環境を捉えるところから始まるが，FRはどのように捉えているのだろうか。それは同社HPに掲載されている柳井正社長の決算説明会資料などからうかがい知ることができる。

経営環境分析，3C 分析と SWOT

　FR は市場動向を，「環太平洋地域はゴールドラッシュ」という表現で要約している。

　主力事業ユニクロの顧客（Customer）のターゲットは国内ではすべての世代だが，今日特に重要なターゲットは海外の中間層，とりわけ若い世代と捉えている。日本のアパレル業界は 1990 年代に米国と同じ 16 兆円の市場規模があったが，現在は約 9 兆円に縮小している。一方の米国市場は 29 兆円にまで拡大し，そして中国は現在 22 兆円ある。数年後に中国市場は世界最大になると推定されているが，グレーターチャイナ（中国・香港・台湾）や，東南アジア，オセアニアが爆発的に拡大するのは間違いないと見ている。FR も海外店舗の 6 割超を，グレーターチャイナに展開している。

　面白いのは米国で，例えばサンフランシスコ店の客層はオープン以来，アジア系の人々が半分以上を占める。米国西海岸では IT など新産業が活発に生まれ，若い世代の人口が拡大しているが，それを米国における「新しいアジアの誕生」と表現している。だから環太平洋地域の市場を，アジアの勃興によるゴールドラッシュと捉えているのだ。

　一方，競合（Competitor）については国内企業をほとんど意識していないようである。ライバルと見ているのは，海外の大手有力ファッション企業である。FR は現在売上高で INDITEX（ZARA），H&M，GAP に次ぐ第 4 位，株式時価総額では GAP を超えて世界第 3 位のポジションにいる。FR のチャレンジは，「10 年以内に世界一」になることである。

　競争に勝ち抜く戦略の中心は，自社（Company）の最も強みとする差別化された商品である。

　FR のホームページには，FR の理念やユニクロの理想が次のように書かれてある。

　「ファーストリテイリングは服を変え，常識を変え，世界を変えていく」
　「ユニクロは世界で唯一の LifeWear ブランドをめざす」

「LifeWearとは，人々が自然に手に取ってしまうような服，人々の生活に密着し，日々の生活を豊かにする究極の普段着」

「ユニクロはあらゆる人がよいカジュアルを着られるようにする新しい日本の企業です」

ユニクロの服とは，「完成された部品」，「服そのものが進化する未来の服」，「美意識のある超・合理性でできた服」なのだという。ユニクロが目指すのは装飾的な服ではない。肌着やTシャツ，パンツといった部品的な服であり，普段着である。しかも手頃な価格で手に入る。その普段着をヒートテックやエアリズム，ウルトラライトダウン・ジャケットといった商品のように，高機能素材を使って革新しようというのである。この点はZARAやH&Mと全く異なり，差別性の強い戦略になっている。

ファッションは国ごとに消費者の好みが違い，ローカル性が強い。ユニクロも世界の地域ごとに商品開発するべく，開発センターを世界各地に配置している。しかし肌着やTシャツといった部品的普段着ならば共通性が高く，他社を圧倒するほど単一商品の大量販売が可能なのである。

ライバルと自社を比較分析するときに，一般的に使われるのがSWOT分析である。これは内部と外部環境，プラスとマイナス要因の4象限で自社を分析するツールである（<図表1-7>）。多くの人が使ったことのある分析ツールだと思うが，強調したい注意点がある。それは間違った使い方をすると，思考停

<図表1-7> SWOT分析

	プラス要因	マイナス要因
内部環境	強み Strengths	弱み Weaknesses
外部環境	機会 Opportunities	脅威 Threats

止になることだ。

　SWOT でユニクロを考えてみよう。

　例えばユニクロの環境認識である「環太平洋のゴールドラッシュ」は「機会」だろうか。それとも「脅威」だろうか。

　また大量生産による手頃な価格の「LifeWear」「部品服」「普段着」といった商品コンセプトは，「強み」だろうか。それとも「弱み」だろうか。

　実は，機会であり脅威である。また強みであり弱みでもある。なぜかといえば，ゴールドラッシュは誰もが目指すブームであり，競争がますます激しくなることが容易に想像できる。ゴールドラッシュに飛び込んでいくことは，自ら過酷な競争市場に乗り出していくことであり，いわゆるレッドオーシャン（血の海）に身をゆだねることでもある。したがって機会（チャンス）は同時に脅威（ピンチ）でもある。

　同様に量産による安価な普段着は，半面ファッション衣料ではないことを認めたことになる。肌着や T シャツが売上の中心ならば，ユニクロは「下着屋」，あるいは「インナー屋」ということになる。消費者からそう見られることは，ユニクロの強みでもあり，弱みにも転化しうる。現実にユニクロはファッション性の高いアウター商品に何度もトライしているが，今のところ失敗に終わっているようだ。柳井社長自ら，そうした失敗を総括して「消費者はわが社にファッション性を求めていない」と語ったこともある。

　SWOT 分析で大切なのは，機会は同時に脅威であり，また強みは弱みと裏腹だと認識することである。しかし学生諸君の SWOT 分析を見ると，「同じコインの裏表」という関係性を見失うケースが極めて多い。4 セルに収めた途端，そこから思考が進まないのだ。

　どんな企業にとっても時が経って環境が変化すると，機会は脅威に変わり，強みは弱みに転じる。自社の機会と脅威，強み・弱みはすべて裏腹である。しかも環境次第で強みになったり弱みになったり…。こういう認識のない SWOT 分析はむしろやめたほうがよい。

　現在の FR は差別化要素を生かしつつ，数値目標として「2020 年度に売上

高5兆円，営業利益1兆円の世界No.1ブランドになる」ことを掲げている。そしてその中間点として3年後に売上高2.5兆円を目指し，ローコスト経営により，各ブランドで営業利益率15%の達成を目指している。

全社戦略と事業ポートフォリオ

＜図表1-5＞にあるように，経営計画策定は環境分析と自社分析，理念の構築というプロセスを経て，次に具体的な経営戦略の検討が行われる。経営戦略はブレイクダウンされて，次のような構成になる。

① 全社戦略
② 事業別戦略
③ 機能別戦略

全社戦略とはマスタープランであり，具体的な事業分野（ドメイン）や事業の組み合わせ（事業ポートフォリオ）が描きこまれ，各事業別の戦略のガイドラインとなる。

事業ポートフォリオを検討するフレームワークとしては，PPM（プロダクト・ポートフォーリオ・マネジメント）が有名である。これは各事業が稼ぎ出すキャッシュフローの観点から，会社全体として効率の良い資源配分を検討する際に使われることがある。

具体的には各事業を「市場成長率」と「相対的市場シェア」という2軸で評価し，「スター（Star）」「金のなる木（Cash Cow）」「問題児（Problem）」「負け犬（Dog）」の4象限に分けて分類する。相対的市場シェアとは，自社と業界トップとのシェアの比で評価する。例えば自社がシェア10%を持ち，トップが40%であるような場合は，0.25となる。自社が40%を占めるトップ企業で，2位企業が20%とすると，2となる。

相対的市場シェアの高い事業はキャッシュフローが潤沢に入ってくる事業と考えられる。これに対して市場成長率の高い事業分野は，大量の投資資金を投入しなければならないだろう。したがって「金のなる木」の事業で資金を稼ぎ，

それを成長性は高いがシェアの低い「問題児」事業に投資することで，次の時代の「スター」事業に育てる全社戦略を立てようというのである。

FRは，事業を国内ユニクロと海外ユニクロ，グローバルブランド（GUやセオリーなど）に分けている。FRの2014年8月期実績では，セグメント別の売上と利益状況が<**図表1-8**>の上の表のように開示されている。国内ユニクロ事業はすでに低成長だが，圧倒的に勝ちを収めている。一方で競合ひしめく海外ユニクロ事業の成長率は高いものの，収益性がまだ低い。有形固定資産の配分は決算書に開示されていないので，それに代えて減価償却費の金額変化で見ると，海外ユニクロ事業に積極投資していることが推測できる。あくまでイメージであるが，FRのPPMは，<図表1-8>の下図のようになるであろう。

<**図表1-8**> ファーストリテイリング事業セグメント別情報とPPM分析イメージ

	報告セグメント			合計	その他/調整額	連結合計（単位：十億円）
	国内ユニクロ事業	海外ユニクロ事業	グローバルブランド事業			
売上収益	716(5%)	414(65%)	251(22%)	1,381	2	1,383(21%)
営業利益	106(9%)	33(165%)	△4(−)	135	△5	130(△3%)
セグメント利益（税引前利益）	107(9%)	33(165%)	△4(−)	136	△1	135(△13%)
減価償却費及びその他の償却費	9(19%)	11(48%)	6(63%)	26	5	31(31%)

(注) ①単位は十億円。カッコ内は前年比増分%。②グローバルブランド事業の前年実績営業利益は167億円の黒字。③ここに掲げた営業利益は国際会計基準による「その他収益・費用」を加えたもので，前掲の比例縮尺図の数字とは異なる。④「その他/調整額」とはその他の事業，および共通費など。

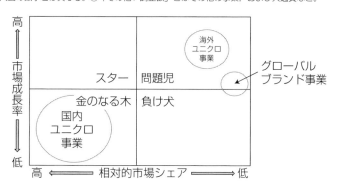

機能別戦略とバリューチェーン

　事業ごとの戦略は，さらに経営の機能分野ごとに詳細に検討されていく。機能別戦略は3つの基本機能に分けられる。それは『テクノロジー×マーケティング×管理』である。

　1つ目の「テクノロジー」とは，企業が製品・サービスを社会に提供していくために必要とされる研究開発技術（R&D）と生産技術のことである。FRのような小売業や商社では，この機能を「購買・調達」を通じて他社にアウトソースする。また業種によっては，「在庫・物流」のテクノロジーが極めて重要な役割を果たす業種もある。

　2つ目は「マーケティング」機能である。製品・サービスをいかに社会とインタラクションしながら届けていくか，という役割を果たすのが「マーケティング」である。小売業は「販売」という顧客サービスが重要な役割を担っている。製造業では「営業企画」は自ら行うが，販売を卸売業や小売業にアウトソースしているケースが多い。マーケティングは，販売や営業企画を含めた広い概念である。

　3つ目は「管理」機能である。テクノロジーとマーケティングを確保し実現していくためには，経営資源が必要である。管理はヒト・モノ・カネ・情報をいかに効率的に調達し，社内に配分し，成長育成するかという役割を担う。「情報」はここでは情報システムを想定している。資源としての情報は技術やノウハウを指す場合もあるが，その意味の情報はテクノロジーやマーケティングに含めて考えている。

　したがって機能別戦略は基本的に，『テクノロジー×マーケティング×管理』の3つから構成されることなる。

　これらの機能別活動は企業内の「バリューチェーン（価値連鎖）」と捉えることもできる。

　バリューチェーンとは，企業内外の活動をつながりと捉え，消費者に届けられるまでバリュー（付加価値）が増していく連続プロセスとみる見方である。

バリューチェーンという言葉を最初に使ったのは M.E. ポーター[9]だが，顧客の視点から見て，製品・サービスの調達，研究開発から，製造，在庫物流，マーケティング，販売，店舗サービスなどまでに至る全プロセスを意味している（<**図表1-9**>）。

<**図表1-9**> **機能別戦略とバリューチェーン**

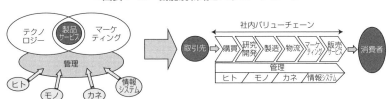

FR のユニクロ事業でバリューチェーンの組み合わせを考えてみよう。

マーケティングから考えると，フレームワークとして最も有名なのが「マーケティング・ミックスの 4P」である。4P とは「Product（商品やサービスのコンセプト）」，「Price（価格）」，「Promotion（販売促進）」，「Place（販売チャネル）」の頭文字である。

ユニクロの商品コンセプト（Product）は「究極の普段着 = LifeWear」であり，それを手頃な価格（Price）で，主に直営店を通じて消費者に届ける（Place）というモデルである。そして FR の HP によれば，その Promotion のアピール・ポイントは「優れた機能，品質，洗練されたデザインと革新性，ニュース性を兼ね備えた服」である。具体的には，ブランドを象徴する旗艦店を世界中の主要都市へ出店し，消費者と双方向のデジタル・コミュニケーションを確立し，さらにグローバルブランド・アンバサダー（錦織圭などスター）によるプロモーションを展開している。

---

9 M. E. Porter, "Competitive Advantage", The Free Press 1985（土岐坤訳『競争優位の戦略』ダイヤモンド社 1985）。バリューチェーンは当初，社内バリューチェーンだけを指していた。しかし今日，企業活動は取引企業を含めて社外とシームレスにつながっている。したがって本書では，広義で社内外を含めてバリューチェーンという言葉を使っている。

ユニクロのこうしたマーケティング・ミックスを支えるテクノロジーは、ハイテクの素材メーカー、例えば東レなどとの戦略提携によって獲得している。FR の HP から、メーカーとのコラボレーションによって、グローバルでサプライチェーンを構築しているのがわかる。中国、ベトナム、バングラデシュ、インドネシアに生産地を拡げ、最適・最安の調達を実現している。

マネジメント・コントロールの設計とセブン S モデル

　経営理念は大きな全体構想であり、経営戦略は基本設計図である。しかしそれだけでは絵に描いた餅である。実行してはじめて経営になる。そのためには実行プロセスを描き込む詳細設計図・工程図を手にしなければならない。その詳細な実行システムやプロセスの設計を「マネジメント・コントロールの設計」という。

　「Plan-Do-See」とか、「Plan-Do-Check-Act」という言葉を聞いたことがあるだろう。これらはマネジメント・コントロール・サイクルと呼ばれ、経営管理の基本プロセスを表す言葉である。一般的にマネコンはこのサイクルで行われる。

　実際の経営を観察してマネコン・サイクルを最初に描き出してみせた人は、フランスのファヨールといわれている。鉱山技師から身を起こして経営者を務めたファヨールは、マネジメントを5つの要素に分けて定義した。それは「①計画－②組織化－③命令－④調整－⑤統制」である[10]。ファヨールはマネコン・サイクルを最初に明らかにした人ということで、「経営管理論の父」と呼ばれている。

　ファヨールの後、いろいろな学者によってこのマネコン・サイクルの段階について、さまざまな学説が展開されたが、ここでは欧米のビジネススクールで最も一般的な枠組みであるセブン S モデルに沿って述べよう。

10　Henri Fayol, "Administration Industrielle et Generale", Dunod 1916（山本安次郎訳『産業ならびに一般の管理』ダイヤモンド社 1985）

セブンSモデルは，1980年前後に米コンサルティング・ファームであるマッキンゼー社が提案したモデルである[11]。7つのSとは，Strategy（戦略）に始まり，Structure（組織構造），Systems（制度），Style（リーダーシップ・スタイル），Staff（人材配置），Skills（組織能力），Shared Value（共有価値観）に終わる。戦略とマネコンの要素をSで始まる言葉で語呂合わせしたものだ。最初の3つはマネジメントのハードウェア的要素，残りの4つはソフトウェア的要素と考えられている。

セブンSモデルはマネコン・サイクル「Plan-Do-Check-Act」の工程を再構成したもので，独創というわけではないが，実務的によく使われる。

Shared Valueは経営理念であり，Strategy（戦略）が固まると，最初に決めるのは実行のための役割分担と役割の連携関係である。それを「Structure（組織構造）」と呼ぶ。

組織構造というと，多くの人は組織図をイメージする。しかし人は図を示せば動いてくれるというものではない。組織構造には権限の配分や運営ルールの設計も含まれる。C.バーナードは，組織とは「意思決定の分業化された体系」と言ったが，現実の組織はまさに意思決定が分業化され，体系化されたものである。

そして組織の各部分の仕事に，最適な「人材（Staff）」が配置される。

組織が固まると，今度は日程に沿った実行プロセスが描かれる。ここからが具体的な「計画コントロール」の工程である。

計画や予算は狙いどおりにはいかない。予想もしなかった事態が起こる。計画が目標どおりに進んでいるかどうかチェックされ，実績がモニタリングされる。計画と実績が大きく食い違えば，対策が練られ修正のためのアクションが起こされる。このモニタリングと修正行動プロセス（Check & Act）を合わせて「コントロール」という。

セブンSでは，このプロセスを「制度（Systems）」と呼んでいる。

11　Peters, T.J.& R.H Waterman Jr., "In Search of Excellence", Harper & Row 1982（大前研一訳『エクセレント・カンパニー』講談社 1983）

セブンSの「制度」にはもう1つ重要なものが含まれている。それは「インセンティブ・システム」である。業績の結果は組織メンバーの評価につながる。その評価によって「インセンティブ（報奨の総称）」が配分される。

　計画コントロールをリードするのは，リーダーである。リーダーは組織を指揮し，代表する。リーダーシップは場面によって適するスタイル（"Style"）が異なる。リーダーシップ・スタイルとは，リーダーが果たす役割と機能の総称である。

　計画コントロールは，時の経過につれてローリングしながら進められる。しかし単に同じことを繰り返すわけではない。組織はトライアル＆エラーを繰り返しながら，学習していく。やがて学習から競争力の源泉となるコア・コンピタンスが形成され，成長が実現できる。組織の人々が学習し，組織能力（Skills）を強固にする人材育成が，マネコン設計に組み込まれる必要がある。

　本書ではセブンSモデルを下敷きにしているが，7項目を一部再構成している。セブンSでは"Systems"に「計画コントロール」と「インセンティブ・システム」を含めるが，筆者はインセンティブが極めて重要と考えているので，これを一項目としている。一方で"Staff"と"Skills"を統合し，「育成・人事」としている。

　枠組みは既存モデルをそのまま受け入れるばかりでなく，自分なりの枠組みに再構成して使うことも大切である。それは自分なりの経営観を作ることであり，読者それぞれにとっても同じように重要である（<**図表1-10**> 参照）。

　FRの例で，マネコンを見てみよう。詳しく開示されているわけではないので，トップが発信する理念やメッセージから仕組みを推定するしかないが，例えばHPに次のような記述が見られる。

　「世界最適の人と場所を繋ぐグローバル・ヘッドクォーターによる経営」

　「デザイン本部はNY，次世代ビジネス本部はサンフランシスコ，文化情報発信本部はパリ・ロンドン」

　組織構造について，グローバルな配置と機能分担を狙っていることがわかる。

　また計画コントロールについて，23項目の経営理念の中に「公明正大，信

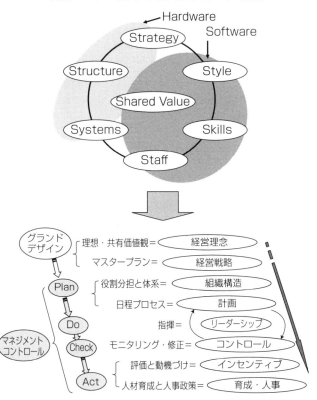

<図表1-10> セブンSモデルとマネコンの設計

賞必罰，完全実力主義の経営」，「管理能力の質的アップをし，無駄を徹底排除し，採算を常に考えた高効率・高配分の経営」とあり，数値コントロールとともに，実力に応じたインセンティブ配分を目指しているようだ。

さらに「全社員とFRのビジョン，価値観，企業文化を共有」することを通じて，社員に「グローバルワン・全員経営の実践」と「店舗スタッフが主役の個店経営」を求めている。FRが期待する社員のリーダーシップ・スタイルを表現する言葉だろう。

育成・人事についても，「働き方の多様化により，従業員の満足度を高め，成長させる」とともに，「世界最高の人材を獲得」したいと柳井社長は発言し

ている。さらに「サーバント・リーダーとしての店長，経営者の育成」を掲げ，FRMIC（ファーストリテイリング・マネジメント&イノベーション・センター）を設立した。そして柳井社長自ら「経営者になるためのノート」をまとめ，幹部全員に配布し，経営者教育に力を入れているようだ。

戦略とマネコンは一貫する

　経営トップの仕事をフローで説明してきた。大切なことは，これらがバラバラではなく，論理的に整合性が取れているということだ。

　あらためて＜図表1-1＞に立ち戻って，経営の全体像を眺めてみよう。企業は環境の中で生きる生き物である。企業は，可能ならば経営環境を自分たちに都合の良い形に変えたいと考えるが，しかし環境は思いどおりに動かせない。したがって環境に適応しつつ生きていくのだ。

　だから環境とマッチする戦略をデザインする。経営戦略が外部環境と整合的でなければならない性質を「外部整合性」と呼ぶ。外部整合性は経営戦略の第1条件である。

　経営戦略を実現する具体的な方法論が，マネジメント・コントロールである。戦略が変われば，実行の方法論は変わらざるを得ない。したがってマネコンは戦略と整合的でなければならない。当たり前のようだが，この関係を経営戦略の「内部整合性」と呼ぶ。

　こう考えると，経営戦略デザインは，外部整合性（環境との整合性）と内部整合性（マネコンとの整合性）の2つを満たしていることが望ましい，ということになる（＜**図表1-11**＞）。

　マネコンはいくつかの構成要素に分けて考えることができる。ということは，その構成要素も経営環境とフィットすることが望ましいことになる。

　例えば計画コントロールについて，全体システムの一部である会計システムや人事制度も同様に整合性が求められる。会計や人事の仕組みは，いわゆる経理屋・人事屋と呼ばれるスペシャリストに丸投げされるケースが多い。環境や

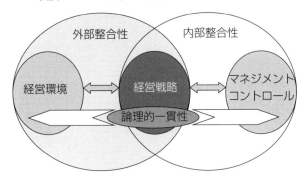

<図表1-11> 環境 ── 戦略 ── 組織の論理的一貫性

戦略と関係なく標準モデルがあると，勘違いされがちである。しかしこれらのシステムもマネコンの部分システムであり，外的・内的整合性が求められるのだ。

　同じことは機能別戦略でもいえる。製造部門は原材料市場の動きをウォッチし，研究所のスタッフは技術の市場動向を追いかけている。財務部門は資金市場を日々睨んで財務戦略を構想し，人事部門は人材市場の行方を見て人事戦略を練っている。企業が相対している市場は，販売部門が注視する消費者市場だけではない。

　したがって企業の各部門は，それぞれに相対する市場を見ながら機能別戦略を立てるが，それが相互に矛盾していたら，どうなるだろうか？

　経営の各機能がそれぞれバラバラな設計図を持っていたのでは，ベクトルが合わなくなる。もちろん効率的な成果が生まれない。例えばFRは先進衣料を手頃な価格で提供する商品コンセプトを描いている。手頃な価格のためには海外生産が欠かせない。当然為替リスクに直面することになる。したがってFRの財務部門のミッションは，為替リスクを極小化する財務戦略を進めることである（為替ヘッジの取り組みは，バランスシートの「デリバティブ金融資産」となって表れている）。

　ブレイクダウンした各機能部分の戦略は，全体最適に整合していなければならない。少なくとも全体の整合性を常にチェックしていくことは，経営トップ

<図表1-12> 事業別・機能別戦略は全体最適と整合的か？

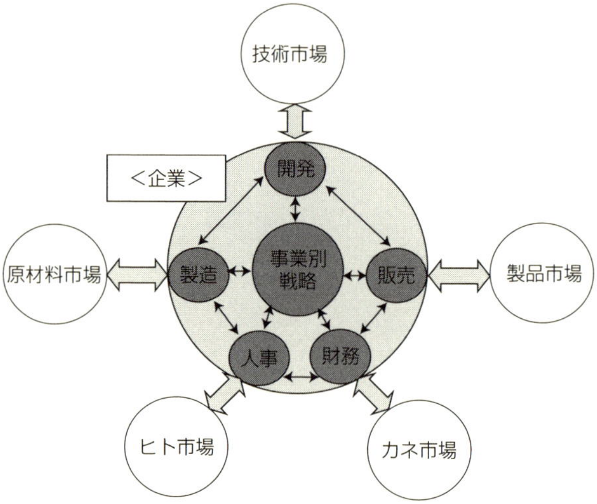
技術市場
<企業>
開発
原材料市場
製造
事業別
戦略
販売
製品市場
人事
財務
ヒト市場
カネ市場

や部門トップにとって欠かせない重要な仕事なのである（<**図表1-12**> 参照）。

マネコンの本質はヒトのマネージ

マネコンとは，ヒト・モノ・カネ・情報という経営資源をマネージすることである。このうちモノ・カネ・情報はヒトが動かすので，結局マネコンの対象はヒトということになる。それではどんなマネージをすれば，ヒトは組織の目指す姿を実現する働きをしてくれるのだろうか？

拙著『新版ビジネス・アカウンティング』で，業績を上げるメカニズムを算式にして示した[12]（<**図表1-13**>）。それは高い組織業績が人々による「環境×工夫×情熱」の掛け算からもたらされるというものである。

景気がいいと，企業の業績が良くなる。経営環境にフォローの風が吹いているとき，以前と同じことをやっても業績は高くなる。同じ環境下では，工夫を

12 山根節『新版ビジネス・アカウンティング－財務諸表との格闘のすすめ』中央経済社 2008

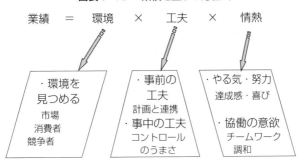

＜図表1-13＞ 業績を上げる方程式

重ねた人が勝つ。さらにそこに情熱が込められると，さらに業績は上がる。だから業績は「環境×工夫×情熱」の掛け算なのである。

したがって業績を上げるには，まず組織の人々にそれぞれの持ち場で環境をしっかり見つめてもらわなければならない。そして次にその環境に適した工夫を重ねてもらいたい。さらにその仕事に情熱を注ぎ込んで欲しい…。しかしヒトにこうした働きをしてもらうのは，とても難しい。

人はなかなか環境に目をやろうとしない。面倒だからである。工夫についても同じことがいえる。工夫すること自体は面白い。時折，人は工夫に熱中する。しかし工夫とは，新しいやり方を考えることである。新しいやり方には，失敗がつきものだ。人々は失敗が嫌だと思えば，工夫に及び腰になる。情熱となると，もっと厄介である。気分にムラがあって，ヤル気はなかなか起きない。

組織の人々にこんなハードルを乗り越えて，環境を見つめ，情熱をもって工夫を重ねてもらうには，それなりのマネジメントの仕掛けが必要である。

環境を見つめるといっても，漫然と眺めていればいいというものではない。経営環境は盛んにシグナルを送ってくる。しかしそのシグナルに社員が「ピン！」と来てくれないと何にもならない。社員が「ピン！」と来るためには，社員の頭の中に日頃からベースを作っておく必要がある。環境からのシグナルに反応するような素地を，あらかじめ埋め込んでおくのである。

H．サイモンは，組織の人々が意思決定するにはその前提となる「価値前提」

と「事実前提」が必要であり，それを組織にあらかじめセットしておかなければならないと説いた[13]。

　価値前提とは，「われわれはこう考える」という組織共有の価値観である。それは人々の間ですでに了解されていて，疑ってはならない価値観である。例えば小売店が「お客さんは神様である」というモットーを持っていたとすると，これは組織の人々が疑ってはいけない価値前提である。従業員には神様を見つめるような目で，お客を見て欲しい。

　また事実前提とは，組織構成員が共有する「AはBである」という事実に関する情報のことである。例えば小売業で「お客さんは常に変化している」というのがこれに当たる。本当に真実かは別にして，「お客は変化する」という認識を共有すると，従業員はお客の変化をウォッチし続けるようになる。

　価値前提や事実前提は，主に経営理念や組織文化という形で，人々の頭に刷り込まれる。これらを共有しておくと，環境から発信されるシグナル情報に対して，従業員がピンと来るようになる。それを「意味の認識」という。例えば「お客さんが買わない」というシグナルに，「マズい。やり方が悪いのでは？」と考えるのが意味の認識である。次にそのシグナルの奥に潜む意味を考えてもらわなければならない。「なぜ買わないのか？」を自分の課題と捉えて，問題を発見してもらいたい。

　問題が発見できれば，解決策の発案につながる。人々に良い解決策を思いついてもらえれば，「環境を見つめる→工夫を重ねる」という好循環が始まる（<**図表1-14**> 参照）。

　しかし解決策を思いついても，実行しないと何にもならない。人々が行動を起こすにはエネルギーが必要だ。人を動かすエネルギーは情熱から生まれる。人々の情熱に火をつけるにはインセンティブなど，もう一段踏み込んだ仕掛けが必要である。これらすべてマネコンの役割である。

---

[13] H.A.Simon, "Administrative Behavior : A Study of Decision-Making Process in Administrative Organization", Macmillan 1947, 1957, 1976（松田武彦他訳『経営行動』ダイヤモンド社 1965, 1989）

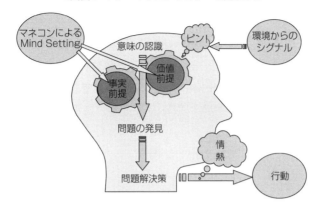

＜図表1-14＞ マネコンのヒトへの働きかけ

ケース ㈱LIXILグループ…プロ経営者・藤森義明氏のGE流マネジメント[14]

CEO藤森義明氏の登板

　2011年住宅設備メーカー最大手LIXILグループは，米ゼネラル・エレクトリック（以下，GE）上級副社長兼日本GE会長だった藤森義明氏を新社長に迎えると発表した。

　藤森氏は東京大学工学部を卒業後，総合商社に入社。1981年に米カーネギーメロン大学経営大学院でMBA（経営学修士号）を取得する。35歳で日本GEに転職し，後に米国人以外で初めてとなる米GE上席副社長に就任し，『ジャック・ウェルチやジェフ・イメルトらGEの名経営者たちが認めた日本人』と言われ有名になった。60歳を機にGEを離れ，LIXILへ転身を発表したが，こうした経歴から藤森氏は日本で数少ない『プロ経営者』とマスコミから呼ばれていた。

　「国内でたたき合う状態は健全ではなく，これではまだ利益率は上がらない。

14　このケースは山根節・廣瀬博共著によるケース『㈱LIXILグループ』（慶應義塾大学ビジネススクール刊2014）をベースとしている。ケースの事実や発言などは日本経済新聞，日経ビジネス，週刊東洋経済，週刊ダイヤモンド等を参考に筆者が編集した。

…海外で事業を積極的に展開するには国内基盤の安定があってはじめて可能になる。国内住宅設備業界も2〜3社になるまで再編が必要だ。M&Aを駆使して土台をしっかり作れば、その後は飛躍的に成長するはず。だから今は身の丈の2倍、3倍の買収もして、とにかく土台を作る。可能性は無限だ」（藤森社長）

LIXILグループは、2001年にトステムとINAXが持株会社に統合して生まれた。その後M&Aを繰り返し2011年にグループの中核5社（トステム、INAX、東洋エクステリア、サンウエーブ、新日軽）が1つの会社に合併し、今日に至っている。傘下の事業会社で、サッシや窓から、内外装建材、タイル、玄関ドア、門扉、フェンス、シャッター、カーポート、衛生陶器、システムキッチン、システムバス、カーテン・カーペット、洗面化粧台、太陽光発電システムに至るまで住宅設備のほとんどすべてを手掛けている。

「これだけの住宅設備機器を網羅できるメーカーは、世界的に見てもLIXILだけ」（某証券アナリストの発言）

しかし2001年の統合から10年以上経って、各事業会社は持株会社の傘下でそれぞれ独立した事業を展開していた。したがって統合といっても、実情は寄り集まりに過ぎず、経営が効率化されたとはいえなかった。そこで創業家は、藤森氏に期待を託したのである。

LIXILグループは藤森社長になってから、M&Aをさらに加速する。世界27カ国で事業を展開するイタリアのペルマスティリーザ、米住宅設備大手アメリカンスタンダード・ブランズ、2014年には独水栓金具大手グローエ、その他を積極的に買収した。国内ばかりでなく中国やインドなどにもM&Aを拡げ、拠点を手に入れた。

一方で藤森社長は、2012年から「中期経営計画 LIXIL G-15」をスタートさせる。G-15のGとは、Growth（成長）とGlobalization（グローバリゼーション）によって、GreatなGroupになる、という思いが込められていた。

藤森社長が描く中期経営計画の柱は、5つだった。

1. 拡大する国内ストック（既築）市場への注力
2. グローバル事業の拡大

3. 流通・小売事業の拡大
4. サービス事業の拡大
5. 経営効率の改善

「住生活産業におけるグローバルリーダーになる」を目標にして，2016 年 3 月期に売上高 3 兆円（2011 年 3 月期比 2.5 倍），営業利益率 8% 以上の達成を目指す。

その中身は，約 1 兆 2,000 億円（2011 年 3 月期）だった国内事業を 2 兆円にまで伸ばし，海外事業は 2011 年 3 月期比 25 倍程度となる 1 兆円にまで引き上げる計画である。

コスト面でも，国内ではグループ全体で購買の一元化などの合理化によって，2014 年 3 月期までに 1,100 億円のコスト削減を目標とした。これらによって 3% 台にとどまる営業利益率や ROE（株主資本利益率）を一気に 8% 以上にまで引き上げる目論見である。

こうした LIXIL の積極的成長策と対照をなしているのが，TOTO である。LIXIL が「狩猟型」なのに対して，TOTO は「時間をかけてブランドを確立する」（張本邦雄 TOTO 社長）戦略で，「農耕型」と株式市場では評価されていた。

TOTO は衛生陶器を中心に，バス・キッチン・洗面商品などを主要製品としていた。衛生陶器の生産量では世界 4 位と，8 位の LIXIL を上回っていた。海外事業は，欧州はドイツ大手ビレロイ＆ホッホに温水洗浄便座の OEM（『Powered by TOTO』のロゴ入り）で展開するものの，アジアや北米は自社ブランドで地道に市場開拓していく方針だった。

ただし北米の衛生陶器市場をとると，LIXIL に買収されたアメリカンスタンダードがトップシェア（21%）を占め，TOTO は 7% に過ぎなかった。

プレーヤー多く競争激しい住設業界

住宅建材・設備機器業界は，住宅に関わるあらゆる種類の商品が取り扱われる。また住宅に関する消費者ニーズは多様であり，家の設計や構造が 1 軒ずつ異なることから，納品される商品の仕様も多岐にわたるという特徴がある。

住設メーカーには住設全般を取り扱う総合メーカーと、システムキッチンなどある特定の商品を主に扱う専業メーカーがあるが、商品がおびただしく多様であるため、住宅設備の生産に関わる企業数は極めて多く、競争状況は厳しい。住宅は高額であるため、消費者もシビアで、業界は叩き合いの状態が続いている。

一般に住設メーカーが、直接消費者に商品を販売することはない。ほとんどの企業は卸売店や販売店などの流通業者に販売したり、いろいろな専門分野の下請け工事業者（サブコン）との取引を通じて、総合建設業者（ゼネコン）やハウスメーカー、工務店などの住宅供給業者に商品を納めている。住設業界の流通経路は、さまざまな当事者が関わる多層的で複雑なものであるが、一般的な流通経路を図で表すと **<図表1-15>** のようになる。

日本の住宅市場は成熟し、住宅着工戸数は1990年代の160万戸から半減の状態が続いている。中長期的にも人口・総世帯数の減少や住戸の余剰などに

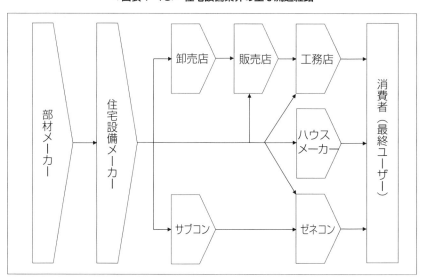

＜図表1-15＞ 住宅設備業界の主な流通経路

（出所）東洋経済新報社『会社四季報 業界地図 2014年版』をもとに作成

よって，新築需要は減少することが予想されている。

新設着工戸数が減少に向かう反面，堅調に成長を続けているのがリフォーム市場である。

日本には築 20 年以上の住宅が約 2,585 万戸ある。それは国内住宅戸数の 52% に相当し，そのほとんどが 1981 年以前の旧建築基準法のもとで建てられたものである。

2011 年 3 月の東日本大震災をきっかけとして耐震性や省エネへの意識が高まりつつあり，リフォーム市場は今後も成長が期待されている。

5 社統合と M&A の狙い

TOSTEM 創業家出身の潮田洋一郎・LIXIL 会長は，統合や積極買収の狙いについて，次のように述べている。

「まずはコストシナジーが一番大きなところです。3 割ぐらいは削れると見ています。既存事業の売上高営業利益率で 10% 台程度の数字が出る体質になりたいと思っています。

さらに，もう 1 つの効果である販売シナジーを大きくしたい。住宅は左官店，畳店，電気店，材木店など，35 のサブコントラクターから成り立っています。

…（合併によって）5 つのメーカーが重なったことで，35 分の 5 どころか 35 分の 35，全部の建築を作るために必要なアイテムをワンストップで供給できる形が，少なくともインフラ的にはできつつあります。

（このおかげで）住宅のコストが 15〜20% 削減できます。例えばある住宅工事で，その日に必要な資材を 1 台のトラックに積んで過不足なく届けることができるようになります。もともとは 5 ジャンルのものを 5 台のトラックで運び，5 人の業者が大工と打ち合わせをしていました。現場でも 1 人の職人が多くの設備を取りつけることができるようになるため，効率が向上します。

東日本大震災の後，エネルギーが国家的な課題になりました。技術的には建築の坪単価を 30% 引き上げると，ゼロ電力住宅ができる。自分で発電する電気だけで暮らせます。我々がトータルのジャスト・イン・タイムの納品をやれ

ば2〜3割はコストが落ちる。ゼロ電力住宅を，コストを上げずに実現できます」

　度重なる買収と合併を繰り返してきた同社は，結果として重複する機能の余剰を抱えており，中長期的に設備や社員などのリストラが避けて通れないと見られていた。しかも国内売上比率97%の内需型企業では未来が拓けないことは明らかで，「国内体制の整理」とともに「海外展開の加速」という課題に取り組まなければならなかった。

　そのために同社は外部人材のヘッドハンティングも積極的に行っていた。元ジャスダック証券取引所社長や元三洋電機社長，ファナックやGEなどの元幹部を役員に招聘し，重要な役割を担当させた。

　しかしもともと基幹会社であるトステムとINAXは，企業文化が対照的で「水と油」といわれてきた。それまでの改革は何をやるにも事業会社ごとに相談して，合意を得てからしか実行に移せないでいた。

　しかし藤森社長が登板してから，がらりと政策が変わった。こうした積極果敢な展開には，否定的な見方もあった。例えば中堅幹部の声が漏れ聞こえていた。

「急激な経営改革についていけない！」

藤森社長の経営戦略と構造改革

　藤森社長はまず，あらゆる無駄を削ぎ落し，重複業務の効率化に着手した。国内既存事業の経費削減を狙いとした「C-30プロジェクト」をスタートした。

　藤森社長は「低い営業利益率は欧米ではリスペクトされない」と言い，営業利益率を日本企業にありがちな低い3%台から8%以上に高める狙いだった。

　そのために生産拠点を統合整理し，バラバラだった物流もまとめた。

　さらに商材ごとに分かれていた情報システムを統合し，新システム開発を進めた。これまで営業成績の報告は手計算で行われ，作成に時間がかかっていたが，新システム導入によって資料作成の時間は激減した。

　各社別々に持っていたショールームも統合し，グループの全商品を大型ショールームに集約して，スクラップ＆ビルドを進めた。

一連のコスト削減の取り組みと並行して，業務プロセスの改善を狙いとした「シックスシグマ・プロジェクト」も立ち上げた。シックスシグマは，GE ジャック・ウェルチが強力に進めた経営・品質管理手法である。

　このプロジェクトの推進体制に約 100 人の人材を配置し，営業や生産，流通プロセスなどを改善して，最終的により効率の高い組織にするべく，今後全社に拡大する計画である。

　これらの統合，効率化で 1,000 億円レベルのコスト削減が見込まれた。

　LIXIL の 2016 年売上高目標 3 兆円のうち 2 兆円は，国内である。2011 年に比べて国内売上を 1.7 倍にストレッチする計算になる。

　藤森社長は国内事業について，3 つのポイントを挙げた。

　1 つは，リフォームに重点を置く。国も住宅リフォーム市場を倍増させる政策を取っており，フォローの風が吹いている。LIXIL もリフォーム事業で 2 桁成長を目指す。

　2 つめは，ダントツの製品，オンリーワンの製品・サービスを出すこと。開発機能を高め，次々と新商品を発表しつつあった。

　そして 3 つめは，流通の改革だった。大型のホームセンターと，プロ向けの建材・工具販売店を展開し，M&A やアライアンス，フランチャイズ展開など多様な手法を駆使しながら規模拡大を図っていく計画である。

　しかし国内市場は成熟傾向にあり，大きな期待がかかるのは海外だった。

　海外事業については 2 つの柱を掲げた。まず爆発的に成長するアジア，特に中国やインド，ベトナム，インドネシア，タイといった大きな国に対して，自前での拠点づくりと M&A の組み合わせで積極的に進出を計画していた。

　もう 1 つの柱が世界全体でのビル事業である。2011 年末に買収したカーテンウォール（ビル外壁材）世界最大手の伊ペルマスティリーザを中心に据え，毎年 2 桁成長を見込んでいる。

　新興国だけでなく，米国や欧州で第 3 の柱を戦略的に作っていく狙いもあった。海外事業で 1 兆円の売上を達成するには，世界最大の米国市場に深く入り込まないと不可能だった。米国の住宅は戸建てが基本で，そこに深く入るには

ブランドと製品，流通を持つ企業のさらなる M&A が必要と考えられた。

　ペルマスティリーザやアメリカンスタンダード，グローエと連携を強化し，商品の共同開発を進める政策も開始した。

　ただこうした M&A による急拡大には，社内外から懸念の声も大きかった。日本企業は M&A の経験が浅く，失敗事例が多いからである。

　M&A の成功確率について数多くの研究があるが，例えばある経済誌は日本企業の買収事例を調査し，「日本企業の M&A 成功確率は 1 割に過ぎない」と報じていた。LIXIL も相次ぐ買収に結果が求められていた。

グローバル企業へ経営理念を新しく構築

　LIXIL はもともとドメスティックな企業だったが，藤森社長を招聘して以降，グローバル企業へ急転換を果たそうとしている。

　2011 年の社長就任以降，藤森社長はグループ全体が共有すべき組織文化の構築へと努力してきた。LIXIL は国内企業だけでなく，伝統ある海外企業も呑み込んでいるため，日本企業が取りがちな「それぞれの組織文化を尊重する」行き方では，いつまで経っても融合が期待できない。経営理念や企業文化をどこかに合せる，というやり方は取れない。したがってすべて新たに作り上げることとした。

　藤森氏はまず「LIXIL の文化とは何か」について従業員に問題提起した。従業員との対話の中で，共有すべき理想，価値観や行動規範を固めていった。

　やがてグループ経営理念を「LIXIL TETRA」としてまとめた。

　企業理念＝「LIXIL CORE」は，「私たちは，優れた製品とサービスを通じて，世界中に人々の豊かで快適な住生活の未来に貢献します」と定め，経営目標＝「LIXIL VISION」を「住生活産業におけるグローバルリーダーとなる」と決めた。

　そして共有すべき文化として，次の 3 つを中心に据えた。

　1 つ目は「多様性の尊重（Respect Diversity）」である。LIXIL は世界約 30 カ国に拠点があり，宗教や人種，肌の色，国籍，言語，性別，価値観など多様

な背景を持つ社員がいる。その中で社員がお互いに尊重し合い，自由闊達な議論から生み出されるエネルギーや創造性を強さの源泉にできる企業文化を目指す。

2つ目は「公平な機会の提供（Equal Opportunity）」である。個人属性の違いにかかわらず，自発的・積極的に取り組もうとしている人に活躍の場を公平に提供する環境づくりを目指す。

そして3つ目は「実力主義（Meritocracy）の徹底」である。競争を「LIXIL VALUE」の実践とパフォーマンスの発揮によって評価し，正当な処遇を行うというものだ。

この企業文化浸透のために，目に見える形で具体的な政策を実践していった。

例えば女性管理職を一気に30％まで増やすことを決めた。新卒採用も女性を30％とした。また従来の幹部研修には女性は含まれていなかったが，リーダーシップ育成プログラム参加者の20％以上を，女性を含むダイバシティー人材にした。

さらに多様な人材を幹部に抜擢した。例えばペルマスティリーザのIT担当役員が優秀と認められ，LIXILグローバルカンパニーのITのトップ（CTO）に抜擢された。他にも財務（CFO）や法務（CLO）のトップに外国人が起用された。

2013年1月には世界の幹部250人を招集して幹部会議が開かれたが，そのうち30名が外国人で，女性も50人含まれていた。会議の場所もドイツや中国，インド，米国など世界を巡回して行われ，経営議論が交わされた。当然，会議や会議後のパーティーでは英語と日本語が飛び交った。

「従来の役員会議は日本人だけだったため，雰囲気はガラリと変わった」（ある執行役員）

もちろん社内の戸惑いは隠せない。しかし藤森社長は現状に満足せず，こう言い続けている。

「中身がグローバルな会社になったかが大事。海外子会社に本社の流儀を持ち込まず，君たち日本人が世界に適応するように変われ！」

一方で次のような嘆きともつかぬINAX幹部の言葉が，社内の空気を代弁

しているようだった。

「もう後戻りできない所まで来た！」

藤森社長のリーダーシップ・スタイル

　藤森氏は自らのリーダーシップについて，次のような内容のことを語っている[15]。

■企業変革とストレッチ

　　LIXILの潮田会長から私にCEOへの就任要請があった時，1つだけ条件を付けました。それは『私のやる改革に一切の口出しをしない』ということです。

　　統合会社は思ったほどの統合効果を出せていませんでした。無理もないことで，それぞれの会社には長い歴史や慣習があり，融合して新たな成長ステージへと進むのは容易ではありませんから。

　　CEOになって3年が経ちますが，私はこの3年という周期を1つのタームと捉え，勝負を挑んできました。これはGEの慣習で，リーダーが事業部門などのトップに就いた場合，3年で結果を出すことが求められます。

　　3年のうち，最初の半年で組織のすべてを掌握します。続く1年で改革を起こし，残り1年半で結果を出す。この繰り返しです。

　　最初の半年の前半で社内や顧客をくまなく見て回り，まるでベテランのようにすべてを把握します。そこで組織の長所や短所を見つけ出し，後半3カ月で改革実行のための行動計画を立案するのです。

　　変革に必要な基盤としてLIXILに足りないと痛切に感じたのは，人事と経理の機能です。

　　統合会社は人事制度や経理の仕組みが統一されてなくて，元の会社のものがそれぞれ残ったままでした。共通のモノサシがなければ，出身の異なる社員を公平に評価して登用することはできず，新しい会社の成長力も測れませ

---

[15] 日経ビジネス『藤森義明の経営教室』（2014/5/12～2014/6/2連載記事）やその他複数のインタビュー記事を筆者が抜粋し編集を加えた。

ん。そのために外部からプロ人材を招聘しました。

　トップに就任して分析した結果，社員たちは必要な変革を受け入れる覚悟はまだできていませんでした。

　リーダーが代わった時，2割の人は賛同し，1割は拒否するといわれます。組織に変革を起こすには，1割の拒否する人間をどう変えるのかに焦点を当てるべきではありません。2割の賛同者を活用して，態度を決めかねる様子見の7割の人間をどう巻き込むか。その実行がリーダーには問われるのです。

　当社では限界を超えた目標に挑戦することを「ストレッチ」と呼んでいます。これはGE流ですが，ストレッチは何も社員だけでなく，トップである私も自らに高い目標を課しています。「海外売上高を1兆円にする」というのもその1つです。ストレッチと呼べるだけの高い目標を設定する目安として，「自分が跳べると思う高さの3倍を掲げろ」と言っています。

　私はGEから多くのことを学びましたが，GEの人材育成が優れているのは，それが世界共通だという点です。GEは世界中で事業を展開し，多くの会社をM&Aしてきました。ですから，社内ではありとあらゆる国・地域出身の人材が，どこに行っても同じ価値観で働ける仕組みを作っています。だから，世界中から人材を引き付けることができるのです。

　人材育成に年間約1,000億円程度をかけるGEでも，リーダーシップ・トレーニングが育成の要です。この中から強烈なリーダーが生まれれば，何倍にもなって返ってくるでしょう。世界基準で人材育成を考えるのが，これからのLIXILが描く成長モデルの原点です。

　多くの日本企業が海外企業を買収して，運営はうまくいっていないのは，経営が日本流を押しつけているケースが多いように感じます。日本人スタッフが監督し，現地法人でも幹部の多くが日本人。そして，現地で採用した人材に日本人と同レベルの教育機会の提供や管理職への登用ができていない。これではダメです。

　私が社長に就任したとき「LIXILの文化とは何か」と従業員に問題提起しました。その文化とは，まずダイバシティー（多様性）です。グローバル

展開しようとしているときに，ダイバシティーのない企業なんてあり得ません。そしてイコール・オポチュニティ，つまり各人の競争条件は同じであること。最後に，結果を出せる力とリーダーシップを生む力をもって競争ルールとするメリトクラシー（実力主義）です。

■トップの役割と後継人材について

　35歳の時，GEに転職して真のグローバル企業とは何かを知りました。

　もっともGEも昔はグローバル企業ではなく，米国企業の押しつけ流でした。しかし当時のジャック・ウェルチ会長が，GEが世界で成長し続けていくには，米国人だけが主導するのでは限界があるという切迫した思いがありました。そこで世界中からバックグラウンドに関係なく優秀な人材を集めようという考えに切り替えたのです。

　私自身がそうした方針転換によってチャンスを与えられました。GEに転職して2年がたった頃，米本社から突然電話がかかり呼び出されました。本社に出向くと医療事業の1つを私に任せると言う。驚きましたね。GEには当時，医療分野に大きく5つの事業があり，その1つのグローバルに展開している事業でしたから。

　そのころ部下はいなかったのですが，可能性があれば挑戦させる。GEも変革期で，一種の賭けだったかもしれません。ですが，私からすれば千載一遇のチャンスです。そこから結果を出し続け，期待に応えました。

　LIXILが目指す方向を理解し，それに基づいた判断ができるリーダーを世界中で育てる。国籍や性別，年齢など一切関係ない。優秀な人は積極的に登用し，結果を残せばストックオプション（新株予約権）を付与するなど高い報酬を支払う。世界中でルールを統一し，公平に機会を与えて挑戦させる。

　LIXILはこうした経営のグローバル化の下準備ができたところで，真価が問われるのはこれからです。

　私がGEにいた25年間で，2人の名経営者の下で働きました。ジャック・ウェルチ前会長と，ジェフ・イメルト会長です。GEが，世界を代表するエクセレントカンパニーとして君臨し続けられているのは，やはり彼らをはじ

めトップの決断が明快だからだと感じます。

　では，どのような基準で決断を下すのか。それは明確です。会社の10年後の姿を考え，過去の成功体験にとらわれずに事業ポートフォリオを組み替えていく。そこには，先輩経営者やOB，あるいは自身の出身部署に対する遠慮など一切ありません。

　決めることの大切さを学んだのもGE時代でした。上司だったイメルト氏から『部下と冗談を話してもよいし，友達付き合いもかまわない。しかし（上司と部下の）決定的な違いは決断することだ』と言われたことは，今でも印象に残っています。

　リーダーの仕事は決断をすること。そして一度決めたら社員を巻き込んで，その目標達成に向けて突き進んでいく。重要なのは，議論は常にオープンにして，誰でも語れる空気を作ることです。心から議論を交わし，最終的にリーダーが決断を下す。リーダーが決断したら，メンバーはぐずぐず言わずについていく。これが理想です。

　そしてリーダーが口にする言葉は，常に『一発勝負』という情熱をもって話しかけることが大切です。それはウェルチ氏から学びました。人前で話す経営者は，舞台に立つ俳優と似ています。話す直前の一瞬で気持ちを作り，考え抜いた言葉を『気合』を入れて話しかけなければ，組織の行く先を示すことはできません。

　日本人はやはり極めて優秀です。仕事は丁寧だし，会社に対する忠誠心も高い。優秀な人材をうまく活用すれば，必ず世界で勝てる。今は，潜在能力を生かし切れていない状況だと思います。

　日本人が得意とするのは「融合」です。GEは，買収した会社はGE色に染めてしまい，完成されたGEの経営に適合させます。私はそのやり方にはやや否定的です。目指すのは適合ではなく，融合。M&Aでグループ入りした企業とともに新たな経営を作り上げ，1つに溶け込んでいく。他国の良い部分を巧みに取り込み，新たなモノを生み出すのは日本人の得意です。これを経営にも生かしていきたいのです。

> ケース解説

GEが育てたチェンジ・リーダー

　LIXIL グループは，住宅設備機器を網羅する世界でも珍しい業態である。そのLIXILがなぜアクティブな買収に走ってきたのか？

　一般にM&Aのメリットは2つと考えられている。

　1つは統合によって規模の経済性が働き，コスト削減が可能になることである。

　2つ目は競争相手を減らし，市場コントロール力が強化されるメリットである。この他にも事例によるが，M&Aには範囲の経済性（多様な品ぞろえに広げる）や時間の経済性（時間を買う）などの効果が考えられる。

　日本の「住」は世界の先進諸国と比べて，相対的に高いといわれている。かつて外国から「ウサギ小屋」と揶揄されたが，土地代を除いて考えても住宅がプアーな割に価格が高く，日本人にとって住は衣食に比べて手が届きにくい。

　要因はさまざまだが，その1つは住宅提供のサプライチェーンが昔ながらで不効率だからである。

　これを改革する戦略の1つが，経営統合であり，M&Aである。

　潮田会長によれば，もしさまざまな種類の住設企業が統合を果たし，工事現場にジャスト・イン・タイム納入が実現できれば，住宅のコストが最大30%削減できるようになるという。

　今やエネルギーが国家的な課題となったが，技術的には建築の坪単価を30%引き上げると，自ら発電する電気だけで暮らせる「ゼロ電力住宅」も可能のようだ。工事現場のバリューチェーンを効率化してコストダウンし，その分を建築費に上乗せすれば理想的な住宅が同じコストで実現できる計算になる。

　こうした狩猟型のLIXILと好対照をなしているのが，自前主義で「農耕型」といわれるTOTOである。

　<図表1-16>はLIXILとライバルTOTOの2014年3月決算期のBS，PLである。同一の比例縮尺を使って比較している。

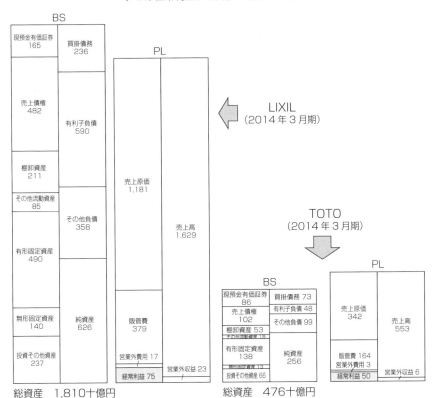

<図表1-16> LIXIL vs TOTO 比例縮尺財務諸表
（PLは経常利益まで表示　単位：十億円）

　この比較図を一瞥してわかるのが、LIXILとTOTOの規模の違いである。LIXILが3倍ほど大きさでTOTOを圧倒している。しかしLIXILの経常利益額はTOTOの1.5倍であり、資本効率や売上効率ではTOTOが勝る。
　どちらの経営を選ぶかは意見が分かれるが、成長を優先するならばLIXILに分がある。大きいことが良いこととは必ずしもいえないが、M&Aを多用すればこんな成長企業を作りうるのだ。ただし効率が悪いのは、まだ買収企業を積み重ねただけで、効率化の余地が残っているということだろう。

成功確率の低い M&A と PMI

　スピーディーな成長のためには M&A は効果的な方法だが，1 つ厄介なのは M&A の成功確率が低いことである。

　ケースにあるように，M&A の成功確率はせいぜい 1〜2 割といわれている。

　なぜ企業買収は成功しないのかといえば，それは反発や抵抗が強いからである。統合によるコストメリットを追求すれば多くの場合人員削減につながり，働く人々は強く抵抗する。

　また企業同士が合併して相乗効果を出すためには，融合が必要である。しかし人々がこれまで共有してきた文化が違うためになかなか融和しない。双方の文化を尊重すると，タスキ掛け人事になったり，双方の制度やシステムを残す形になり，ますます融合が遠ざかる。数字上は足し算になっても，経営の掛け算的相乗効果が生まれない。M&A で成長戦略を描いても，マネジメント・コントロールが難しいのだ。

　現実に LIXIL でも 2001 年に中核 5 社が合併したが，形式的に持株会社の下に各社をぶら下げただけで，企業統合といっても，実情は寄り集まりだったのである。

　そこで PMI（Post Merger Integration＝買収後の経営統合）の実行役として，藤森氏が登場する。藤森氏が CEO になってから，海外企業の M&A が一層加速するが，それはマネコンがますます難しくなることを意味する。しかも LIXIL はもともと超ドメスティックな企業である。買収した海外企業に対して，日本企業が取りがちな「それぞれの組織文化を尊重する」姿勢では，いつまでも融合は期待できない。したがってすべて新たに作り上げたのである。

　藤森氏はまず LIXIL 社員が共有すべきものとして 3 つの価値観を決める。「①多様性の尊重（Respect Diversity）」，「②公平な機会の提供（Equal Opportunity）」，「③実力主義（Meritocracy）の徹底」である。

　こうしたスローガン自体は，他の企業でも見られるに違いない。問題はその先にある。

　新しい文化は人々に受け入れられなければ，何の意味も持たない。人々が関

心を持たない額縁に入った経営理念ではダメなのである。

　藤森氏のプロ経営者たるゆえんは、人々の間に文化を浸透させる方法論を持っていることである。藤森氏に言わせれば、チェンジ・リーダーが現れると、人は変化を受け入れず距離を置こうとする。1〜2割の人は賛同しても、7割の人は様子見を決め込む。その7割は変革が成功しそうなら付いていくが、改革が頓挫するかもしれず、方向が固まるまでノラリクラリと態度を決めないのである。

　こういう人たちが態度を変えるのは、目に見える形で変化が起こり、もはや後戻りできないと認識した時である。人々が変化を受け入れざるを得ないレベル、それを「閾値」というが、そこに一気に到達する方法を矢継ぎ早に繰り出した。人事制度の改革、評価基準の変更、シンボリックな人事異動の実施などである。

　例えば藤森氏は、女性管理職の割合を30％と定め、一気に増やしつつある。またイタリアの買収企業のIT担当役員をITのトップ（CTO）に抜擢した。

　日本企業の外国現地法人によく見られるケースだが、日本人幹部が幹部職を独占すると「ガラスの天井」ができる。現地の人たちにとってみれば、「口では機会平等と言うが、信用できない」と疑心暗鬼になるのは当然だ。しかしもし現地スタッフがグループ全体のトップにいきなり抜擢され、女性が幹部に登用されたりすれば、人々はやっと心を開くだろう。

　「こうした極端なことを目に見える形でやらないと、メッセージは伝わりません」と藤森氏は言っている。

すべてGEで教わった藤森氏

　「日本人の島国根性」という言葉があるように、一般に日本人は変化を嫌う保守的な国民と見られている面がある。しかしよく考えてみると、日本人は近世以降、価値観を180度転換させた歴史を2回も持っている。それは明治維新と第2次世界大戦の敗北である。

　江戸時代は身分制度の固定した封建社会だった。しかし黒船が来て大砲をズ

ドンと撃ち込まれると大騒ぎになり，やがて支配階級の武士が全員リストラされ明治維新を迎える。その後，時代の変化を悟った元武士たちは，洋服とザンギリ頭に姿を変え，鹿鳴館でソシアルダンスを踊る「西洋かぶれ」にまで変わっていく。同じように，第2次世界大戦でも日本人は「鬼畜米英」から「アメリカ大好き」に変わった。

実は日本人は，太古の時代から異文化に対して極めて寛容な国民なのである。ただ集団志向が強いので周囲の空気を気にし，どうやら往生際が悪い。したがって人々が見える形で一気に変革が進むと，日本人は一気に変わるのだ。

ドラッカーもこう言っている。

「日本を軽く見ることはできない。一夜にして180度転換するという信じられない能力を持っている。…日本は劇的な転換が得意である。一定のコンセンサスを得るや，ただちに転換する」[16]

藤森氏はこうした方法論をどこで学んだのだろうか。

「すべてGEで学んだ」と本人は言う。ではGEとは，どんな企業なのだろうか？

2000年ごろ，ある経営誌が「20世紀最高の経営者は誰か？」と経営者にアンケート調査を行った。選ばれたのが，GEのCEOジャック・ウェルチである。

ウェルチは常々「自分の役割は2つ。1つは変化を起し続けること。そして経営人材を育成すること」と言っていた人である。

彼は「変化を起す」ために，M&Aを多用した。彼の伝記によれば，CEOを務めた20年間に買収した企業数は約1,000件，売却した事業は約400件。合計1,400件のM&Aのディールを行った人である。これを年平均にすれば70件，月当たり平均約6件となる。

ウェルチはほとんど毎日のように，M&AによってGEの事業をベストのポートフォリオに近づけることを考え続けていた人なのである。

したがってGEにはPMIのマニュアルが整備されており，当然藤森さんも

---

[16] P.F. Drucker, "Managing in the Next Society", Griffin 2002（上田惇生訳『ネクスト・ソサエティ』ダイヤモンド社 2002）

「PMIで何をすべきか？」，GEで学んできたのである。

　もう1つの「経営人材の教育」について有名なエピソードがある。

　「聖域なきコスト・カッター」として名を馳せたウェルチが，1980年にCEOに就任すると，社内はあらゆる厳しいコスト削減を覚悟した。そんな中で管理部門長が恐る恐る上げてきた稟議が，ニューヨーク郊外クロトンビルにあった老朽化した研修センターの補修計画だった。部門長はどうせ削られると思ったようだ。稟議書の「投資効果」の欄にも，「不明」と書き入れていた。

　ウェルチは何とこの稟議だけ例外とした。予算を大幅に増額した上に，「投資効果」を「∞（無限大）」と書き直したという。

　そして後に「私が手がけたすべての投資案件の中で，最高のリターンをもたらしてくれたのはクロトンビルである」と述べている。

　GEは現在，人材教育費に年間10億ドル（約1,000億円）の費用をかけている。そしてウェルチも，現CEOのジェフ・イメルトも全執務時間の30％をクロトンビルで過ごしているという。

　藤森氏はビジネススクールで勉強しただけでなく，クロトンビルでも座学（OFFJT）をこなした。そして実践（OJT）の場で，ストレッチしたポジションの仕事をこなし，さらにウェルチやイメルトらメンターたちの支援を得て育てられた。まさに学ぶべきことを学んだ，「訓練された経営者」なのである。だから「プロ経営者」と呼ばれるのだ。

　筆者は，資質面をひとまず別にして，戦略や方法論を学んで実践に活かせる経営トップを「プロ経営者」と位置づけている。もちろん藤森氏とても成功が約束されているわけではない。経営の成功失敗には，時代のタイミングや運といった要素も加わるからである。

　しかし藤森氏の経営者としての経営行動を見ていると，「経営とは何か」を考えさせられる。さらにしっかりした訓練を経た経営トップの力と，経営教育の可能性を改めて確信するのである。

第2章

経営環境と会計情報

経営環境を読む情報源

ひところ，"KY"という言葉が流行語になった。「空気が読めない(困った人)」という意味だったが，経営者が「環境が読めない」と仕事にならない。

孫子は「一に曰く道，二に曰く天，三に曰く地，四に曰く将，五に曰く法」といった。孫子の第一編「計篇」に出てくる言葉である。道とは経営理念のことであり，天と地は戦場の地形や周囲の自然などのことであるという。

企業経営に置き換えると，天とは自然環境や技術環境，地とは国際環境や市場環境など人間社会の環境といえるのではないかという[1]（ちなみに将は指揮官，法は方法論，つまりマネコンのこと）。

戦争も経営も，まず環境を読まないと話にならないのは，古からの知恵である。

環境を見つめる枠組みとしてよく引き出されるのが PEST 分析である。PEST とは，政治（Politics），経済（Economics），社会（Society），技術（Technology）の頭文字だが，経営に影響を与えるマクロ的要因を分析する枠組みである。「政治」とは政府の政策や規制の動向，「経済」とは景気動向，物価の変動，GDP 成長率，失業率，住宅着工数といったさまざまな経済指標や将来見通しなどである。また「社会」とは人口動態や人々のライフスタイル，価値観の変化など，そして「技術」とは新技術の動向とそのインパクトによる市場の変化などといった情報である。

学生諸君に環境分析をさせると，PEST の情報をネットを駆使してアッという間に集めてくる。そして環境分析を終えたという顔をしていることが多い。

こうした情報が役に立たないことはもちろんないが，経営戦略をデザインするには大雑把すぎる。論文のリードを書くくらいにはよいが，経営実践の場面では圧倒的に足りない。

では経営環境を読むには，どんな情報源にアプローチすればいいのだろうか。

1　伊丹敬之『孫子に経営を読む』日本経済新聞出版社 2014

私は学生諸君に「①現場、②人的ネットワーク情報、③2次情報」と言っている。

1つ目の現場というのは、狙った情報が生まれる現場に赴き、皮膚感覚で情報をつかむということである。

例えば衣食住の産業分野に関わっているビジネスパーソンは、最終消費者の消費現場に肌で触れる必要がある。かつて私がコンサルタントをしていたころ、3カ月に一度は繁華街の小売店をくまなく見て回った。特に百貨店やショッピングモールなどは端から端まで歩いた。流行っている飲食店があると、仲間を誘って食べに出かけた。小売りや飲食の現場では消費者の変化が早いので、店もそれに追いつこうと早いスピードでどんどん中身を変える。それが目の当たりに見えるのである。

いつの時代も消費のリーダーは若者である。私は学生諸君とお付き合いをしていることもあって、若い人の消費行動を間近に見るチャンスに恵まれている。今や若者はスマートフォンを器用に使って、賢くユニークな消費行動をとるが、そのIT利用能力には日々驚かされている。

だから私は経営トップ層の方々には、こんなことを言っている。

「スマートフォンを使っていますか？ 今日スマホが使えないと、消費者を見失いますよ！」

経営者の中には、「持っています。秘書に預けていますが」と訳のわからない答えを返してくる人がいて、笑ってしまう。もちろんこれで良いはずがない。

今日もう1つ欠かせない現場がある。それは新興国である。

私はアジアの国々に行くと、不思議と懐かしい感覚に襲われる。デジャ・ブ（既視感）の風景である。人々は生活を豊かにしようと、どん欲かつしたたかに生きている。その姿は私が子供の頃の日本の風景と極めて似ているのだ。逆にいうと、今の日本とはかけ離れてしまった生活感がそこにある。したがって今日の先進国日本の生活感覚をひとまず置いて、トップが日頃から新興国の空気を皮膚感覚で吸収しておかないと、アジア市場を考えることはできない。

ひところ"OKY"という言葉も流行った。これは「お前、ここにきてやっ

てみろ」という意味だそうで，新興国に派遣されて奮闘する駐在員の苦言を表したものである。現場事情を知らずに勝手なことを言う日本の本社に対して，表立って口に出せない本音の言葉だった。駐在員の間で自然と広まり流行語になったらしいが，口ではグローバル経営を標榜する企業にありがちな光景なのだろう。本社が奥の院に座ったままで現場から遠ざかれば，戦略が環境とマッチするはずがない。

情報源の2つ目は，人的ネットワーク情報である。

日本人は本音と建前を使い分ける国民性といわれるが，本音のビジネス情報は狭いコミュニティの中から人づてにしか伝わってこないものである。私がビジネスパーソンだったころ，業界や特定企業の内部情報をキーパーソンから定期的に仕入れていた。多くの場合，そのキーパーソンはビジネスの中で知り合った経営者や友人たちだったが，新聞雑誌などには載らないウラ情報が得られて，現実をリアルにつかむのに重宝したものだ。もちろん情報の得られるネットワーク人脈を作るには，それなりの努力が要る。

公表2次情報，そして会計情報

情報源の3つめは2次情報である。

ビジネススクールの学生諸君に「経営環境の情報をとるには，どんな方法があるか？」と問いかけると，決まって出てくるのが「調査会社に依頼してマーケティング情報を手に入れる」である。統計学を教わっているせいか，アンケート調査を行って統計処理した情報が最高だと思いこんでいるらしい。

それはもちろん重要な情報源の1つではあるが，統計による分析データは所詮過去のデータを加工したものである。未来が過去の延長線上に乗っているような世界では未来予測は容易だが，ビジネス環境は現在から未来進行形でどんどん変わっていく「想定外」の多い世界である。したがって統計だけでなく，常に変化を肌で感じておくことが大切だ。

2次情報は，外部に調査依頼して手に入れる方法もあるが，それ以外にも日

常的に新聞や雑誌，テレビなどで手に入る。

　私は経済新聞の類は毎日数紙に目を通し，経済雑誌はひと月に数十誌を買ってザッと読んでいる。またテレビの経済番組はあらかじめハードディスク・レコーダーにキーワード録画しておき，休日などに重要な部分だけ1.5倍速で見ている。現場情報に比べるとリアリティは劣るものの，頭の中にこうした2次情報をサラサラ流し込んでおくと，世の中の流れが見えてくる。例えば企業の業績がなぜ上下するのか，その背景となる時代状況は何か，といった脈絡が見えてくる。

　そして私が最も重要視している情報が，四半期ごとに発表される企業の業績情報である。

　当たり前だが，企業業績は常に変化している。その会計数値の推移とともに，企業側が発表する決算説明があり，それらを読むと経営環境の変化や企業戦略のマッチングの適否がわかる。

　同業企業の多くが同じパターンの業績推移を描き，似たような決算説明をする場合がある。リーマンショックの時がそうだった。こんな時は，外部要因が業績に大きく作用したと判断できる。どの企業も同じようなインパクトを環境から受けたのだ。

　しかし最近多いのは，同じ業界内で企業業績が分かれ，二極化現象が起こることである。ある企業は大黒字で，同業社が大赤字という現象である。その場合は経営戦略やマネコンのミスマッチング，経営の巧拙の差などが出ていることが多い。内部要因である。

　そうした事例を深く分析していくと，今の時代にどんな戦略やマネコンがマッチしているかが見えてくる。

ランキングで読むビジネス動向

　企業の売上は，その企業の製品・サービスに対する社会からの支持の結果である。また松下幸之助氏の言葉を借りるならば，利益とは「社会へのお役立ち

料」であり，社会から受け取る「お布施」である。

したがって売上や利益の多い企業は，社会が求める姿を映す鏡であるといえよう。

<**図表2-1**>は米国フォーチュン誌が毎年発表する売上高の多い企業ランキング30傑である。

<図表2-1> フォーチュン500世界ランキング上位30社
(2014年版　http://fortune.com/global500/ より)

順位	会社名	業種・事業	国	総収入（百万ドル）	利益（百万ドル）	資産（百万ドル）
1	ウォルマート・ストアーズ	小売	アメリカ	476,294	16,022	204,751
2	ロイヤル・ダッチ・シェル	石油	オランダ	459,599	16,371	357,512
3	中国石油化工集団（シノペック）	石油	中国	457,201	8,932	352,983
4	中国石油天然気集団	石油	中国	432,008	18,505	620,651
5	エクソン・モービル	石油	アメリカ	407,666	32,580	346,808
6	BP	石油	イギリス	396,217	23,451	305,690
7	国家電網公司（ステートグリッド）	電力配送	中国	333,387	7,983	424,532
8	フォルクスワーゲン	自動車	ドイツ	261,539	12,072	446,866
9	トヨタ自動車	自動車	日本	256,455	18,198	402,423
10	グレンコア	商品取引	スイス	232,694	-7,402	154,932
11	トタル	石油	フランス	227,883	11,205	239,036
12	シェブロン	石油	アメリカ	220,356	21,423	253,753
13	サムスン電子	電機	韓国	208,938	27,245	202,876
14	バークシャー・ハサウェイ	投資	アメリカ	182,150	19,476	484,931

順位	会社名	業種・事業	国	総収入（百万ドル）	利益（百万ドル）	資産（百万ドル）
15	アップル	コンピュータ	アメリカ	170,910	37,037	207,000
16	アクサ	保険・金融	フランス	165,894	5,950	1,043,192
17	ガスプロム	天然ガス	ロシア	165,017	35,769	409,206
18	エーオン	電力・ガス	ドイツ	162,560	2,844	180,113
19	フィリップス66	石油	アメリカ	161,175	3,726	49,798
20	ダイムラー	自動車	ドイツ	156,628	9,083	232,184
21	ゼネラルモーターズ（GM）	自動車	アメリカ	155,427	5,346	166,344
22	エニ	石油	イタリア	154,109	6,850	190,606
23	日本郵政	郵便・金融	日本	152,126	4,782	2,838,171
24	EXORグループ	投資	イタリア	150,997	2,768	182,807
25	中国工商銀行	銀行	中国	148,803	42,718	3,124,887
26	フォード・モーター	自動車	アメリカ	146,917	7,155	202,026
27	ゼネラル・エレクトリック（GE）	電機・機械	アメリカ	146,231	13,057	656,560
28	ペトロブラス	石油	ブラジル	141,462	11,094	321,423
29	マッケソン	ヘルスケア	アメリカ	138,030	1,263	51,759
30	バレロ・エナジー	石油	アメリカ	137,758	2,720	47,260

　世界で売上の大きい上位30位企業には，石油や天然ガスなど資源の会社（13社）が最も多い。それに続くのが自動車（5社），金融（5社，投資会社含む），IT・電機（3社，サムスン，アップル，GE）である。

　それに対してこのランキングに登場する日本企業の上位30社で多いのは，

保険を含む金融8社，通信を含むIT・電機7社，日本独自の業態といわれる総合商社（卸売）4社，鉄や石油など天然資源の会社3社，自動車関連3社などとなっている。

フォーチュン誌のは売上ランキングだが，利益ランキングについても顔ぶれは似ている。

最近の米国紙によると，2014年の純利益ランキングのトップ企業10社は，中国工商銀行，アップル，ガスプロム，中国建設銀行，エクソンモービル，サムスン電子，中国農業銀行，中国銀行，英国BPとマイクロソフトである。

そしてトップ20位までの企業は，3つの産業に集中していて，それはエネルギー資源産業が7社あり最も多い。それに次ぐのは銀行6社で，そのうちの4社は中国，2社がアメリカである。そして3社の電気通信大手（AT&T，中国移動，ボーダフォン）に続いてアップル，サムスン電子とマイクロソフトが入り，IT関連は計6社となっている。つまり現代の巨大企業は，「エネルギー資源（7社）」，「金融（6社）」，「IT（6社）」の3分野の勢力が強い。

日本企業についても見てみよう。日本の純利益ランキングをとったものが，<図表2-2>である。

<図表2-2> 日本企業純利益ランキング上位50社（2014年）
(http://info.finance.yahoo.co.jp/ranking/ より筆者加工して作成)

順位	会社名	当期利益（百万円）
1	トヨタ自動車	1,823,119
2	三菱UFJフィナンシャル・グループ	984,845
3	三井住友フィナンシャルグループ	835,357
4	みずほフィナンシャルグループ	688,415
5	日本電信電話	585,473
6	ホンダ	574,107
7	ソフトバンク	527,035
8	NTTドコモ	464,729
9	三菱商事	444,793
10	東京電力	438,647

順位	会社名	当期利益（百万円）
11	JT	427,987
12	三井物産	422,161
13	日産自動車	389,034
14	KDDI	322,038
15	伊藤忠商事	310,267
16	デンソー	287,388
17	日立製作所	264,975
18	東海旅客鉄道	255,686
19	新日鐵住金	242,753
20	キヤノン	230,483
21	住友商事	223,064
22	りそなホールディングス	220,642
23	野村ホールディングス	213,591
24	丸紅	210,945
25	富士重工業	206,616
26	ブリヂストン	202,053
27	東日本旅客鉄道	199,939
28	オリックス	186,794
29	東京海上ホールディングス	184,114
30	国際石油開発帝石	183,690
31	セブン&アイ・ホールディングス	175,691
32	大和証券グループ本社	169,457
33	日本航空	166,251
34	三菱重工業	160,428
35	コマツ	159,518
36	三菱電機	153,470
37	大塚ホールディングス	150,989
38	三井住友トラスト・ホールディングス	137,675
39	マツダ	135,699
40	クボタ	131,661
41	ヤフー	125,116
42	パナソニック	120,442
43	いすゞ自動車	119,316
44	信越化学工業	113,617
45	ファナック	110,930

順位	会社名	当期利益(百万円)
46	東京ガス	108,451
47	スズキ	107,484
48	JXホールディングス	107,042
49	武田薬品工業	106,658
50	三菱自動車	104,664

　日本の利益ランキングに登場する企業名を一見すると，分野がバラエティに富んでいるように感じられるが，しかし業績の源泉を探っていくと2つの潮流に収束すると考えられる。それは次の2つである。

・グローバリゼーション

・IT革命

グローバリゼーション銘柄は資源，商社，自動車など

　利益50位までに，自動車会社がトヨタを筆頭として8社入っている。ほかに自動車に関連する企業としては，デンソー（自動車部品）や新日鐵住金，ブリヂストン，ファナック（製造ロボット）などがある。

　自動車メーカーが活況を呈している理由は，各社の地域セグメント別情報を見れば一目瞭然である。<図表2-3>は世界一の販売台数を競い合っているトヨタとフォルクスワーゲンを比較した比例縮尺財務諸表である。最近の為替変動は激しいが，2014年3月末のレート換算によれば，トヨタはフォルクスワーゲンの売上高に負けるものの販売台数ではトップであり，営業利益はワーゲンを凌駕している。

　トヨタは売上高25.7兆円，営業利益2.3兆円を上げる。その売上高のうち日本国内で販売した分は8.5兆円に過ぎない。日本から輸出した5.8兆円の売上を含めて17.2兆円を海外で売っている。実に3分の2強を海外で稼ぎ出しているのだ。北米も好調だが，それに次ぐのはアジアでここ何年かはそのウエイトが高まっている。

<図表 2-3> トヨタ vs フォルクスワーゲン 比例縮尺財務諸表
(PLは営業利益まで表示)

トヨタ（2014年3月期）
（単位：十億円）

フォルクスワーゲン（2013年12月期）
（単位：百万ドル　143円/€で縮尺。
2014/3/31レート）

BS

現預金/有価証券 4,268	買掛債務 2,213
売上債権 2,036	未払金・費用 3,159
棚卸資産 1,895	
金融債権 5,629	長短借入債務 16,327
その他流動資産 1,890	
有形固定資産 7,641	退職給付引当金 768
	その他負債 3,752
長期金融債権 8,102	
投資その他 9,976	資本 15,218

総資産　41,437十億円

PL

売上原価 19,988 (原価率82.2%)	製商品売上高 24,313 (16.3%増)
金融費用 813	
販管費 2,599	
営業利益 2,292	金融収益 1,379

収益計　25,692十億円

BS

現預金/有価証券 31,670	買掛債務 18,024
売上債権 11,133	
棚卸資産 28,653	長短借入債務 121,504
短期金融債権 38,386	
その他流動資産 12,350	
有形固定資産 42,389	退職給付引当金 21,773
リース賃貸資産 22,259	その他負債 72,995
長期金融債権 51,198	
無形固定資産 59,243	資本 90,037
投資その他 27,052	

総資産　324,333百万€
（46,380十億円）

PL

売上原価 144,481 (原価率82.6%)	製商品売上高 175,003 (1.3%増)
金融費用 16,926	
販管費 23,929	金融収益 22,004 (10.8%増)
営業利益 11,671	

収益計　197,007百万€
（28,172十億円）

　新興国が急成長を遂げて自動車が売れるようになり，石油の消費量もうなぎのぼりとなって価格も一時高騰した。現在，石油価格は急降下しているが，国際石油開発帝石やJXホールディングスなどがその恩恵を全面的に受けた。

　もう1つ，新興国成長の恩恵にあずかっている企業が総合商社である。総合商社は各社で若干バラツキがあるが，最も利益を稼いだのが資源ビジネスである。資源の価格高騰を受けて，かつて投資した鉱山や油田などの資源権益が莫大な利益をもたらした。

　コマツも同じ流れの中にいる。天然資源が活況化したおかげで鉱山機械の売上が急増し，また新興国で建設機械が売れたおかげで業績が様変わりした。またその勢いは食料資源にも及び，農業機械・建設機械のクボタも同じように復

活した。

<図表2-4>はIMFが公表している地域別の世界成長率である（2015年と2016年は予測値）。

IMFは2015年から2016年にかけて，世界合計で3〜4%の成長を予想している。そのうち先進国は2%程度であり，その中でかろうじて米国は好調が見込まれているが，日本やユーロ圏は低成長のままである。

一方で世界経済を引っ張っているのは新興国である。その合計値で4〜5%。中でもどこが高いかといえば，何といっても中国である。減速気味とはいえ，6〜7%前後とそのキャパシティの大きさを考えても他を圧倒している。

続くのがインド，ASEAN5（タイ，マレーシア，インドネシア，フィリピン，ベトナム），そしてアフリカである。

<図表2-4> GDP 世界成長率 IMF 予測

(MF2015年1月改訂値，%)

地域／年	2007	2008	2009	2010	2011	2012	2013	2014	2015	2016
世界合計	5.2	3.0	-0.7	5.3	3.9	3.4	3.3	3.3	3.5	3.7
先進国計	2.7	0.5	-3.7	3.2	1.7	1.2	1.3	1.8	2.4	2.4
米国	2.1	0.4	-3.5	3.0	1.8	2.3	2.2	2.4	3.6	3.3
ユーロ圏	2.7	0.6	-4.3	1.9	1.5	-0.7	-0.5	0.8	1.2	1.4
日本	2.3	-1.2	-6.3	4.4	-0.6	1.5	1.6	0.1	0.6	0.8
新興国計	8.3	6.1	2.8	7.5	6.2	5.1	4.7	4.4	4.3	4.7
中国	13.0	9.6	9.2	10.4	9.3	7.7	7.8	7.4	6.8	6.3
インド	9.4	7.3	6.8	10.6	6.3	4.7	5.0	5.8	6.3	6.5
ASEAN5	6.3	4.7	1.7	7.0	4.5	6.2	5.2	4.5	5.2	5.3
ブラジル	57.0	5.1	-0.6	7.5	2.7	1.0	2.5	0.1	0.3	1.5
ロシア	8.1	5.6	-7.8	4.3	4.3	3.4	1.3	0.6	-3.0	-1.0
アフリカ	7.1	5.6	2.8	5.3	5.3	4.4	5.2	4.8	4.9	5.2

（注1） ASEAN5＝タイ，マレーシア，インドネシア，フィリピン，ベトナム
（注2） アフリカ＝sub-Saharan Africa (サハラ砂漠以南のアフリカ諸国)

世界経済のけん引役・中国

　中国はこれから減速傾向にあるが，しかし依然として世界経済を牽引している国である。かつてわが国も世界経済の牽引役になった時代があった。それは1970年代から80年代にかけてのことである。

　敗戦国だったにもかかわらず，アメリカの支援の下で高度成長を遂げ，「東洋の奇跡」と呼ばれた。80年前後には「いつアメリカのGDPを抜くのか」とまで騒がれたこともあった。結果として過大評価に過ぎなかったが。

　その日本を中国は2010年に抜き，世界第2位のGDP大国となった。そして今，「中国はいつアメリカを抜いて世界最大の国になるか」が取りざたされている。否定的な見方もあるが，図表のIMF予測値によればアメリカと中国の成長率の差は2015年で3%あり，もしこの差が続くと仮定すれば，これから20年を待たずに世界No.1となる計算である。

　それはともかく，日本と中国を比べると，人口対比で10倍以上の差がある。
　中国のインパクトは，かつての「東洋の奇跡・日本」の10個分の規模で，しかもあのスピードで高成長を遂げている世界史上前例のないもの，ということになる。

　利益ランキングに載っていた新日鐵住金（新日本製鐵と住友金属工業の合併会社），三菱重工業，日立製作所，コマツ，それに総合商社といった企業は高度成長期に光り輝いていた企業である。その後，国内が成熟して活気を失っていたが，しかし日本の近隣に輝かしい高度成長期を再現する国が出現し，過去の勢いを取り戻したと見ることもできる。

　さらに中国は日本の面積の26倍ある。日本の実体経済は1970年代半ばにピークアウトしたと考えられている。それを1990年のバブル崩壊まで高い水準で経済を引っ張り，維持したのは公共インフラへの投資によってだった。結果的に見ると，それで地方経済が潤った。そのかわり，地方におびただしい数の建設会社や工務店ができ，車のあまり通らない山奥に立派すぎる道路が通じ，有名設計家がデザインした村役場や市民ホール，美術館が乱立した。

中国も現在までのところ，国内のインフラ整備に多額の国家資金を投入し，経済政策の柱にしてきた。それに伴って世界中のエネルギー資源や，鉄やセメントなどの鉱物資源を大量消費するに至ったのである。もちろんこのまま資源を爆食しながら，高成長が維持できる保証はない。成長の規模がかつての日本の10倍ということは，言葉を換えればリスクのレベルも10倍ということになる。

　上海から来た中国人留学生と，都市の再開発について議論していた時，2014年に完成した「虎ノ門ヒルズ」が話題に上った。開発者の森ビルが虎ノ門ヒルズ再開発を構想したのは何と40年以上前のことである。しかし上海であの規模の再開発をしようと思えば，最短2〜3年でできるという。

　上海市が再開発を決定して発表したら，そこに住む住民たちは速やかに明け渡さなければならない。もし拒否すれば，当局に拘束されることになるという。当局がその気になれば，虎ノ門ヒルズクラスの大規模再開発は朝飯前というわけである。

　その是非はともかく，世界経済は中国の国家資本主義という政治システムのおかげで恩恵を被っている。世界でもレアなこのシステムについては，功罪の罪も大きいといわれている。しかしすでに世界経済が中国に依存していることは否定できない。われわれはこのことを認識すべきだろう。

　なぜ企業が新興国の高成長の恩恵にあずかれるようになったかといえば，それは1990年前後に東西冷戦が終結して，グローバリゼーションの道が開かれたからである。

　アジアには中国の後にインドやASEAN5が控えている。日本のすぐ近隣には，少なくとも成長意欲に熱く燃える国々が，あの頃の日本の20個分以上も散らばっているのだ。

　したがってリスクテイクに挑戦する日本の経営者の言葉に，耳を傾けるべきだろう。

　「アジアという巨大マーケット，新しいホライズン（地平）が開けているわけだから，日本企業としてやらないでどうする」（岡田元也イオン社長）

「優先順位のトップに位置するマーケットは中国です。次がインド，3番目にようやく日本のヘルスケアが登場します」（ユニチャーム高原豪久社長）

もはや新興国に寄り添わないビジネス展開は，成長意欲を捨てることにつながる。そんな時代にわれわれは生きている。

スマイルカーブとムッツリカーブ

中国に関するリスクの中で，先進国企業が二の足を踏む1つの理由が，技術ファクターである。

中国は「コピー天国」といわれている。知的財産権が守られず技術が流出してしまい，いつの間にかコピー製品やコピー部品が溢れる。そして結局，先進国企業は中国企業の安値攻勢に負け，そのうち先進国市場まで浸食される羽目になる。そんな危機感を多くの企業が持っている。

この危機感はもっともである。なぜかといえば，それを中国政府が意識的にやっている面があるからである。

中国は2001年にWTOに加盟して以来，世界市場との交易に参加できるようになり成長を遂げた。しかし中国が世界の工場となったもののローテク製品が多く，実は高い利益を上げたのは外国企業だった。そのことに中国政府は失望していたのだ。

プロフィット・プール分析でその事情を説明しよう。

プロフィット・プール分析とは，バリューチェーンの中のどのプレーヤーが，どれだけ利益を獲得しているか，その分布を表すツールである。この分析は産業分野ごとに，横軸に川上から川下に至るまで順番にプレーヤー企業を並べる（プレーヤーの数が多い場合，横軸の幅に数量を表現する）。そして縦軸に利益率ないし付加価値額を取る。するとバリューチェーンのどの段階のプレーヤーが利益を多く得ているか，が一目でわかる。

経済産業省が取り上げ，現代では多くの産業分野で「スマイルカーブ」になっていると指摘して有名になった。

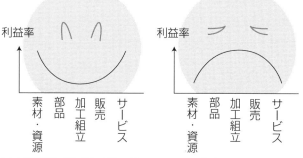

<図表2-5> スマイルカーブ（プロフィット・プール分析）

　かつて国境の壁が高かった時代では，「ムッツリカーブ」型が趨勢だった。日本国内に川上・川下の系列企業を従えた垂直統合型の製造業が最も高い利益を上げ，経済界のリード役だった。その時代は製造業がカーブの中央，山の頂点にいたのだ。

　しかしグローバリゼーションの時代が開かれると，製造機能は新興国に取って代わられるようになる。新興国が低コストと国の支援を武器に，製造を一手に担うようになると，「ムッツリカーブ」は「スマイルカーブ」へと分布が激変したのである（<**図表2-5**>）。

　<図表2-3>のトヨタの財務諸表をもう一度見てみると，売上高営業利益率は8.9%である。利益額は2.3兆円と巨額だが，利益率は高いとはいえない。特に金融事業を除いて（金融は利益率が高い），モノづくりの事業だけでとるともっと低い。売上原価を製商品売上高で割って82.2%となるので粗利率が17.8%しかなく，セグメント別情報を見ると自動車の営業利益率は8.2%となっている。日本のトップ製造企業ですら，利益率は高くない。

世界のリスク・ファクター中国

＜図表2-6＞はサムスン電子と鴻海精密工業，そしてアップルの比例縮尺損益計算書（営業利益まで表示）を同一縮尺で並べたものである。スマートフォンのバリューチェーンを想定して，サムスンはキーデバイスを持つ川上企業，鴻海を製造企業，アップルを企画デザインとサービスを担当する川下企業と位置づけて，プロフィット・プール分析を模擬化して示した。

鴻海は台湾企業だが，中国に製造拠点を置いてOEM製造するEMS企業である。またサムスンは自社ブランドのスマホ製品も強く，川下機能も持っているが，ここでは川上に置いた。こうして3社の利益を比較してみると，営業利益の分布がスマイルカーブを描いていることがわかる。

鴻海は世界から受注を集めて15兆円近くの売上を確保している。その営業利益額は4千億円に達し，低税率の恩恵もあって純利益は4千億円弱を獲得し

＜図表2-6＞ 損益比較＝サムスン vs 鴻海 vs アップル

ている。しかし売上高純利益率でみると，わずか2.7%である。サムスンの利益率16%，アップル29%と比較すると，世界の工場を担う中国政府の失望も理解できないことはない。

　こうした低付加価値の製造業のあり方を変えるために，中国政府は2006年に政策を転換する。「中国をイノベーション志向の国」に変革する政策を発表した。2006年にGDP比1.5%だった研究開発費率を2020年までに2.5%に高め，輸入技術への依存度を大幅に減らし，独自の技術標準を導入するという。特許と科学論文の数で世界5位以内を目指すチャレンジングな計画である。

　そしてそのために中国企業に税制優遇や国家予算による支援の拡大，国内ハイテク企業から官需の優先調達などを政策に盛り込んだ。さらに外国企業に対しては，国有企業との合弁による技術移転を強制的に行うという，強圧的な姿勢を打ち出した[2]。

　外国企業に技術移転を強いる政策は露骨に進められ，抵抗する企業は実質的な制裁が加えられた。2010年には外国のソフト企業にソースコードを中国企業に開示することを義務づけようとしたが，これは欧米からの猛烈な反対で取り下げた経緯がある。

　この他にも中国政府は国有の中国企業に低金利融資をするだけでなく，低価格ないし無料で土地を提供した。企業はその土地の開発資金で儲け，投資資金を得た。その結果，例えば太陽光発電パネルの95%は輸出され，これが世界トップだったドイツQセルズの倒産につながったといわれている。

　その他にも医療や年金といった社会保障を抑えて，企業のコスト負担を最小限にし，他にも為替レートの低水準誘導など，さまざまな方法で自国製造業をサポートしている。なぜここまでハイテク製造業を支援するかといえば，それは中国が日本の戦後政策をベンチマークしているからである。

　日本は歴史的に「モノづくり」で高度成長の足掛かりを築いてきた国である。製造業で経済を引っ張る政策は大量のヒトやカネ，そして高技術を必要と

---

[2] T. M. Hout, et al., "China vs The World", HBR Dec. 2010（スコフィールド素子訳「中国のハイテク政策の野望」DHBR 2011/8）

するが，量産と量販が可能で高度成長へ導くことができる。そして大量の雇用を生み，ゆくゆくは高付加価値産業へと転換しうる。

　第1次産業や第3次産業は，例えば農業やサービス業を考えてみると，生産性を上げるのは製造業（第2次産業）に比べて難しい。だから高度成長のドライバーになりにくい。またサービス業が立ち上がるのは，成長後期の消費社会になってからである。

　したがって中国をはじめとする新興国政府は，製造業の技術移転に必死なのだ。

　こうした新興国の政策意図を考えると，長期的には技術移転を進めながら新興国の産業育成をサポートしつつ，巨大消費市場を獲得していかざるを得ないだろう。知的財産権の保護というルールの意義は理解できるが，それを先進国のエゴと批判する新興国の事情もわからないでもない。近江商人の「三方善（さんぽうよし）（売り手よし，買い手よし，世間よし）」的な舵取りが求められている。

IT革命が引き金を引いたグローバリゼーション

　かつて国同士の壁が高かった時代には，貿易は厳しく統制された。今や国際取引が自由に行き交う時代に変貌したが，このグローバリゼーションの扉を開いたエポック・メイキングな出来事が，1989年11月のベルリンの壁の崩落である（同じ1989年6月に中国で天安門事件が起き，1991年にソ連が崩壊した）。

　1989年にベルリンの壁が壊され，東西ドイツが統一され，冷戦の解消へと突き進んだわけだが，このベルリンの壁を崩壊させた要因は何だったのだろうか？

　それはIT革命である。

　その当時はまだインターネットが一部に開放され始めた時期だが，テレビなどのメディア・インフラが発達し，西側諸国の情報が東側諸国に筒抜けになっていったころである。東側諸国の独裁政権が行っていた情報統制が効かなくなり，西側の自由で豊かな生活のあり様が東側に漏れていった。それが引き金と

なり，独裁政権のプロパガンダのウソが見抜かれ，人々の権利意識に火が付いて声が上がり始めると，やがてベルリンの壁は崩れた。

2010年からアラブ諸国や北アフリカ諸国で始まった「アラブの春」も，GoogleやFacebook, YouTube, Twitter, WikiLeaksといったネットメディアが後押ししたといわれている。1990年前後のインターネット開放によって本格的に始まったIT革命は，社会や経済にさまざまな変化をもたらしたのである。

ITを支えるプラットフォーム自体も大きく変わった。メインフレーム中心の時代が終わり，パソコンからスマートフォンへと中心が移っていった。今はさらにウェアラブル端末へ，さらに近い将来はインプランタブル端末（生体埋め込み端末）の時代へ進むと予想されている。そしてITの急激な進歩が，われわれの生活シーンをも大きく変えた。

激しい変化に翻弄されながらチャンスをつかんだのが，利益ランキングの企業たちだ。それはNTTやNTTドコモ，ソフトバンク，KDDIなど通信キャリアであり，日立製作所やキヤノン，三菱電機，ヤフーなどのIT関連企業である。

今日IT関連企業といえば，通信キャリアやインターネット・サービス企業に限らない。ITに関連していない企業は存在しないと言い切っていいかもしれない。例えばGEは今やインダスリトアル・インターネット事業を本業としている。

また金融業も実はIT企業である。利益ランキング50社には，三菱UFJFGや三井住友FGをはじめとして，証券や保険，リースなども含めると金融業が9社入っている。カネは情報そのものである。カネという交換価値の裏付けがある（と信じられている）ものを与信し流通し，蓄えているのが金融業である。

グローバリゼーションの流れとともに，今やカネは国境を越えて世界を自由に動き回っている。さらに先進国も新興国も金融緩和策の流れにあり，ボリュームが膨らんでいることも金融機関の利益を押し上げている。

実はトヨタやホンダ，日産などの自動車会社も金融事業を持っている。ローンや損害保険，クレジットカードなどが中心だが，すでに千億円単位の利益を

稼ぎ，リーマンショックの直後などは赤字の自動車事業を支えた。また日立製作所やコマツも，金融事業ないし金融サービスを行っている。ヤフーもしかりである。

　もう1つ，今日IT産業と呼んだほうが適当と考えられるようになった分野がある。それはバイオ・ビジネス，製薬業である。

　新世代のバイオテクノロジーは，生命体という壮大な小宇宙をデジタル技術で解き明かそうとする技術体系である。したがって現在の製薬会社の研究所は，バイオの分析器とスーパーコンピュータの塊と化している。遺伝子やたんぱく質の解析図がディスプレー上に描かれ，今や薬の開発はコンピュータなくして不可能である。

　さらにわれわれ個人ごとのDNA情報もデジタル化されている。数千円程度の価格から遺伝子分析キットが売られ，われわれの病気のリスクが明らかになりつつある。医療や健康管理がITなくして始まらない時代が，もう来ている。

　例えば近い将来，健康診断サービスという概念が，一変すると予想されている。われわれの身体をウェアラブル端末で常時センシングし，リスク発症を事前に捉えることが可能だ。バイオ産業の本質は，すでにIT産業なのだ。

　こう考えると，グローバリゼーションも含めて，時代環境の底流に流れる最も大きな潮流はIT革命ということになる。

ITが破壊する競争の壁と5Forcesモデル

　経営環境分析で，市場分析とともに重要なのが「競争分析」である。

　競争というと同業者との競争を思い浮かべがちだが，実は広い概念である。同業者だけと競争しているのではなく，いろいろなライバルと戦っているからである。

　競争というものを多面的に捉えてみせたのがハーバード大学のM.ポーターである。「5つの競争の力」モデルという分析の枠組みを提唱した[3]（**<図表2-7>**参照）。

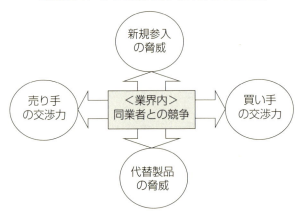

<図表 2-7> 5つの競争の力（5 Forces Model）

　同業者との競争以外の1つ目は,「新規参入の脅威」である。業界とは会員制クラブに似ているという。参入障壁が低く業界に入るのがやさしいとレッドオーシャン市場になりやすく，いつも新規参入者におびえていなければならない。参入障壁とは，例えば必要投資額が巨額だったり，規模で圧倒的な優位を築ける業界特性などが当たる。ブランドがすでに確立されていて，容易に追いつけない，といった事情も障壁になる。

　2つ目は「売り手の交渉力」，そして3つ目は「買い手の交渉力」である。売り手は少しでも高く売りたいと，また買い手は品質の良いものを少しでも安く買いたいと考えている。売り手の製品・サービスがユニークで他の売り手が存在しない場合，買い手は交渉力が弱くなる。また圧倒的に価格を安く製品が作れる場合や，買い手がたくさんいるような場合は売り手がますます強い。逆に買い手が市場で圧倒的なトップ企業である場合，売り手はかなり不利な条件で売らざるを得なくなる。買い手と売り手は，パワー競争をしている。

　ポーターはここから「企業が基本的にとりうる競争優位の戦略は，3つある」と主張した。それは「①コスト・リーダーシップ，②差別化，③集中」の3つ

3　M.E. Porter, "Competitive Strategy", The Free Press 1980（土岐坤訳『競争の戦略』ダイヤモンド社 1982）

である。

　コスト・リーダーシップとは，規模の経済性や経験の蓄積を通じて，最も低いコストを実現しようとする戦略である。価格競争に勝ち抜ける体質を作ることがカギとなる。

　差別化とは，価格以外の要素で競争しようとする戦略である。それは製品のユニークさであったり，品質やブランド評価の高さであったりする。コスト・リーダーシップは価格で勝負するのに対して，差別化戦略は価格以外の要素で勝負する点に違いがある。ただし現実には，両方追求する企業が多い。

　集中とは，市場セグメントを狭く絞り，そこに集中しようとする戦略である。特定の製品ラインや地域，特定顧客などの市場に特化し，狭い領域で圧倒的な地位を築き上げて競争優位を確保しようとする。集中戦略の中では，やはりコスト・リーダーシップか差別化を取る，両方の行き方がある。

　「5つの競争の力」モデルに話を戻すと，5つ目の競争の力とは「代替製品・サービスの脅威」である。代替製品・サービスとは，かつてのブラックディスク・レコードに対するCDや，航空機に対する新幹線のようなものが当たる。しかし今日では，代替製品・サービスの競争構造は，もっとずっと複雑になってきている。

　その代表選手が，例えばスマートフォンである。

　今日，スマートフォンはさまざまな市場の顧客を奪っている。若者は「スマートフォンがないと生きていけない」と言い，昼食を節約して安いコンビニ弁当をパクつきながらスマートフォンにかじりついている。このおかげで，コンビニ店や牛丼店など低価格の外食・中食産業は潤うが，客単価のより高い外食店は悪影響を受けている。

　自動車もスマホのおかげで，とばっちりを受ける製品の1つである。年配世代の若いころは車は生活に不可欠のアイテムで，あこがれの対象でもあった。しかし現代の20代はスマホ料金を払うのに精一杯で，「免許って必要なんですか？　電車のほうが便利ですよ」などと言って，自動車メーカーを失望させる。今や自動車メーカーの新車開発は，いかに若者をスマホから車に振り向かせる

かがテーマなのだ。

　スマホの影響力はこれだけにとどまらない。スマホのおかげで若者は時計を持たなくなった。カメラを持ち歩かなくなった。自宅に固定電話やオーディオセット，テレビやゲーム機，パソコンすら置く必要がなくなった。本も持ち歩かず，すべてスマホやタブレット端末ですませる若者が多いのだ。

　スマホは時計やカメラ，オーディオ，テレビ，ゲーム機，本，パソコンなどを1つのアイコンにしてしまった。おかげで，これらすべての商品市場は減少の一途をたどっている。スマホは消費者の財布の中身をめぐって，あらゆる商品の企業にとって手ごわい難敵となっている。

　現代の競争とは，かように一筋縄ではいかない複雑な様相を呈している。実はこれもIT革命の1つの表れなのだ。

現在はまだIT革命の黎明期

　「IT革命の真のインパクトに，実はわれわれはまだ気づいていない」とドラッカーは言う。今はまだIT革命の黎明期に過ぎない。社会を大きく変革するインパクトはこれからやってくる，と。ドラッカーは2005年に亡くなったが，2002年に出した最後の著作『ネクスト・ソサエティ』でそう言っている。

　彼は，現在のIT革命の段階は，18世紀に始まった産業革命の初期とよく似ているという。

　人類史上2番目の革命といわれる産業革命の引き金を引いたのは，1769年J. ワットによる蒸気機関の発明といわれている。しかし蒸気機関の発明後60～70年の間は，時代を変えるほどの変化が起きなかった。いわば空走した期間があった。蒸気機関という新しいパワープラントを，どう利用していいか人々が思いつかなかったからである。1807年に米国のフルトンが蒸気船を発明するが，社会を変えるインパクトにはならなかった。

　しかし1829年にスチーブンソンが実用的な蒸気機関車を初めて開発した時，革命が始まった。大量輸送の鉄道によって人々が移動能力を獲得し，時代が一

変したのである。

　それまでのヨーロッパでは，隣の町や村はさながら異国だった。移動手段が乏しく，人や物資の行き来も少なく，情報が行き交うこともあまりなかった。しかし鉄道の出現によって，大量の物資や人が広範囲に動き始め，情報も行き交うようになると，隣町は同じ市場圏になり，経済領域が広がった。人々の心理的な距離感が，一気に縮まったのである。

　一方で蒸気機関は工場のパワープラントとして浸透し始める。それまでは工場制手工業といって，職人の手による作業が中心だった。しかしそこに強力な動力源が入ると，大量生産が可能になった。

　大量生産によって必需品の低価格化が実現し，大量販売が可能になった。一方で鉄道によって経済圏が広がると，商業取引の形が激変した。

　ドラッカーはこの産業革命の第2波の効果によって，郵便や電報が生まれ，知的所有権という概念が確立し，株式公開や工科大学，新聞の誕生につながったと言っている。

　産業革命の波がアメリカに及ぶと，さらに飛躍的に社会変革が進む。

　アメリカは広大である。そこに鉄道を通すとなると，今までとは桁違いの投資資金が必要となる。この資金調達を支えて成長したのがアメリカの商業銀行であり，ニューヨークのウォール街である。

　経済圏が広がり，量産量販が可能になると，さまざまな新産業が登場した。しかも従来の個人商店とは規模の全く異なる組織によって，オペレーションを行う必要が生じた。ここに誕生したのが近代的な株式会社である。大組織は大量のマネジャーたちによって整然と運営される必要が生じた。実はそのマネジャー教育を担って成長したのが，アメリカのビジネススクールだという。

　この波はさらに近代公務員制度，家事以外の女性の職業など，今日われわれが日常的に見ている社会のさまざまな制度や仕組みを生んだ。まさに世の中を大革新したのは，産業革命の第2波だったのだ。

　ドラッカーはITも似た経路をたどっていると言う。

　コンピュータが発明された時期は諸説あるが，1940年代初めから中ごろに

かけてのことである。しかしその後，50年ほど空走したとドラッカーは言う。コンピュータをどう利用したらいいか，人々は大した用途を思いつかなかったからだ。高速の計算機とか，事務合理化の機械，あるいはゲームマシン程度のイメージしか思い浮かばなかったのである。

　しかし1980年代後半に国防総省のARPANETや全米科学財団ネットワークが一般に開放され始め，1989年にインターネットとして商用利用が始まると，社会を大変革するインパクトを与え始めた。

　現在，われわれはスマートフォンを手にし，鉄道をはるかに超えるバーチャルな空間移動能力を得た。外国にいる友人とスカイプでテレビ電話し，eコマースでDNA検査キットを買って自分の病気に備える時代になっている。

　しかしドラッカーは，現状はまだ序の口だと言う。ITの持つ影響力は計り知れない。ITはもっと社会のあり方を変えるはずだ。20～30年後に，ITを利用して今誰も想像できない生活を送っているに違いない，と。

　ドラッカーは最も大きな社会変革のインパクトを持つのは，eコマースだと断じている。

　資本主義社会では，ヒト・モノ・カネ・情報に関わる商取引のあり方が変わると，それを支える経済や社会，政治の仕組みが寄り添うように変わっていくからである。そしてドラッカーは最後にこう言う。

　「もはや世界には1つの経済，1つの市場しかない」と。

ケース ㈱小松製作所…オールド・エコノミーからの変容

コマツ，売上高営業利益率20％が目標

　㈱小松製作所（以下，コマツ）は国内トップ，世界では第2位の建設機械メーカーである。

　2014年3月期の連結売上高は1兆9,537億円，営業利益2,405億円，売上高営業利益率12.3％に達する。しかし2008年秋のリーマンショック以来，その直前期に達成した連結売上高2兆2,430億円，営業利益3,326億円の水準にま

では回復していない。

　現在コマツは大きく分けて，①建設・鉱山機械，②産業機械・車両の 2 系統の事業を持っている。しかし売上では建設・鉱山機械事業が 90％，営業利益では 99％（2014 年 3 月期実績）を占める。

　コマツの売上の 8 割は米州，欧州・CIS，中国，アジア・大洋州，中近東・アフリカなど海外に依存している。主戦場は今や完全に海外にあり，コマツはグローバル企業として成長を遂げてきた。

　その中でコマツは 2015 年決算に向けて，減収増益を予想していた。

　新興国の景気減速で経営環境は厳しい。中国の建機需要は低水準が続く。資源価格の低迷で鉱山会社が投資を控え，13 年度の鉱山機械需要はピークの 2011 年度から約 6 割減った。さらに国内では消費増税に伴う反動減という，建機業界の「三重苦」が続いていた。

　しかしコマツ大橋徹二社長は「新車需要が伸びないことを前提に利益成長の基盤を作る」と語った。

　利益成長の根拠の 1 つは値上げだった。需要減が続く中で，コマツは値上げできるブランド価値を持っていた。ただし世界最大メーカー・キャタピラーのお膝元米国では，中古建機の価格でコマツに勝っていた。ブランド力に加え，代理店網を張り巡らせ，修理や部品交換など手厚いサービスで品質を守ってきたためである。中古価格が上がれば新車も値上げしやすい。米国でキャタピラー優位の構造をどう切り崩すか，がコマツの課題だった。

　キャタピラーは，コマツの売上の 2 倍ほどの規模を持ち，業界ルールを作ってきた企業である。その存在はコマツにとっても恩恵があった。例えばユーザーがどの建機を選ぶかは単に「価格が安い」だけでなく，「保守サービスがしっかりしている」「ディーラーとの間で信頼関係がある」といった点が重要だった。それは依然としてコマツの課題でもあるが，中国や韓国メーカーにとってはもっと高い壁になっていた。

　さらにもう 1 つ，米国企業らしい経営規律が激しい価格競争に陥るのを防いでくれる面があった。

米企業はいたずらにシェアを追わず，利益を重視する。したがって米企業が主導権を握る市場では価格競争が起こりにくく，市場全体が安定する。これは「キャタピラーの傘」の下にいたおかげだといわれている。

　逆に米企業が駆逐された市場では，例えばテレビのように，かつて日本企業が米テレビ・メーカーを追い落した結果，日本と韓国・台湾勢の間で泥沼の安値競争が起きる要因になった。したがってキャタピラーを苦境に追い込むことは，コマツにとって得策ではなかった。

　コマツの「利益成長」のもう1つの根拠は，原価削減の取り組みである。毎年100億円単位のコストダウンを成し遂げてきた。国内では工場の統廃合や新設を進め，主力の粟津工場（石川県小松市）などで電力消費量を半減し，生産性の高い新工場に変えた。今後さらに国内のコスト体質を改善していく計画である。

　大橋社長は経営計画で，売上高営業利益率を18〜20%にする目標を掲げた。現在は14%程度だが，この数字はキャタピラーを大きく上回る野心的なものである。実現すれば営業利益は最高5,000億円と，2013年度実績の2倍以上になる。

　さらに成長のけん引役として，建機部品事業も強化していく方針である。コマツは顧客に販売した建機の稼働状況を把握するシステム「KOMTRAX」を2001年に導入，今や約70カ国に広がる35万台（2014年11月時点）に搭載している。この情報を建機の生産や販売に生かしていることがコマツの収益を支えてきた。

　現在ではさらに同システムを進化させ，「コムトラックス・パーツ」という機能を盛り込む。部品にICタグを取り付け，部品の使用状態や交換履歴を把握できる。まず中国で展開し，部品交換などアフターサービスだけでなく，純正品の納入拡大にもつなげる狙いである。そして先端IT技術を駆使し，整地などの作業を自動化した次世代建機を拡充する計画である。

バブル期に世界最大市場だった日本

　日本の建設機械市場は，1990年以前のバブル期に世界シェア約40%を占める最大市場になったことがある。しかしそれ以後は米国・欧州市場のシェアが高く，これがキャタピラーに売上で圧倒的な差をつけられる要因となった。

　コマツは日本市場では常にトップに立ってきた。しかし1990年以降バブル経済が崩壊すると，日本の建設機械市場の規模は3分の1にまで急速に縮小する。それに伴って各メーカーとも乱売に走り，消耗戦の市場となった。

　日本には，㈳日本建設機械工業会の正会員だけでも70社を超えるメーカーがひしめき合い，熾烈な競争を繰り広げている。高度経済成長期に，旺盛な建設機械需要に惹かれて，異業種からの新規参入が相次いだためである。その結果乱売合戦となり，業界全体の収益性が低下した。営業現場では「商談は，まず半値を求められ，さらにそこからどれだけ値引きできるかが勝負」という，「半値，8掛け，2割引」のあり様だった。現在でも日本の販売価格は，世界と比べて安い水準にある。

　しかし日本の建設機械メーカーは高度成長期の名残か，「成長すればコストは吸収できる」という考え方を引きずっていた。製造コスト低減には優れていても，収益体質は脆弱だった。技術で強い国際競争力を持ちながら，低収益にあえぐという日本企業の構造問題がここにあった。

　1990年代は公共事業削減とデフレの進行で，どの建設機械メーカーも減収減益に見舞われる。厳しい状況の中で，コマツは雇用を守ろうと多角化に乗り出す。しかし「脱建機の多角化」路線はなかなか実を結ばなかった。そして結果として，それが後に赤字をさらに増やす要因となった。

　1995年に安崎暁氏が社長に就任すると，構造改革に取り組んだ。国内の工場や支社を廃止してスリム化し，欧米や東南アジアの生産・販売拠点を強化した。

　安崎社長は価格一辺倒の勝負から抜け出して，レンタル，リース，中古車売買，メンテナンスなどの総合サービス力で，競合他社との違いを打ち出した。ゼネコンなどは資産を抱えるのを嫌い，建機の自社保有からレンタルへと切り替え

ていた。その結果，土木・建設業界のレンタル利用比率は，2000年に50%を超えた。しかしコマツにとっては，こうしたサービス事業は取りこぼしてきた市場だった。当時，建機関連事業の国内市場は約2兆3,000億円あったが，そのうち新車販売は約3分の1の8,000億円程度に過ぎなくなっていた。

　コマツは新車市場では25%のシェアを持っていたが，ほぼ同規模のレンタル市場では10%弱だった。部品やサービスメンテナンス事業も同様で，「消耗品の交換や修理の際，コマツの純正品ではなく，安価な他メーカーの部品が使われる傾向が強い」（販社営業）という状況だった。

　サービス事業領域の拡大を図るには，情報技術（IT）の利用支援が欠かせないと考えられた。IT化を全社で推進するため，1995年にシステム開発がスタートし，2000年4月には社長直轄の社内横断組織，e-KOMATSU推進本部が設置された。

　「ゲームのルールを変える」

　「例えば補修や保険を含む総合サービスを手がけたり，現場の稼働効率の向上につながるアイデアを出すなど，エンドユーザーの経費削減となる提案にITを活用したい」（幹部の発言）

　e-KOMATSUの取り組みは生産部門にも及んだ。大型の油圧ショベルやブルドーザーなどを製造する大阪工場（大阪府枚方市）では，3次元CAD・CAM（コンピュータによる設計・製造）を使った生産の効率化が進められた。設計・開発段階から，コンピュータ上の仮想工場で「製造」を並行して行うことが試みられた。

　「極端に言えば，図面が完成した時は量産化の準備ができたようなものだ」

　安崎社長が掲げた「企業価値の向上」を目標にした経営改革は，さまざま進められた。しかし業績は低迷を続けたままだった。株主資本利益率（ROE）など具体的に掲げた目標を達成することができず，株価も低迷を続けた。

2001年坂根正弘氏の社長登板

　コマツの必死の努力にもかかわらず，コマツは2002年3月期の決算で800

億円の連結最終赤字を計上した。主力商品の建設・鉱山機械の需要が世界的に低迷したこと，そして IT バブル崩壊を受けてエレクトニクス事業の不振が重なったことが，その大きな理由だった。大胆な手術を必要とする局面を迎えていた。

2001 年 6 月に社長に就任した坂根正弘氏は，この緊急事態に直面して経営構造改革の 4 つの政策骨子を社内に示した。

① 「1 回だけの大手術」を社内外に宣言
② 経営の見える化
③ 成長とコストの分離
④ 強みを磨き，弱みを改革

「1 回だけの大手術」とは希望退職の実施と，子会社への出向者 1,700 人の転籍を指す。「1 回だけ」と限定したのは，リストラを何度も繰り返せば社員の働く意欲が失われることに配慮したためであった。希望退職には，国内 2 万人の従業員のうち約 5% に当たる 1,100 人が応じた。

②の「経営の見える化」とは，すべてのステークホルダーに対してわかりやすいデータをもとに，経営を透明化して説明し，協力を取り付けることを意味した。つまり顧客，株主，代理店，取引先，地域社会，従業員に，坂根氏自身が出向き説明した。坂根氏は年 2 回の決算の直後に国内の全工場を回った。社員ミーティングを開いて，会社の現状と課題や進むべき方向について，詳細かつ平易な資料を用いて説明し対話した。海外の社員にはビデオ映像をウェブで配信して，同じ内容が伝えられた。

③の「成長とコストの分離」とは，従来型の「成長すればコスト（特に固定費）は吸収できる」という考え方を止め，両者を切り離して徹底的なコスト削減に着手するという宣言だった。具体的には人員削減だけでなく，大幅な子会社の整理・統廃合を行った。当時，国内と海外を合わせて全部で約 300 もの子会社があったが，統廃合により 110 社を整理した。エレクトロニクス事業子会社も売却を決断した。

坂根氏は，こうしてコアビジネスである建設・鉱山機械と産業機械・車両部

門へ経営資源を集中する体制を敷いた。

　これと並行して、コアビジネスである建設・鉱山機械部門でも、コスト削減のため商品モデル数を大幅に減らした。日本市場専用モデルも多数存在していたが、利益の上がらない国内モデルは思い切って削減した。

　1990年代前半に円高が進行すると、日本のメーカーは日本国内でのモノづくりはコスト高と考え、盛んに中国やアジアに生産拠点を移した。しかしその後、為替が円安基調に転じると、その議論も下火となった。坂根氏はこの点について、コスト・データを収集しコマツの強みと弱みを徹底的に分析した。そこで発見したのは、日本の製造コストは十分に競争力があるということだった。

　コマツは、全く同じ機種を日本、アメリカ、イギリス、ブラジル、中国、タイ、インドネシア、インドの8カ国で製造していた。2001年段階で製造コストは日本が1番低く、2番目がタイだった。2008年時点では中国がやや低く、日本、タイが同じレベルとなったが、いずれにしても日本の製造業が製造コスト高で競争力を失っているという一般的な見解は、妥当ではなかった。

　では、問題はどこにあるのか。一般に製造コストは材料費や設備費、光熱費、労務費などを合算したものだが、そのうちの変動費は生産量が少なくなれば下がる。しかし営業部門や本社の総務部門、管理部門など非製造部門の人件費や経費などは、固定費である。

　分析の結果わかったのは、この固定費部分で世界の競合他社に負けていることだった。2001年までは米キャタピラーの建設機械事業の販管費率と営業利益率を比較すると、コマツの販管費はキャタピラーよりおよそ6%高く、それが6%の営業利益率の差になって表れていた。

　坂根氏は最初の1年半で、これらの固定費を約500億円削減した。結果として、その後の売上高の伸びもあり、建設機械ビジネスの販管費率と営業利益率は2007年にはキャタピラーを凌駕する水準までに改善した。

ダントツ商品の開発とマザー工場制の導入

　経営構造改革の柱の④は、「強みを磨き、弱みを改革」することであった。

坂根氏は弱みの議論ばかりに終始して強みを磨くことを忘れてしまうと，真の再建と成長を手にできないと考えていた。

そこでコマツの強みである，技術力を活かした新商品開発に賭けた。こうした中で打ち出したのが「ダントツ商品」の開発である。

「ダントツ商品」とは，環境，安全，IT，経済性をキーワードに，次のような考え方のもとに開発する新商品を指す。

① 思い切って犠牲にするところを先に決めて，
② 競合他社が数年かけても追随できないような大きく差別化できる 2, 3 の特長を持ち，
③ しかも，製造原価は従来機と比べて 10％以上低減する。そしてこのコスト余力をダントツ化のコストにふり向ける。

つまり捨てるものを捨てるが，しかしダントツの性能・品質を持ち，世界シェアを狙える戦略商品の開発を目指したのである。さらにすべての商品には機械の稼働管理ができ，オペレーションコストの低減や需要予測に活用できる KOMTRAX（GPS 通信機能を搭載した機械稼働管理システム）を標準装備した。これをベースに個々の建設機械を IT で遠隔集中管理できるネットワークシステムの構築を進めた。

坂根氏は固定費削減に大鉈をふるった一方で，成長戦略のために必要な研究開発費はむしろ増額した。「ダントツ」という言葉の響きが良かったのか，開発技術陣は大いに奮い立った。

その意気込みが製造部門や協力企業にも伝播し，機能横断の開発プロジェクトがたくさん立ち上がった。「こんな商品を開発してみたい」という企画案がどんどん提案された。提案の中から，「ダントツ商品候補」と認定して商品化に GO サインを出すのかは，社長の専権事項とした。

こうして生まれた「ダントツ商品」は，今日まで建設機械で 50 機種を超えている。

「強みを磨く」もう 1 つの施策が，「マザー工場」制の導入である。コマツでは「生産はできるだけマーケットに近いところで」という考え方から，同一機

種を世界各地の工場で同時に生産している。全世界の工場をネットワークし，効果と効率を高めるのがマザー工場制導入の狙いである。

　例えば主力商品の油圧ショベルは世界 8 カ国の工場で生産しているが，そのマザー工場は大阪工場（大阪府枚方市）である。他の 7 つの海外工場（チャイルド工場）は QCD（品質・コスト・納期）に責任を持つ。

　マザー工場で開発した機種を海外工場で生産開始する場合は，マザー工場の技術者が，設備導入から原価低減，在庫管理に至るまで，すべてサポートをする。マザー工場の品質管理活動で新しく蓄積された改善成果も，すぐにチャイルド工場に水平展開される。

　同一製品を作る工場が世界に配置されていることで，各地のローカルな需要や為替の動向に応じて，最適な製品や部品のやり取りが可能になっている。コマツではそれを「クロス・ソーシング（相互供給）」と呼ぶが，世界での弾力的な生産供給体制の構築につながっている。

　コマツのグローバル生産は，コスト低減だけ追い求めているわけではない。エンジンや油圧機器など主要基幹部品（エンジン，油圧機器，コントローラーなど）は競争力の源泉とされ，基本技術流出を防ぐため日本の工場で一極生産している。国内で製造した基幹部品は国内外の組立工場に供給され，そこで最終的に完成品となって出荷される。

e-KOMATSU と KOMTRAX の威力

　コマツの強さを支える強力な武器の 1 つが情報システムである。

　コマツの大阪工場には，壁側に大型ディスプレーが並んだ部屋がある。その前に席を置くスタッフのパソコン画面には，機械稼働管理システム「KOMTRAX（KOMATSU MACHINE TRACKING SYSTEM，コムトラックス）」を通じて集まる世界 35 万台の建機の稼働状況，流通在庫や日々の販売量といったさまざまなチャートが映し出される。

　このグローバル販生オペレーションセンターは，マーケティング，経営企画，生産，情報の 4 部署からスタッフが集められて数十人規模の組織になって

いる。彼らは建機の稼働状況や日々の販売状況といったビッグデータをもとに意見をぶつけ合い，コマツの工場の生産計画に反映させ，さらに流通在庫の最適化を推進する司令塔の役割を担っている。

　組織が作られたのは 2011 年。理由はリーマンショック後の世界的な景気後退によって，建機の在庫が膨れ上がってしまった反省からだった。当時，KOMTRAX によって稼働状況をリアルタイムにつかんでいたものの，流通在庫の数量や日々の販売状況を正確に把握できていなかったのだ。

　野路社長（当時）の指示で，代理店の流通在庫はすべてコマツの資産にしてしまった。代理店が所有する形だと，流通在庫が正確に把握できないからだ。その結果，一時は 18,000 台に達した流通在庫を約 1 万台にまで削減し，以後適正化を図ってきた。

　同センターには大画面ディスプレーが 4 つ，壁に設置されている。左端の画面には，世界にあるコマツの工場内部を映したカメラ画像が表示される。生産ラインの部分をズームアップでき，ラインが予定どおり動いているかどうかを把握できる。部品の欠品によるライン停止もわかる。

　左端から 2 番目の画面では，受注した製品の組み立てから輸送（陸上と洋上），顧客への納品までの進捗状況が表示される。進捗状況は代理店にも公開している。

　右端から 2 番目の画面は「グローバル販生コクピット」。紛争地域を除く世界の約 96％ で販売された台数が表示されている。そして，右端の画面に KOMTRAX のデータが表示されている。

　KOMTRAX のディスプレー上の地図を詳細にたどっていくと，例えば米国の地図からニューヨークの地図へ進むと，やがてニューヨークの工事現場で使われている油圧ショベルの 1 台ごとの稼働データが表れる。

　東京にいながら，1 万 km 離れたニューヨークで稼働する自社製品の状況を知ることができる。建設機械の内部に組み込んだセンサーで車両のあらゆるデータを収集し，自動送信するのである。

　コマツはこのシステムの導入で，部品交換や修理，盗難への対応といった顧

客サービスを大幅に向上させた。例えばKOMTRAXによって，前日の夜に満タンだった燃料が朝には空っぽになっている，といったことがわかる。その間にエンジンを動かした形跡がなければ，このデータが意味するのは燃料の盗難に遭ったという事実である。

キャタピラーや日立建機などの同業他社も同様のシステムを開発し，一部の製品に搭載している。しかし標準装備によって搭載台数を毎月2,000台のペースで増やし続けるコマツとの差は広がるばかりだ。

365日24時間，KOMTRAXから絶え間なく送られてくるデータは，コマツ，販売店，顧客の誰にとってもこの上もなく重要な情報源になっている。

一般に建機は購入価格の3倍のランニングコストがかかるといわれる。修理費や燃料費，レンタルに関わる運転手の人件費などの負担が重いからだ。それだけに，稼働データをもとにしてムダな動きや故障を減らすメリットは大きい。販売店も事前の最適な時期に部品交換を提案できるので，在庫コストなどを効率化できる。

需要予測や債権回収にもKOMTRAXを利用

コマツ本社では「販生会議」が毎月開かれる。販売，生産，マーケティングの担当役員が顔を揃え，世界各地の需要予測を徹底的に議論するこの会議は事業遂行上，最も重要な場とされている。ここで採択された需要予測をもとに，各工場の生産計画や設備投資の方針が決められる。会議では，海外子会社のトップなどがマクロ統計や自社の販売状況から見た需要の読みを報告する。それに対して会議の責任者である会長や社長らが，質問をぶつける。

普通の会社であれば，需要予測は営業部門や経営企画部門が作り，経営トップに参考データとして届けるだけにとどまるだろう。しかし，コマツはこの需要予測にトップが徹底して関わっている。

「他社では需要予測は課長クラスの仕事だが，うちでは役員の仕事」

この情報は系列組織「みどり会」のメンバーにも公開されている。部品メーカーの幹部はコマツの機動力を次のように高く評価している。

「増産・減産の判断は他社より1カ月，ひょっとしたら2カ月早いかもしれない」

コマツの工場で毎月開催される「業務連絡会」。協力会社のトップを集めたこの会議は，さながら投資家向け説明会のようだ。普通のメーカーなら，外注先には今後の生産計画を提示するだけだろう。しかしコマツは生産計画の前提となる世界の経済状況や機種ごとの細かな需要予測まで，自社が持つあらゆる情報をこの場ですべて開示する。協力会社はその情報を持ち帰り，コマツの計画にどう対応するかを検討する。

コマツの示す計画がそのまま実現する保証はない。リスクをどう織り込んで設備投資を進めるかは，各社の自主的な判断に委ねられる。だからこそ，コマツは情報をできる限りオープンにすることが欠かせないと考えている。

「計画の詳細を経営トップが直接説明してくれるので，われわれも話を信頼してついていける」（みどり会メンバーの社長）

日本で1969年に設立された「みどり会」には現在163社が加入する。社数ではコマツの取引先の14%だが，調達量は8割近い。コマツの成長を支える，日本最強の中小企業集団といわれる。北米では07年から45社で構成される「MIDORIKAI」が発足した。また2011年には「小松中国みどり会」も発足した。加入した59社のうち中国企業は約半数を占める。

またKOMTRAXは販売店の債権管理のサポートにも利用されている。

新興国では，ローンを組んで建機を購入する個人オーナーが多く，そのほとんどは第三者へのレンタル収入を返済に充てている。KOMTRAXを使えば，レンタルした建機の稼働実績からオーナーの支払能力の変化まで，つぶさにチェックできる。さらに，遠隔操作によるエンジンロックの機能を使って，支払いが滞っているオーナーの建機を止めてしまうこともできる。コマツはこの機能のおかげで，営業債権の貸倒率を劇的に下げることに成功している。

またKOMTRAXなどの情報システムが，コマツのダントツ・ソリューションに大きく貢献していることは間違いなく，これが強気の製品値上げを浸透させる最大の要因になっている。

コマツの試練

コマツのIT技術を利用した事業モデルは，今のところ追随を許していない。しかし競合他社も手をこまねいているわけではない。

キャタピラーや中国・三一重工は，KOMTRAXと似たシステムの導入を進めている。

一方，日立建機をグループ企業に持つ日立製作所は2014年，英豪資源大手リオ・ティントと巨大鉱山の運営で連携すると発表した。リオが持つ鉱山の運営ノウハウと日立のインフラ管理技術を持ち寄り，鉄鉱石の生産コストの約1割削減を目指している。日立はリオと培ったノウハウを世界の資源会社にも展開し，社会・産業インフラ事業の柱にする方針である。

リオはブラジルのヴァーレ，豪英BHPビリトンとならぶ世界3大資源メジャーの1つであり，コマツの最大顧客の1つでもある。

日立は家電事業などを縮小し社会・産業インフラに軸足を移している。同事業は日立の年間売上高約10兆円の7割を占める。IT化が遅れていた鉱山分野に先行して進出し，世界のインフラ市場で主導権を握ろうとしている。

コマツのトップによれば，今や「ダントツ商品」から「ダントツ・サービス」へ，さらに「ダントツ・ソリューション」の段階へと入っているという。

コマツが現在，全力で取り組んでいるのは自動化機械「ICT（情報通信技術）建機」の開発である。GPSやセンサーを利用し，現場の作業を自動化できる機械を開発することで，顧客の仕事の負荷を抜本的に軽くすることを見込んでいる。そこではますますIT技術を含むトータルの技術開発力が問われることになる。

コマツは今後さらに一歩進めて，「ダントツ経営」を目指している。

ケース解説

ITでゲームのルールを変えたコマツ

コマツは，オールド・エコノミーの象徴のような建設機械を，ITによってネットワーク・マシン化し，ビジネスモデルを変えた企業である。

日本は公共工事に国家資金を大量投入することで，経済を延命させた歴史を持っている。1990年のバブル崩壊まで公共投資が優先され，そのおかげで僻地に立派すぎる道路が開通し，役場の建物がモダンなビルに変わった。

　しかしその後，建設土木市場は一変する。コマツのような建設機械メーカーは公共工事で急成長を遂げたが，バブルが弾けて建設機械市場が3分の1まで縮小すると事業は急落した。その後，「失われた10年」が続いたのである。

　「オールド・エコノミー！」と揶揄された建設機械事業を，コマツはITを使って革新した。トータルシステム「e-KOMATSU」の部分システムである「KOMTRAX」で，機械に関するあらゆることがリアルタイムでつかめるようになった。このおかげで，保守サービスの品質が格段に向上した。故障の予兆をキャッチできるので，予防メンテナンスが可能になった。部品交換や補修がスピーディーになり，メンテ・サービスが格段にレベルアップした。

　もし建設工事現場でブルドーザーが故障して止まったら，現場はどういうことになるか。工事がストップし日程が遅れ，工事関係者全員の仕事に悪影響を及ぼすだろう。工事停止がもたらす機会損失は，極めて大きいのだ。したがって工事を止めずに予防補修してくれるなら，工事会社にとってこれほどありがたいものはない。機械代金や修理代が多少高くても，それはさほど問題ではないのだ。

　バブル崩壊の後，建設機械の価格はガタガタになったが，コマツの機械はKOMTRAX導入以降，高値が維持できるようになった。それはPLの粗利率の著しい改善に跳ね返ってくるはずだ。

　またKOMTRAXのおかげで，建機の運用も効率化できるようになった。運用効率に優れた顧客側のノウハウを他のユーザーにもフィードバックし，経営サポートやアドバイスができるようになったのである。

　他にもさまざまな派生効果も生んだ。

　建設機械は通常，工事現場に野晒しにされている。だから特に開発途上国では盗難が多い。しかしコマツの建機はたとえ盗まれてもGPSで発見でき，リモートで機械を停めてしまうことが可能だ。「コマツの機械は盗んでもムダ」

という噂が広まると，コマツ製品に関しては盗難率が激減し，中古機の相場も高くなったそうだ。中古機が高くなれば，新車の価格も高くなる。

さらに中国や南米，アフリカなどの新興国では，商取引の慣習が未成熟で，製品を売っても代金をなかなか支払ってもらえない。中国などに日本の製品を持ち込むと，高品質なのでどんどん売れる。しかし代金を払ってもらえず，債権が滞留して撤退した日本企業は多い。そんなときでもコマツは建機を遠隔操作で停めることができ，代金回収率も大幅に向上した。

また建設業や建機製造業は，景気動向に強く影響される。景気の行方が気になるが，経済統計の発表には相当のタイムラグがある。日銀短観などの発表を待って，経営の意思決定していたのでは対応が遅く，埒が明かない。

コマツの場合は，世界の建設現場の動向をリアルタイムで把握することができる。世界の建設現場に異変が起これば，即座にわかる。建設機械そのものが，いわば景気ウォッチャーの役割を果たす。このおかげでコマツの需要予測の精度が高まり，生産や在庫調整が臨機応変に対応できるようになった。

コングロマリット・ディスカウントとVカーブ

コマツが様変わりしたのは，2002年以降のことである。2002年3月期に800億円もの最終赤字を出し，溜まった膿を出さざるを得なかった。子会社の建設会社や，エレクトロニクス会社など多角化事業を次々と売却し，本業への「選択と集中」を行った。

子会社を約300社から110社減らし，製品種類も大幅に削った。非重点製品を捨てる一方で，重点製品にはできる限りの開発費を集中して投じた。

これが「ダントツ商品」の開発へ，力を結集することにつながった。

ダントツ商品がなぜコマツで成功したのか，見落としがちだが，ダントツ商品の定義に注目する必要がある。そこには「①思い切って犠牲にするところを先に決めて」とある。つまり性能要素のいくつかを捨てたのである。日本企業は一般に，この「捨てる」ということが苦手である。

日本の気配り文化の影響か，「加える」，つまり性能要素をどんどん「増やす」

ことは大好きだ。一方で従来製品のスペックを落とす，あるいはどれか性能項目を「省く」「減らす」「やめる」のを嫌がる。顧客や代理店からクレームが来るからである。そのために多くの場合，使われない機能を満載した高コスト製品になるのだ。

コマツは「捨てる」ことから始めた。このおかげでコストダウンが可能になり，「③製造原価は従来機と比べて10%以上低減する。そしてこのコスト余力をダントツ化のコストにふり向ける」ことができたのだ。

事業についても，日本企業は「選択と集中」に及び腰な企業が依然として多い。つまり「事業を捨てる」ことができない。

新規事業を始めるのは前向きな仕事で，人々の関心や注目も引きやすい。しかし事業の撤退や製品種類の削減など「捨てる」ことに関しては，内外から批判は浴びても，褒められることはない。雇用を減らした経営者は後々，「首切り」の犯罪者のように社史に残りかねない。したがって誰も「捨てる」仕事はやりたがらないのだ。

バブルが弾けて，雇用を守るために多角化した日本企業は多い。しかしその中のほとんどの企業で，コングロマリット・ディスカウント（シナジーなき多角化によって，複合事業体に起こる企業価値の低下現象）が起こった。

コングロマリット・ディスカウントはなぜ発生するのだろうか。それは多角化した企業が多くの場合，結局「中小事業の集合体」になるからである。

<図表2-8>は，それを説明する「Vカーブ」である。横軸に規模の指標，売上高や生産量をとり，縦軸に利益率など収益性指標をとると，Vカーブを描く。この図表の意味はこうである。

事業の規模が小さいと，効率性は高い。ベンチャー企業を思い起こすとわかるが，社長以下スタッフが営業や開発から資金調達に至るまで何役もこなし，無駄が少なく効率が良いのである。しかし規模がだんだん大きくなっていくと，営業や生産体制などをそれなりに構える必要が生じる。営業部を作り，情報システムを導入し，研究所を作り…と規模に見合った体制を整えていく必要が生まれる。規模が中途半端な間は，それが固定コスト負担となり効率性が低い。

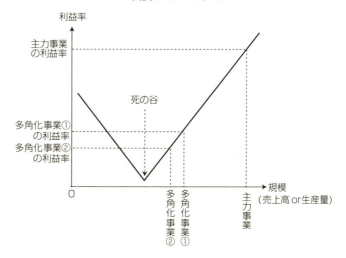

<図表 2-8> V カーブ

　しかしもっと成長を遂げて一定規模を超えるようになると，規模の経済性が働き効率性が向上する。その変曲点のことを「死の谷」と呼んでいる。つまり多角化企業で中途半端に育った事業は死の谷の近辺にいることが多く，規模の経済が生まれない中小事業であるケースが多い。したがって多角化企業は各事業の売上を足すと大企業に見えても，実態は「中小企業の集合体」であることが多いのだ。だから一般に日本の多角化企業は利益率が低い。

　コマツは多角化事業を切り捨てたので，売上は減少したが利益率は向上した。また赤字事業も含まれていたから，利益額も増えた。

　「パレートの法則」によれば，企業の売上高の 80％ は 20％ の製品から生まれている，という。つまり 80％ の製品を切ると，20％ の売上高は失うが，一方で 80％ の売上を占める主力事業が高い利益をもたらしてくれるのだ。

営業債権を増やし続けるコマツ

　ここで実際のコマツとキャタピラーの BS と PL を見て，確認してみよう（<**図表2-9**>）。

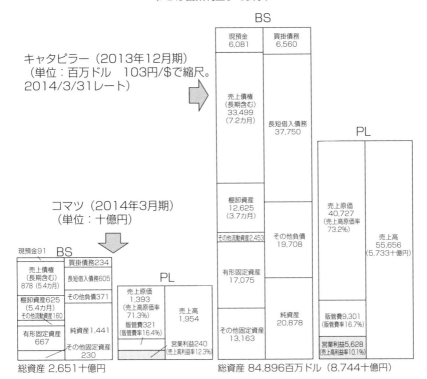

<図表 2-9> コマツ vs キャタピラー比例縮尺財務諸表
(PL は営業利益まで表示)

　コマツの PL でまず目につくのは，利益率の高さである。コマツの粗利率 (= 1 − 売上高原価率 71.3%) は 28.7%，営業利益率は 2 ケタの 12.3% (建設機械・鉱山機械事業だけ取ると 13.8%) である。<図表 2-3> のトヨタと比較してもわかるが，コマツのように 2 ケタの営業利益率を上げている日本のメーカーは極めて少数派である。ケースにあるように，現在コマツは中期計画でさらに上の 20% を目標にしている。

　この数値がいかに高いかは，財務諸表の大きさでコマツを圧倒しているライバルの世界トップ・キャタピラーと比較してもわかる。売上高はコマツの 3 倍近くあるが，営業利益率はコマツ 12.3% に対してキャタピラー 10.1% である。

したがって現在では，コマツの収益性を上回る同業企業はない。コマツの「ダントツ経営」を目指す意気込みが，よく伝わってくるようだ。

「BSの特徴は？」と見ると，まず気がつくのは，キャタピラーもそうだがPLに比べてどちらもBSが大きいことだ。そして最も金額の大きい資産項目は，両社とも売上債権になっている。売上高1兆9,540億円なので，1カ月当たり売上が1,630億円ほどになるが，これで売上債権8,780億円を割り算すると売上5.4カ月分の債権を持っていることになる（これを売上債権回転期間と呼ぶ）。製品を売ってから現金回収まで，平均5.4カ月かかっていることになるが，この日数は極めて長い。建設機械は高額製品であり，長期ローン販売も行っているので，売上債権額が大きいのだ。キャタピラーはもっと販売金融に力を入れていて，コマツを上回り7.2カ月に達する。

リーマンショックの引き金となったサブプライム・ローン問題で，ローン債権を持つリスクがクローズアップされた。特に信用レベルの低い新興国の企業に売る場合，ローン債権を持つことは危険ですらある。

しかしコマツはKOMTRAXで，支払いが滞れば機械を遠隔で止めることもできる。この機能のおかげで，営業債権が貸し倒れる比率が他の企業より圧倒的に低い水準に収まっている（同社有価証券報告書によれば貸倒れの引当率は2.2％に過ぎない）。したがってコマツは比較的安心して販売金融に力を注ぐことができるのである。

もう1つ注目したいのは，在庫の金額である。

1カ月当たりの売上原価を分母にして，棚卸資産回転期間を割り算すると，在庫も5.4カ月分持っていることがわかる。これはキャタピラー3.7カ月と比べて極めて多い水準にある。

一般に資金繰りを考えると，「運転資金＝売掛金＋在庫－買掛債務」の金額を極小化するのが理想的である。そうすれば本業の運転資金をあまり負担しないで，経営できるからだ。リーマンショック後の時期には，特にこの運転資金を減らすために奔走した企業が多い。しかしコマツではこの数字が1兆2,690億円であり，資金負担がかなり重い。

ケースにあるように，コマツは代理店にある完成品や補修部品の流通在庫をコマツの在庫とした。それまではすべて代理店の負担としていた。しかし代理店に在庫を持たせると，資金負担を避けるため在庫を減らそうとする。新興国の代理店ではなおさら在庫圧縮に走りやすい。

　しかし部品在庫が少ないと，品切れが生じてユーザーへのサービス品質が落ち，コマツのビジネスモデルが崩れる。したがってコマツは流通在庫を代理店の負担から免除した。完成品についてもコマツが直接コントロールできるように変えたのである。

　コマツにとって川下の代理店も重要だが，川上の「みどり会」という下請系列企業も，非常に重要な存在である。リーマンショック後は，協力企業も困難に陥った。仕事量が減り，資金不足の会社も出たが，コマツは素早く手を打ち，買掛金を早く支払う措置を取った。

　下請企業は当然，発注元であるコマツに比べると信用力が劣る。彼らが自分で資金調達すると，金融機関が融資を渋ったり，金利が高くついたりする。ならば信用力の高いコマツが借入金で調達して，彼らに早く払ったほうがいいというわけである。

　その結果がBS上に，少ない買掛債務と多額の有利子負債として表れている。

　コマツのこうした戦略展開は，ITの支援があるからこそできることだ。コマツのIT投資は偶然の産物ではない。業績的に最も苦しかった時期，1995年に「e-KOMATSU」の開発がスタートした。しかもITに百億円単位の巨費を投じ，全社でバリューチェーン革新に取り組み，2002年にシステムをカットオフすることができた。おかげで新興国需要という追い風に間に合ったのである。

　安崎社長から坂根社長，そして現在の経営陣に至るバトンリレーは，コマツの「ITでゲームのルールを変える」という意思を引き継いで可能になったものなのである。

進む IT 革命と競争環境の変化

　コマツの成功は，単なるものづくりからサービスへビジネスモデルを転換してもたらされた。しかも時代の潮流に見事に乗った。すでに述べてきたグローバリゼーションと IT 革命の両方をフォローの風に受け，自らの強みにした。日本というレッドオーシャンから距離を置き，高い情報技術を武器にして新興国市場にブルーオーシャン市場を切り拓いた。

　しかしコマツの強みはいつ何時，弱みに変わるかもしれない。グローバリゼーションの流れはライバルにとっても同じだ。特に新興国の競争相手は，低コストを武器に国外市場で力を付けつつある。

　また IT 革命は，これからも進み続ける。ライバルも IT をどんどん進化させてコマツを逆転したいと狙っている。コマツとは異なる戦略で，IT 武装したライバルが行く手を阻むかもしれない。

　今までコマツは主にキャタピラーを見て，競争を捉えていけばよかっただろう。キャタピラーはむやみな価格競争を仕掛ける企業ではなかった。サービス品質に力を注ぎ顧客の信頼を高め，価格を維持してきた。コマツにとってはフェアな戦いをしてくれる，M. ポーター言うところの「良い競争業者」だったのだ。

　良い競争業者とは，企業の競争上の地位を高めてくれるような役割を果たしてくれるライバルのことである[4]。秩序だった業界ルールを守り，参入障壁を高めて新規参入を食い止め，業界構造を好ましい方向に導いてくれるような競争相手のことである。

　しかし新興国では，いわゆる「悪い競争業者」も育ちつつある。彼らはコスト・リーダーシップを握り，コマツに圧倒的な低価格で挑もうとしている。いかに予防メンテに優れているといえども，新興国のユーザーにとって高価格帯のコマツ製品には手が出ない場面も多いだろう。

　また世界トップのキャタピラーも，いつまでもコマツの進撃を黙って見過ご

4　M.E.Porter, "Competitive Advantage", The Free Press 1985（土岐坤訳『競争優位の戦略』ダイヤモンド社 1985）

しはしないだろう。米国にNASAやペンタゴン（国防総省）があり，そこには世界最先端のITやメカトロ技術があり，無人化技術も先端を走っている。米国政府は技術の民生移転を推進していて，キャタピラーがその恩恵に浴することができれば，コマツの大きな脅威となるだろう。

日立グループも見過ごせない。日立は建機・鉱機を主要事業に据え，グループのIT技術を結集する方針である。さらに世界の資源メジャーとアライアンスを組んで，直接鉱山経営に乗り出し，周辺事業も含めて技術やノウハウの蓄積に動き出している。日立が鉱山会社の懐深くに飛び込み，鉱山経営の総合的ソリューションのノウハウを持つことができれば，コマツにとって脅威となることは間違いない。

IT革命は，ドラッカーが喝破したようにまだ黎明期にあり，われわれの想像を超えてこれからますます進化していく。コマツのダントツ経営はいつも環境変化という脅威にさらされながら，難しい舵取りを続けていかざるを得ないのだ。

第3章

経営理念と経営業績

「道徳なき経済は犯罪であり，経済なき道徳は寝言である」（二宮尊徳）

経営理念を意思決定する！

　人は誰でも他人の長所短所は容易に見つけるが，自分の長所短所となると途端にわからなくなるものである。もっとわからないのは「自分がどうなりたいか」である。

　もっとも「あなたはどんな人生を送りたいか？」と問われて，スラスラと答えられる人はむしろ少ないだろう。人間は誰しも「自分探し」をしている。そんな質問を浴びせられても，多くの人が答えに窮するものだ。

　企業でも同じことがいえる。企業は自身のこととなると，途端にわからなくなる。自社の強み，弱みは何か？　ライバルと比べて，どんなコアの競争能力があり，どこが足りないのか？　なぜ強みが蓄積され，弱みが生まれたのか？

　こういう冷めた分析は，自らを突き放して客観視しないと，見えてくるものではない。筆者も企業内プロジェクトで自社分析のお手伝いをすることがあるが，第三者から見えても経営トップにも見えていないことが多い，というのが素直な実感である。

　そして多くの企業で曖昧なのが，実は経営理念である。

　トップに「貴社はどうなりたいとお考えですか？」と尋ねても，明快な答えが返ってこない場合が多い。特に中小企業となると圧倒的に多くなる。しかし「どうなりたいか」が曖昧だと，経営戦略は明快にならない。

　もちろん今日のように，「一寸先は闇」という環境に生きている企業も多いだろう。試行錯誤しながら手探りで進まざるを得ず，目標や期限を打ち出せない場面も多々あるに違いない。しかし織田信長ではないが，トップが「この苦境は必ず突破できる。未来はこうなる！」とか言ってくれないと，社員は右往左往する。

　だから経営理念や経営目標は示さなければならない。トップが必ず意思決定しなければならないと心得るべきだ。

では何を意思決定するのか。企業は生産する製品・サービスを通じて社会と関わっている。だから企業理念にはどんな理想や目的を持ち、どんな製品・サービスを送り出すことで社会と関わるのか、といった内容が必要である。そして社会と関わることで、何を実現し、どうなりたいかを描くのである（<**図表3-1**>）。

<**図表3-1**>「経営理念を意思決定する！」

企業	・自分たちはどうなりたいのか？ ・何をし、あるいはすべきでないのか？
製品	・世に何を送り出したいのか？ ・それを通じて何を成し遂げたいのか？
社会	・社会はどうなるのか ・社会とどう関わりたいのか？

　経営理念はまず内部の従業員に対するメッセージであり、共感の輪を作る最も重要なベースである。理念が語るメッセージが組織の人々の心に届くと、彼らの戦略実行への努力を引き出すことができ、組織のベクトルが太くなる。だから理念は、人々の心に「グッとくる」言葉で語られることが理想である。

　また理念は外部に対するメッセージでもある。消費者や株主、金融機関、取引先などステークホルダーが理念に共感してくれると、協力が得られやすい。それが成功につながる。「カネない、ヒトない、ノウハウない」という経営資源の乏しいベンチャー企業では、特に理念の力が重要である。理念で周囲を引っ張り、支援を獲得する。だからベンチャーは志の大きさで、その後の成長サイズが決まるのだ。

　経営理念は天から自然と降ってくるわけではない。トップが意思決定し、内外にメッセージを伝える努力をすることによって、経営にパワーが込められる。だから外すことのできないトップの仕事なのだ。

ビジネススクールにない「経営理念」科目

　第2章で，孫子の言葉「一に道，二に天，三に地，四に将，五に法」を紹介した。

　道とは，「民をして意を上と同じくさせるもの」だという。道という言葉自体は，あるべき姿についての理念のことをいっている。それを君主がしっかりと考え，部隊の末端まで浸透させて上下の意思統一をすることができれば，民は自分の生死を君主にゆだね，疑うことはない，とまで孫子は書いている。

　孫子は兵法の戦術家と受け取られているが，実は道，つまり理念を最も重要と考えていた。兵法は，戦う将兵たちの人間心理の問題と捉えているのだ[1]。

　そしてこのような孫子の考え方は，松下幸之助や稲盛和夫といった経営者の考え方とピタリ重なる。確かに彼らは，理念の共有を企業経営の根幹と捉え，何よりも重んじた経営者たちである。

　経営史を眺めると，経営理念が実際の企業経営の中で重要な役割を果たしてきたことがうかがえる。しかし実践の場では極めて重要視される理念が，経営学の研究対象として正面から取り上げられることは少なかった。あっても，組織文化の差異を現象的に捉えた研究などが多いと思われる。

　面白いことに，ビジネススクールにはおびただしい数の科目が並んでいるが，その中に「経営理念」や「経営哲学」といった科目は存在していない。それはおそらく学者が手に負えないからだろう。このこともあって経営学では，経営理念について未だ統一的な見解がない。用語も統一されず，さまざまな言葉が使われる。例えば，こうである。

　経営思想，経営目的，経営方針，経営哲学，企業哲学，創業理念，社是，社訓，世界観，ビジョン，ポリシー，ミッション，アンビション，ストラテジック・インテント…など。

　実務家は理念の重要性に気づいていた。だからこの分野はひとえに実務家が

1　前掲書【伊丹 2014】

切り開いてきたのである.

　中小企業を訪問するといまだによく目にするのが,社長室に掲げられた「和」とか,「誠」と書かれた額である.しかし従業員は誰もそれに注意を払っていない.こういうものはマネジメント構成要素としての経営理念とは呼ばない.

　成長を遂げた大企業に行くと,理念の存在感が全く異なる.歴史に名を残す著名な経営者たちは意識・無意識にかかわらず,例外なく理念をアピールした.例えばその1人が,本田宗一郎氏である.

　ホンダは数々のイノベーションを成功させてきた企業である.第2次世界大戦後,最後発の自動車会社としてスタートしながら,今日までの成長性では他社を押さえてトップを走る.現在わが国第2位の,世界に冠たる自動車メーカーにまでなった.最近では航空機事業でHonda Jetがテイクオフし,ASIMOなどのロボット研究が新事業に結実しつつある.

　ホンダのイノベーションを支えているのは「ホンダの哲学」だと,ホンダ元社員の小林三郎氏(中央大学大学院教授)は言う[2].

　本田宗一郎氏は常日頃,「理念なき技術は凶器であり,技術なき理念は無価値である」と言っていた.これはホンダの社員に身近に浸透しているという.例えばこんなエピソードに表れている.

　1990年ごろのこと,独自動車メーカーが環境を意識したテレビCMを流し始める.工場で使った水は,すべて元の水質レベルまで浄化して川に返しているという内容だった.日本ではまだ環境問題に対する社会的な関心が低かったころだが,当時の社長がホンダの実情を調べて対応策を考えろという指示を出す.埼玉製作所の担当部署に赴いたところ,担当者はこともなげにこう言った.

　「あ,水ですか.埼玉製作所をつくった1964年から,元の水よりきれいにして返しています.おやじから『水は皆さんのものだから,きれいにして返しなさい』と言われてますから」

---

[2]　ホンダのエピソードなどは小林三郎「本田宗一郎のDNA」日本経済新聞電子版2012/8/16に多くよっている.

「おやじ」とは本田氏のことで、これを聞いて皆びっくりする。規制値を大幅に下回る水準まで水の浄化は徹底されていた。しかも 1964 年から行われていたのだ。

水をきれいにすればコストアップになるが、ホンダでは「水は皆さんのもの」という想いが優先されていた。イノベーションも同じで、「哲学がしっかりしているから基本がぶれないのだ」と小林氏は言う。

ホンダの基本理念「人間尊重」と「三つの喜び」

その哲学とは、「人間尊重」と「三つの喜び」である。この 2 つはホンダの基本理念として、HP にも掲げられている[3]。

「三つの喜び」とは、1951 年 12 月社内報で本田氏が「我が社のモットー」として宣言したもので、「作って喜び、売って喜び、買って喜ぶ」のことである。

その 3 つは、製品を作った技術者、販売店、購入者の喜びを同時に実現することを目指すものだが、中でも本田氏は「買って喜ぶ」を最も重要と考えていたという。「製品の購入者が『この品を買ってよかった』という喜びこそ、製品の価値の上に置かれた栄冠である」と。

これは、技術者が独り善がりで技術開発することに対する戒めにもなる。イノベーションで実現すべきは顧客の喜びにつながる価値であって、技術者の好奇心を満たすための開発ではない。ユーザーに振り向かれないとすれば、それは製品や技術に問題があると考えるのである。

また「人間尊重」は、筆頭に掲げられている理念である。

本田氏が共同創業者の藤沢武夫氏と出会った時に、この人間尊重が 2 人の想いとして自然に固まったといわれている。2 人は 1 週間語り明かした後、2 つのことを誓い合う。1 つは自分たちが人にやられて嫌だったことを社員には絶対に味わわせないこと。2 つ目は高い志でやろう、ということだった。2 人は

---

[3] http://www.honda.co.jp/guide/philosophy/ より

貧しさゆえ学歴がなく苦闘の連続の人生だったが，社員には絶対そんな嫌な目に遭わせないと決めた。

ホンダは人間尊重のベースを「自立，平等，信頼」の3つとしている。人間として尊重し合うには，まず1人ひとりの自立が前提で，自立した個人が平等にお互いを信頼することで初めて実現できるものだ。

人間尊重は，個性の重視とも重なる。イノベーションを目指すチームは変わり者が多く，個性がない人，自分の考えを持たない人には独創的な仕事ができないと考える。こうした組織文化が，ホンダの具体的な行動指針ともつながっている。

ホンダではあらゆるプロジェクトで，本質的な目標を簡潔に表現することが求められる。それを社内用語で「A00（エーゼロゼロ）」と呼ぶ。A00は「三現主義」に基づかなければならない。三現主義は，現場・現物・現実という「3つの現」を重視すること。三現を見つめ，物事の本質を捉えた上で自分の考えを確立しなければならない。それが「ワイガヤ」にかけられる。

ワイガヤも社内用語で，1つのテーマについて徹底的に議論すること。時には3日3晩の合宿も行われる。ワイガヤは自律，信頼，平等を前提とする人間尊重によって成立し，A00を三つの喜びと三現主義を基本として，簡潔かつ本質的に捉える。こうした文化がホンダ独特の「熱気と混乱」を生んでいる，と小林氏は言う。

小林氏が鮮明に憶えているのは，人間尊重について「無駄なやつは1人もいない」と話す本田氏のこんなスピーチである。

「うちはバイクとクルマを造っているが，人によって向き不向きがあるはず。この分野で全員が100％の能力を発揮できるわけじゃない。輝くダイヤになるやつもいるけど，石のままのやつもいるだろう。だけど俺にとっては石もダイヤも同じくらい大事なんだ。だからみんな，一生懸命ベストを尽くしてくれ。ところで今日はあんまりダイヤがいないなぁ（笑）。でも大体な，おまえら。人にぶつけるときは石の方が便利なんだぞ」

ここで社員がドッと沸く。「あ，おやじは心底そう思っているんだ」とわかっ

たからだと小林氏は述懐している。「そして，皆ベストを尽くした」と。

本田氏は折に触れて，夢や理想，仕事への取り組み姿勢などを熱心に話した。仕事の最中にも「ホンダは何のために存在するのか」と突然質問し，答えに熟慮が足りないと激怒する。そんな濃い関係の中で社員は理念を共有していった。

本田宗一郎氏の理想と創発的戦略

ホンダは1954年に倒産の危機に直面したことがある。資本金1,500万円の中小企業だったにもかかわらず，本田氏の強硬な主張で4億5,000万円のドイツ製の先端製造機械を買う。製造技術を自前で構築できないメーカーは成長できない，という信念から投資を強行したのだ。しかし新発売したオートバイが不具合を出し，返品の山となる。押し寄せる借金取りから逃れさせるため，藤沢氏は本田氏を外国に一時避難させる。本田氏が行った先はオートバイ・レースのメッカ，イギリス・マン島だった。

世界一過酷なマン島TTレースで，想像を超えるスピードで疾走するヨーロッパ製のオートバイを目の当たりにした本田氏はある決意を秘め，ヨーロッパのハイテク部品をぎっしり荷物に詰めて帰国する。そして工場の全社員を集め，みかん箱の上で「マン島TTレース出場宣言」を叫ぶのである。

「絶対の自信を持てる生産態勢も完備した今，まさに好機至る！　明年こそはTTレースに出場せんとの決意をここに固めたのである。…全従業員諸君！本田技研の全力を結集して栄冠を勝ちとろう。本田技研の将来は一にかかって諸君の双肩にある。ほとばしる情熱を傾けて如何なる困苦にも耐え，緻密な作業研究に諸君自らの道を貫徹して欲しい。…この難事業をぜひとも完遂しなければならない。日本の機械工業の真価を問い，これを全世界に誇示するまでにしなければならない。わが本田技研の使命は，日本産業の啓蒙にある。ここに私の決意を披瀝し，TTレースに出場，優勝するために，精魂を傾けて創意工夫に努力することを諸君とともに誓う。右宣言する。昭和29年3月20日　本

田技研工業株式会社　社長　本田宗一郎」

　この演説の現場に居合わせた元社員の方に，思い出話を聞いたことがある。最初は皆「大言壮語のおやじがまた始めた！」程度にしか思っていなかったそうだ。しかし本田氏の演説を聞くうちに皆鳥肌が立つほど興奮してきて，当時としてはとてつもなく高い目標も「おやじと一緒ならやれる！」と強烈に感じたという。この宣言を契機に，倒産の危機にあったホンダの空気は一変する。そして目標は，本当に思いどおり実現したのである。

　宣言から 5 年後の 1959 年，初参戦で 6 位入賞する。そして翌年にグランプリ優勝，1961 年には TT レースで表彰台を独占した。経営理念のすごさを物語るエピソードである。

　このエピソードには続きがある。それはアメリカの経営戦略論に衝撃を与え，後の経営学に多大な影響を与えた「事件」であった。

　TT レースに初参戦した 1959 年，ホンダはアメリカ市場でオートバイを発売する。この年にイギリスのオートバイは米輸入車市場の 49% を占めていた。しかしわずか 7 年後の 1966 年には，ホンダが米市場全体の 66% のシェアを獲得するに至る。後にイギリス政府がボストン・コンサルティング・グループ（BCG）に，なぜホンダが短期間に高シェアを獲得したか，調査を依頼した。

　BCG の報告書には，ホンダが日本国内で低コストで量産した小型バイクを米国市場に持ち込み，後に上級機種へ広げるという，緻密に考え抜かれた「計画的戦略」によって成功を収めた，と書かれてあった。戦略が前もって計画され，実行された結果だというのである。

　しかしこれに疑問を感じた『ジャパニーズ・マネジメント』の著者の 1 人 R. パスカルが，ホンダにインタビューしたところ，返ってきた答えはこうだった。「アメリカで売れるかどうかやってみよう，という考えだけで，戦略なんてありませんでした」

　本田氏はアメリカでは大型バイクしか売れないと考え，当初大型車を投入する。しかしアメリカ人は長距離を高速で走るために，ホンダのバイクは壊れ始める。そんな折，社員の移動用に使っていた 50cc のスーパーカブに人々が興

味を示し，注文が舞い込む。大型バイクは壊れて売りものがなく，仕方なくカブを導入すると，これが爆発的に売れたのだ。

H. ミンツバーグはこの事例から，戦略は「策定される」ものとは限らず，試行錯誤の中で徐々に「形成される」ものだと喝破した。いわゆる創発的戦略である。

この本の第1章でも経営計画策定プロセスを紹介したが，それは規範モデルであって，未来の不確実性が高いときには，トライアル＆エラーしつつ進める戦略展開もあるのだ。ただしそんな場面で人々を強く動機づけるために，ますます理念が欠かせないのだ。

今日のホンダとイノベーション

ホンダをはじめとする日本的経営のあり方は，過度な理論モデルや数値偏重の米経営学に衝撃的な影響を与えた。創発的戦略は，後のホンダの四輪事業への新規参入でもいかんなく発揮される。UCLA 教授の R. ルメルトは自戒も込めて，面白いエピソードを紹介している。

1977年，彼の MBA 授業で期末試験にこんな問題を出題する。

「ホンダは世界の自動車産業に参入すべきか？」

彼によれば，これは学生に点を取らせるためのサービス問題で，模範解答は決まっていた。もちろん「No!」である。なぜならホンダには四輪事業の経験がない上に，市場は飽和状態で，しかも強いライバルが日本，米国，欧州にいたからである。しかしルメルトは最後にこう記している。「しかし1985年，私の妻はホンダ車を乗り回していた」

ホンダはイノベーションを起し続け，世の中をブレイクスルーしたのだ。

＜**図表3-2**＞に，今日のホンダの財務諸表をトヨタ，日産とともに並べた。

ホンダは国内2位の位置につけているが，トヨタとの規模の差は大きい。収益性についてもトヨタに劣っているのが最近の傾向である。総資本利益率（ROA）では，トヨタ4.4%，日産2.6%に対してホンダは3.7%とトヨタに劣る。

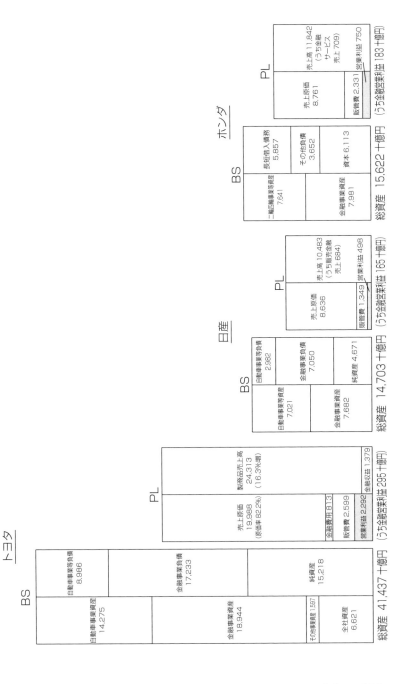

第3章 経営理念と経営業績 109

また売上高営業利益率でもトヨタ8.9%，日産4.7%に対して，ホンダは6.3%であり，これもトヨタに負ける。

実はかつてROAや売上高利益率では，ホンダがダントツトップで他社を大きく引き離していた。尖ったデザインや技術で若者の人気が高く，車の販売単価も同一車種で比べると相対的に高く，高付加価値と効率経営のお手本のような企業だったのである。財務諸表から見る限り，最近のホンダはその輝きを失い始めているようだ。

とはいえ売上高総利益率（粗利率）にその片鱗が残っている。粗利率はトヨタ19.0%，日産17.6%に対して，ホンダは26.0%であり，大差をつけている。この開きの中にはホンダの販売店自前比率が高いことも影響している。ディーラーの粗利が取り込まれるので粗利率が高くなる半面，販管費が高く表れるのである。ただしこれだけが要因ではない。

売上高販管費率はトヨタ10.1%，日産12.9%に対して，ホンダは19.7%とトヨタの2倍かかっている。販管費率が高い理由の1つに研究開発費率がある。トヨタ3.5%，日産4.8%，ホンダ5.4%とホンダが一番高い。本田氏の技術にかけた思いが，研究開発費に今日も引き継がれているように見える。

自動車メーカー3社のBSとPLを比較すると，3社ともBSのほうがかなり大きいことがわかる。それはBSの資産の中身を見るとわかる。各社とも金融事業（販売金融など）の資産のほうが自動車事業に投じた資産より大きいのだ。特にトヨタの金融事業の資産は，自動車事業のそれよりかなり大きい。ローン債権が巨額でBSが大きくなる一方，売上は受取利息ないし手数料なのでPLが小さい。BSだけ見ると，自動車会社は個性が感じられなくなりつつあり，どれも似たり寄ったりの金融会社のようである。

全体の利益に占める金融事業の利益では，トヨタ13%，日産33%，ホンダ24%と日産とホンダが高い。金融事業を否定するわけではないが，本田氏が情熱を込めた技術志向とイノベーションの伝統が財務諸表からは感じられなくなっている。熱かった経営理念の継承が削がれないことを祈るばかりである。

経営理念の定義と役割

すでに述べたように経営理念の定義は定まっているわけではないが、ここでは次のように定義しよう。

> 「経営理念」とは、組織の目的や目標を設定し、目標達成のための活動全般を律する、組織の中核となる思想をいい、次の理想、信念、価値観、行動規範を含む。
> 「理想」：目的が最も望ましく達成された状態を組織構成員の心に響く、わかりやすい言葉で表現したもの
> 「信念」：「世の中はこう動く」「もしこうなれば○○なるであろう」といった見方について、組織構成員が持つ見解
> 「価値観」：組織構成員が物事について、良い・悪いと判断するもとになるもの
> 「行動規範」：組織構成員がとるべき行動について、「すべきか」「すべきでないか」を判断するもとになるもの

経営理念は、組織目的や活動の枠組すべてのガイドラインを表す。

経営理念はまず経営環境の展望について描かれる。「世の中はこうなるに違いない」といった類のもので、上の「信念」に含まれる。本田宗一郎氏の例でいえば、「高効率高性能のパワープラントを開発すれば、動力を必要とするあらゆる市場を革新できる」といった見解である。

さらにそこで実現すべき「理想」がわかりやすく描かれる。「人間尊重」や「三つの喜び」といった価値観や行動規範が書き込まれる。こうした体系立った企業運営の全体像を、わかりやすく描き出したものが経営理念である。

逆にいうと、優れた経営理念には経営の全体像が簡潔に描き込まれている。セブンSモデルでいうならば、経営理念（Shared Value）は、他のマネジメント要素、つまり理念以外の6Sすべてを描き込んだものということになる（<図表3-3>）。

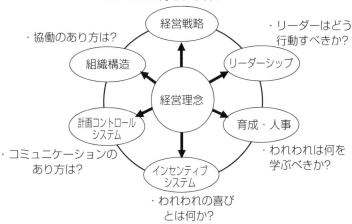

<図表3-3> 経営理念はマネジメントの簡略全体図

　経営者が例えば,「レースに勝利することで,日本の機械工業の真価を全世界に示す」と叫べば,それは戦略の方向性を指し示していることになる。「ワイガヤで本質的な議論を尽くすことこそ,われわれの道である」と言えば,それは組織構造や計画コントロールのあり方を示す。「世界最先端の製品を送り出す」ことは,同時に社員の誇りとなりインセンティブにもなる。かように理念はマネジメントのアウトライン全体を表現している。

　また企業が理念を対外的に発信すると,会社の製品に対する共感の輪を拡げ,PR（パブリック・リレーションズ）となる。それは究極のマーケティング活動にもなる。

組織文化変革の方法論

　組織内で定着している組織構成員によって共有されている価値感や規範を,組織文化という。経営者が経営理念を設計しても,経営者が思ったとおりに組

織に定着するとは限らない。また定着までに時間がかり，その間に変質してしまうこともある。自然発生的に風土が形成されることも，もちろんある。意図したものとは似て非なる価値観が，組織に定着してしまうことすらある。

それでは組織文化はどんな要素によって，形成されるのだろうか。そして組織文化や組織風土の変革が必要なときには，どんな変革の方法があるのだろうか。

それを考えるには，やはり経営の全体像＜図表1-1＞で考えていくとわかりやすい。結論から先にいうと，経営の全体像を構成する要素すべてが，組織文化を形成するのである。

それは全体図にある次の5つの要素である。
・経営環境
・経営者の描く経営理念
・経営戦略
・マネコンの仕組み
・経営資源

経営者の描く経営理念が組織文化に影響を与えることは，すでに述べた。また理念はセブンSすべてを表すと述べたが，逆に戦略・マネコンの実行プロセスが人々の価値感を形成していくのは，容易に理解できるだろう。

これらのほかに，経営環境と経営資源も組織文化の形成に大きな影響を与える。

例えば総合商社は「コンビニから鉱山まで」といわれ多角的な事業を行い，幅広い業界と付き合っている。それゆえ商社は事業部によって，カルチャーが異なるといわれる。例えば鉄鋼業界担当の事業部は，鉄鋼業界のカルチャーそのままになる。ファッション担当の繊維事業部の人とは，言葉遣いから雰囲気に至るまで大違いである。

本社所在地の地域性が，会社全体のカルチャーを覆っているケースもある。大阪に本社を置く企業は，大阪人独特の風土を醸し出している。東北の会社は東北人らしい気質に満ちている。

「経営資源＝ヒト・モノ・カネ・情報」が影響を与える例も身近にたくさん見ることができる。

例えば運動部のキャプテンを務めた学生ならば、無条件に採用するという会社がある。ゼネコンや金融機関、電力会社など規制業界に多いが、これは戦略や組織を反映したものだ。ルールと秩序を重んじ、上司の命令ならどんな難題も引き受ける人材が望ましいと考えられている。そんな会社は運動部の雰囲気そのままである。逆に変わり者、異端児を意識して採用するホンダのような企業は、自由奔放、イノベイティブな雰囲気に満ちている。

「カネ」という資源が組織文化に与えることもある。例えば食品業界は1個100円〜200円の製品を売って、何十円か儲ける業界である。そこで生きる人々は1円とか10円とかの単位で、日頃から会話する。いきおい思考レベルが小さく手堅くなりがちである。反対に重厚長大企業や商社となると、数十億円という単位の取引が日常的にある。こういう場で仕事をしていると発想は大きくなるが、緻密さや手堅さには欠ける面が出てくる。重厚長大企業が多角化に成功しない理由の1つに、カルチャーの違う事業を抱えて、それが相互に悪影響を与える事情もある。

「技術」も組織文化を規定する。学問分野によって学界のカルチャーは異なる。例えば化学と機械工学の違いは物性に由来するといわれ、対照的である。化学会社と機械製造会社のカルチャーの違いに表れる。「モノ」も同様で、鉄鋼業のような巨大な装置産業の会社は、装置の特殊性ゆえの組織文化が生まれる。

このように考えると、組織文化は5つの要素が複雑に絡み合ってできているとわかる。文化を規定するものが「環境・理念・戦略・マネコン・資源」の5つならば、文化を変えるアプローチもこの5つからということになる。

まず組織文化を変えるには経営理念を変更し、戦略を転換し、マネコンの仕組みを再構築するのである。しかし一部の手直しで終わるような弥縫的な変更では、過去から引きずる人々の意識は変わらない。第1章で紹介したLIXILのケースのように、時には極端な形で人々に見えるまでやらないと、メッセージは伝わらない。

「経営環境を変える」という方法もある。例えば事業分野を変える方法がある。海外に進出する，新規事業を開始する，多角化するなどである。海外市場や新規事業では，過去の成功体験がそのまま通用しない。新分野での苦闘が，新しい風土を作ることになる。新分野の事業を指揮して成功したリーダーを本流に戻し，次期リーダーや管理職に据えれば，新しい風が組織全体に吹き込まれる。

「経営資源を変える」というアプローチもこれに近い。古い価値観に慣れた人々に，異質のカルチャーを混ぜるのである。異質の「ヒト」が混じるとカルチャー・ショックを与える。新しいカルチャーがそれなりの勢力にまで育つと，つまり閾値のレベルに達すると人はそれを認め始める。異業種で実績を挙げた経営者を外部からヘッドハンティングしたり，中途採用者を増やしたり，分野の違う技術者を採用したりするのは，そんな狙いからである。大掛かりなものでは M&A が行われる。進出を目指す業界の会社を傘下に入れたり，若いベンチャー企業を買収したり，外国企業とアライアンスを組んだり，いろいろな方法がある。

ケース ㈱スワン…宅急便創業者が創ったパン屋さん[4]

「サービスが先，利益は後」

スワンベーカリーをチェーン展開する㈱スワンは，故小倉昌男氏によって 1998 年に設立された。小倉氏はヤマト運輸㈱（現ヤマトホールディングス）元社長で，1993 年にヤマト福祉財団を設立し，スワンはその財団の支援で作られた（2001 年にヤマト運輸の特例子会社となる）。

スワンは銀座にスワンベーカリー 1 号店を開店して以来，現在直営店 4 店，フランチャイズ店 25 店のチェーンを組織している。組織全体の社員約 500 名のうち，約 300 人が障害者である。

---

[4] このケースは山根節・尾藤太郎『㈱スワン』（慶應義塾大学ビジネススクール刊 2011）をベースにしている。

小倉氏といえば，さまざまな規制や官僚機構と闘いながら，日本で初めて宅配サービスを広めた人である。「宅急便」は宅配便の代名詞となり日本全国に広く普及した。今や海外にも進出しつつある。
　かつて「小口荷物は，集荷・配達に手間がかかり採算が合わない。小さな荷物を何度も運ぶより，大口の荷物を一度に運ぶほうが合理的で得」というのが，業界の常識だった。しかし1971年にヤマト運輸の社長に就任した小倉氏は，その常識に挑戦する。
　小倉氏はアメリカの小口物流の実情などを見て回るうちに，「小口の荷物のほうが，1kg当たりの単価が高い。小口貨物をたくさん扱えば収入が多くなる」という確信に至る。
　そして1975年の夏に，「宅急便開発要項」を社内に発表した。この要項には次の5点の基本的な考え方が記されていた。
1. 需要者の立場になってものを考える
2. 永続的・発展的システムとして捉える
3. 他より優れ，かつ均一的なサービスを保つ
4. 不特定多数の荷主または貨物を対象とする
5. 徹底した合理化を図る

　そして1976年1月，新しいサービス「宅急便」が誕生した。
　それは「電話1本で1個でも家庭へ集荷」，「翌日配達」，「運賃は安くて明瞭」，「荷造りが簡単」を売りにしていた。
　サービス開始にあたっては徹底して利用者視点に立ち，「サービスが先，利益は後」が合い言葉だった。小倉氏は「消費者に喜ばれれば，事業は必ず伸びる」が持論だった。
　「経営は矛盾の連続だ。サービスを良くしたいが，コストがかさむ。どうすべきか，ハッキリ決めるのが経営者の責任」
　その後数々の困難を乗り越え，宅急便は大きく発展していく。その裏には，小倉氏が掲げた5つの考え方から生み出された，いくつもの画期的なサービスがあった。

ヤマトは我なり

　例えば雪国の長野県では，リンゴの出荷が終わると宅配需要はめっきり減少する。そこで長野のあるヤマト社員は，冬に需要が喚起できないかと頭を悩ませた。ある日スキー板を満載して走る観光バスを見かけ，「あれを運んでお客様に手ぶらでスキーを楽しんでいただこう。新しい荷物になる！」と直感した。ここから「スキー宅急便」が生まれた。

　宅急便は徐々に営業範囲を拡大していったが，サービスの提供エリアが限られていることに，消費者から不便さを訴える声が出始めた。

　ヤマトは全国ネットワークを築くべく，路線拡大の免許申請を行うのだが，運輸省（現・国土交通省）は地元運送会社の反対や運輸省内の審査遅れなどを理由に，なかなか認可しなかった。こうした官の規制に業を煮やした小倉氏は，1986年行政事件訴訟法に基いて，運輸大臣を相手どり，「不作為の違法確認の訴え」を起す。

　これは監督官庁を相手に訴訟を起こすという，前代未聞の行動だった。こうしたヤマトの企業姿勢を支持したのは，世論だった。結局，世論の圧力に運輸省が折れ，提訴の3カ月後に認可が降りた。こうしてヤマトは宅急便の全国ネットワークを築いていった。

　ヤマトでは，配達担当の運転手は「セールスドライバー（SD）」と呼ばれている。社訓に「ヤマトは我なり」とあり，SDは単なる配達要員ではなく，顧客との接点で営業も担当する重要な戦力と考えている。

　サービス向上の取り組みは，その後ゴルフ宅急便やクール宅急便，メール便，時間帯指定配達サービスなどへと発展した。

　新サービスは，毎日6万人の集配達員がお客の声を聞くことで生まれる。第一線で吸い上げたシーズはまず支店で工夫対応し，困り事の解決事例は社内にデータベース化される。支店で議論された代表的な案件は，さらに本社で議論され，最終的に新サービスになる仕組みになっている。

　こうした積み重ねの結果，かつてローカルな運送事業者に過ぎなかったヤマトは，日本を代表する大物流企業となった。ヤマトの経営理念は，小倉イズム

と呼ばれる以下の言葉に集約されている．
 ・動機が善ならば不可能はない，理念は不退転
 ・損得より善悪，正義は勝つ
 ・顧客第一，需要は経営者が創る
　後日談になるが，ヤマトのこの精神は 2011 年 3 月 11 日東日本大震災の折にも，発揮された．
　震災でヤマトの拠点も被災した．地域の 6% の営業所が壊滅し，車両 100 台も使えなくなった．そんな中で自ら被災者である社員が被災地のあちこちで，避難所に集まった救援物資の輸送に取り組んだ．自らの判断で，しかももちろん「サービスが先」の行動だった．
　本社はこれを追認したばかりか，社員の自発的活動に応えるべく「救援物資輸送協力隊」を組織し，トラック 200 台と応援スタッフ 500 人を現地に派遣した．そしてさらに，その後 1 年間，すべての宅急便 1 個について 10 円を被災地に寄付すると決めた．その金額は結果として 140 億円を超え，年間純利益の 4 割に達した．

ポンと寄付した 46 億円

　小倉氏がヤマト福祉財団を設立したのは 1993 年のことである．ヤマト運輸の会長を退任し，相談役になって 3 年目のことだった．実は財団の設立当初は目的がはっきりしておらず，どんな事業をするかも決めていなかった．
　財団理事の 1 人となる高田三省氏は，設立準備室に小倉氏が紙袋を 2 つぶら下げてきた日のことを鮮明に記憶している．
　小倉氏は紙袋を机の上に置いて，高田氏に「さあ，これで仕事だ」と言った．小倉氏が立ち去った後，中身が気になった高田氏が紙袋を開けてみると，何と時価 24 億円分のヤマト運輸の株券が詰まっていた．高田氏は慌てて金庫にしまったという．
　福祉の世界へ足を踏み入れた小倉氏だが，その動機についてはあまり多くを語っていない．小倉氏はヤマト運輸に入社して間もなく結核を患ったことがあ

り，自分の死を身近に感じる体験をする。その時キリスト教に入信し，「アシジの聖フランシスコ」を洗礼名にクリスチャンとなる。フランシスコとは，マザー・テレサが最も影響を受けたといわれる 12 世紀の聖人である。権力と闘い，財産を捨て，清貧を愛し，差別され迫害された人々や病人を守ったとされる聖人だ。

　同じ人間でありながら，身体が不自由な人がいる。神様は随分不公平だ。しかし与えられた運命を自分なりに受け入れている人たちを応援できたら，という気持ちが小倉氏にはあった。福祉に関しては素人だが，42 年間やってきた経営の経験を福祉の道に生かしたいという思いがあった。

　財団の基金は，小倉氏個人が所有していたヤマト運輸の株式約 24 億円分に加えて，ヤマト運輸が 5 億円拠出した。その 5 億円には，財団の呼びかけに応じて賛助会員となったヤマトグループ各社とその社員 2 万 6 千人からの賛助金が含まれていた。当時の社員の約 7 割が賛同したという。さらに後日，小倉氏は自身が保有していた残りの株式（当時の時価 22 億円）をすべて財団に寄付した。

　障害者の自立と社会参加を目指す施設の 1 つに，「共同作業所」がある。共同作業所とは障害者の父兄や支援者によって開かれ，障害者が少しでも働けるようにと教育が受けられる，また仕事をする作業所のことである。

　小倉氏は 1995 年 1 月の阪神淡路大震災のときに，共同作業所を知った。被災者の支援のために現地に赴いたとき，共同作業所の実態をたまたま目の当たりにした。

　障害者雇用促進法の定めによれば，常用雇用者数が 50 人以上の民間事業者（企業）は，その雇用者数の 2.0% 以上となるよう障害者を雇用する法律上の義務を負う。しかしこの法律には重い罰則規定がないため，ペナルティの金銭さえ支払えば障害者を雇用しないことも可能である。したがって実情として，完全実施には至っていない。

　企業で働く機会が得られない障害者のために，国は授産施設を作っており，それは全国に 1,500〜2,000 カ所ある。障害者は身体障害者，知的障害者，精神

障害者に分けられるが，その数は合計で 650 万人を超える。この現状に授産施設は応えきれていない。

そこで障害者の父兄や有志が中心となって地域ごとに共同作業所を作り，就労の機会を設けている。このような共同作業所は，厚生労働省から社会福祉法人としての認可を取れば補助が受けられる。しかし約 6,000 カ所ある共同作業所のうち，認可が下りているのは 1 割程度であり，多くの共同作業所は認可が得られていない。

消費者が欲しいものを作る

認可・無認可を問わず，共同作業所では障害者に対して月額 5,000 円から 10,000 円の給料が支払われる。

各都道府県別に，最低賃金（およそ時給 700 円前後）が定められている。しかし障害者に対する報酬は給料ではなく工賃と呼ばれ，「福祉的就労」という位置づけで，最低賃金は適用されない。

障害者には障害基礎年金が年間約 100 万円支給されるが，作業所の月給を加えても月 10 万円未満で，自立した暮らしは困難である。障害者は「もっと欲しい，これでは小遣いにもならない」と訴える。障害者の父母らは「この子を残して先に逝けない。私たちはこの子より 1 日でも長生きしないといけない」と切実な思いを語る。施設運営者も「もちろんもっと払ってあげたい」という思いはある。しかしほとんどの人が「払えない。仕方ない」と言う。

共同作業所を見て回った小倉氏の目には，その理由が明白に映った。共同作業所は障害者が仕事をしてカネを稼ぐ場所ではなく，友達と仲良く歌ってダンスをするデイケアの場所になっていた。そもそもカネを稼ぐことをしていない。重度の障害者は寝転がっているだけで，作業をさせない。厚生労働省は家にこもっていると社会性が育たないと，デイケアを重視していた。

何か仕事をさせる作業所ですら，「稼ぐ仕事」とは程遠い。一番多い請負仕事は，折り込みチラシやネジの締め付けなど下請作業だった。次に多いのはリサイクル関連で，空き缶をつぶす，牛乳パックから再生紙を作る，廃油から石

鹼を作る，といった仕事である。ほかにも材木の切れ端からキーホルダーを作る，生地の切れ端からお手玉を作る，電器窯で茶碗を焼く，といった作業が行われていた。

小倉氏はこの実態を見て，何ができるかを考え抜いた。そして手始めにヤマト福祉財団の主催で，共同作業所の運営者に対して，経営能力をつけてもらうセミナーを開くことにした。そこで始めた「小規模作業所パワーアップセミナー」には，共同作業所の運営者を無料で招待した。

共同作業所の運営者に向かって，小倉氏はこう語りかけた。

「あなたたちがされているのは経営ゴッコです。経営のことがわかっていない」

「皆さんが普通の消費者だとして，こうしたモノを自分のおカネを出して買いますか？ 共同作業所で障害者の人が作ったものと知らないで，買いますか？ 私は買いません。こうしたモノには，市場価値がないのです。売り物にならないということは，いくら作っても儲けが出ないわけです。儲けが出なければ，作業をした障害者の方たちにも満足な給料を払うことはできない。当然の理屈です」

「お涙ちょうだいの障害者のための慈善バザーであって，モノを売る発想へ脱却できていない。一般市場で必要なのは，お涙ちょうだいではなく，消費者である買い手が欲しいものを作ることなのです」

福祉か金儲けか

こうした小倉氏の話に対して，当初反発の声も大きかった。経営について考えたことがあるか，という問いに「経営を知る必要はない。われわれがやっているのは福祉の仕事で，企業活動ではない」という答えが返ってきた。

多くの共同作業所に携わる人々は，自分たちがこれまでしてきた福祉の仕事に自信を持っていた。障害を持った人たちのために，善意で作業所の運営をしている自負があった。

「大した見返りもないのに手弁当で運営を手伝って頑張っているのだ。金儲

けが上手いだけの会社に何を教わることがあるのか？」と言わんばかりだった。

しかし小倉氏は，金儲けは作業所に障害者を通わせるために必要だと説いた。

「目的じゃないんです，お金儲けっていうのは必要条件なんです」

「一生懸命良い仕事をしてその結果，御褒美として利益が出る。利益が出ることで事業が長続きする。利益の確保は事業を永続させるための手段でもある。目的と手段を取り違えてはいけない」

「お客さんのためになる便利なサービスやモノを考え抜いて生み出して改良して，結果，お客さんが喜んで使ってくれる。その代わりにおカネをいただく。そのおカネが積み重なって利益になる。これがビジネスです，金儲けです」

「皆さん方は障害者のために小規模作業所をつくり，献身的に仕事をしている。しかし，そこで働いている障害者は月に1万円以下しかもらっていません。それでいいんですか。見方を変えたら搾取と言われてもしようがないでしょう」

「障害者から働く喜びを取り上げてはいけない。働く喜びを与えないということは，生きがいを与えないことと同じです」

こうした「小規模作業所パワーアップセミナー」は1996年から月2回ペースで開かれ，全国を行脚した。2泊3日の講義は盛りだくさんで，中小企業診断士の講演や，経営学の大学教授を招いて，ゲーム方式で商品売買と帳簿のつけ方を学ぶ授業などもあった。

交通費・宿泊費・飲食費はすべてヤマト福祉財団が負担し，懇親会にはアルコールも出すほど気を遣った（最近は「障がい者の働く場パワーアップセミナー」という名前で，合宿ではなく日帰り形式になっている）。

セミナーが始まった当初，会場に入らず遠巻きに見ている参加者がいた。なぜ入らないのかと聞くと，「タダほど怪しいものはないと，家族に言われた」，「何か高価なものを買わされたりしないように気をつけようと思って」という人もいた。そのころは，小規模作業所を社会福祉法人化するノウハウ講座が人気を博していた時代だった。

しかし小倉氏は現場視察を重ね，作業所の現状を観察しながら，徐々に経営問題にウエイトを増し，自分がやるべき方向や自分の経験を活かせる方向へとセミナーを引っ張っていった。
　やがてセミナーの参加者から，次のような声が上がり始めた。
　「障害者の収入を増やすには補助金を増やしてもらうほかない，政治が変わり法律が変わるしか方法がない，と思い込んでいた。でも実は自分たちで稼ぐという道があることに気づかされた」

働くことは苦しみではなく喜び

　小倉氏は障害者に月収10万円の道を，との思いがあったが，それは労働する喜びを感じてほしいと願っていたからである。
　「障害者が永久に補助金で生活できるかというと，そうではない。人間の尊厳を考えたら，自立させなきゃいけない。お金よりも働く喜びを与えてほしいというのが本当の気持ちなんです」
　「働くというのは苦しみじゃない，喜びなんです。働くことによる社会的存在意義を感じてもらいたい」
　小倉氏が働く喜びにこだわるのは，長い経験からだった。ヤマト運輸では，配達の運転手をセールスドライバー（SD）と呼び，達成感が味わえる仕組みを作っていた。SDに荷物の集配・集金などの業務一切を任せ，仕事に責任を持ち，顧客の要望を捉えて自発的に営業する仕組みだった。このような人事・労務のあり方は，高いサービス品質を提供する宅急便の展開に欠かせないものだった。
　パワーアップセミナーで小倉氏は補助金依存から脱却するために，会社を作るよう説いた。社会福祉法人の認定を切望する作業所は多いが，それでは補助金頼みの体質から抜けられない。補助金に頼らない工夫をし，社会福祉法人より会社を作ろう，と。
　障害者の能力が低いというのは固定観念だ，と小倉氏は言った。人間は誰でも得手不得手がある。長所を活かし合い短所を補い合うのは，企業も福祉施設

も違いはない，というのが小倉氏の考えだった。

共同作業所関係者の中には「小倉氏は偉そうにいうが，実際にできるのか」という冷ややかな見方もあった。そこでヤマト福祉財団が始めたのが，スワンベーカリーだった。

パワーアップセミナーでも，ベーカリーショップ経営講座が開かれたことがあった。しかし実際に経営に踏み出す者がいなかった。小倉氏は自分でやって手本を見せるしかないと考えた。障害者が実際に生き生きと働き，真っ当な給料が出せることを示さなければ，と考えた。そして自ら陣頭指揮し，スワン開店へ突き進んだ。

パン屋を選んだきっかけは，1996年に小倉氏とタカキベーカリー高木誠一社長との出会いからである。

タカキベーカリーは広島に本社を置くパンの製造・販売大手で，アンデルセンやリトルマーメイドといったチェーンを全国展開している。このタカキベーカリーはパン生地を冷凍する技術を持つ。工場で生地を大量に作り，一気に冷凍して全国の各店舗に配送する。各店舗ではそれを解凍して焼くだけで，焼きたてパンができ上がる。最も技術がいる生地は工場で一括して作り，パン製造で職人を必要としない仕組みを作り上げていた。

これを知った小倉氏は，タカキベーカリーを訪問し，実際に自分でパン焼きにトライした。未経験の自分にできるなら，障害者にもできるはずだと。耐久消費財などと違って，パンは毎日消費されるものである。1回買って終わりではなく，おいしければ毎日買ってもらえる。しかも綺麗で優しい雰囲気がある。手間をかけて作ることで障害者が作る喜びを感じられる。愛情込めて作っていることが，顧客にも伝わることは大きい。

素人の小倉氏にもパンが作れたことで，スワンはパン屋を始めることにした。高木氏の協力を得て，約2年の試行錯誤を経た後，スワンベーカリー1号店が銀座にオープンした。

「ご自分で研修センターまでいらして，竈（かまど）に向かい，パンを焼いたということですね。経営者自らが実践する，これが仕事の原点だなと思いました」（高

木氏）

　小倉氏を尊敬していた高木氏は，全面的な協力を申し出た。店舗設備や店舗運営のノウハウ，開店準備要員の提供，さらにはスワン用オリジナル生地の開発まで手がけ，スワン用生地を小ロットで生産した。損得を超えた献身的な支援だった。

　スワンの名は，店名に「アンデルセン」や「リトルマーメイド」を用いているタカキベーカリーとの業務提携ゆえに生まれた。童話作家アンデルセンの『みにくいアヒルの子』から着想を得て，小倉氏が命名した。よく知られているその童話では，醜い容姿でいじめられていたアヒルの子が，やがて美しい白鳥になった。

ライバルはスターバックス

　スワンベーカリー銀座店では，障害者も能力次第で大事なポストを任せられた。銀座店の製造主任を務めるAさんは軽い知的障害を持っている。Aさんは学校を卒業後，父親の製靴業を手伝った。しかし仕事を覚えられず，いつも父親に怒られていた。そんなあるとき，スワンベーカリー銀座店のオープンを知って応募し，採用される。開店前の研修期間中，ずっとAさんはパン作りを練習したが，全くできないままオープンを迎えた。

　「ああ，やっぱりここでも，ぼくはだめなのかなって…，泣きたくなっちゃった」

　「開店してからも，店に出せない失敗のパンが山ほど出た。けど何度も何度も，教えてもらいました」

　失敗を重ねた後，やがてAさんは指導員が描いた大きな絵の手順書を見てパンを作れるようになった。彼は埼玉県から1時間半かけて銀座店に通う。朝番のときは朝5時に家を出るが，「働く毎日がおもしろい」と言う。自宅に持ち帰ったパンを家族も喜んでくれた。

　「お母さんは，『おいしいね』って言ってくれる。『こんなにおいしいパンを作れるようになって，ほんとうによかったね』って。お父さんは，こう言いま

す。『よかったなあ。外でちゃんと働けたもんなあ。よかった，よかった！』って」

　2001年には，スワンは赤坂店をオープンさせた。都内でも一等地の赤坂に店を構える時，小倉氏はこう語った。

　「障害者が自信を持って働ける場を作りたかった。ライバルはスターバックスだ」

　日本では障害者を表に出したがらない傾向がある。大多数の人は日常生活の中で，障害者と接することが極めて少ない。それゆえ「怖い，気持ち悪い，何をするかわからない」という先入観が生まれ，「どう接すればいいかわからない」となりがちである。

　「障害者の施設ができるというだけで，住民の反対運動が起きたりする。そんな状況を変えたい」（小倉氏）

　赤坂店は約 6,000 万円以上の高額投資となった。小倉氏はそれでも出店する意義は大きいと判断した。小倉氏から赤坂店開店を任された増田取締役は次のように語る。

　「開店前に，この近辺を歩いて調べてみたんです。なんと，スターバックスは 13 軒あった。そんな中で店を出すなんて，大それたことを（笑）」

　「こんな激戦区の中で，障害者が働く店が成功したら痛快だな，と思ったんです。けれど，障害者が働いている，ということは売り物にしたくなかったので，それはオープンするときも外に発表しない，というやり方でやってきました」

　増田氏は，実際に働く障害者たちには厳しい姿勢で仕事を教えている。

　「人とのコミュニケーションがだめな人は，厨房で皿洗いだけをやってもらうというやり方もあるでしょうが，仕事をそういうふうに決めつけるんじゃなくて，何でもやってほしいと思った。パンづくりも，レジを打つのも，コーヒーをいれるのも，できることは，なんでもやってほしいと」

　「ここに就職したってことは，社会参加することですからね。『仕事は仕事』ですからね，きっちりとできるようになってほしかったから」

障害者を納税者にする

　ヤマト福祉財団はスワンベーカリーのフランチャイズ展開も進めている。
　一般的なフランチャイズ方式では，初期投資となる加盟金や，月々の売上の一定割合をロイヤリティとしてフランチャイズ本部に納める仕組みになっている。加盟店で使う設備や消耗品を本部が販売して利益を上げ，指導料を徴収するチェーンもある。
　だがヤマト福祉財団のフランチャイズシステムは，一切の金銭を受け取らない。冷凍生地の仕入はスワンを通さず，フランチャイズ店が直接タカキベーカリーと取引する。財団から金利なしの借入れができる。また冷凍庫や解凍機，竈などの厨房機器をリースする場合は，財団が保証人になる。資金が足りない団体でもフランチャイズ店が開ける，まさに破格の条件である。
　スワンベーカリー十条店は1999年，フランチャイズ第1号店として誕生した。フランチャイジーは㈲ヴィ王子で，その経営者は小島靖子氏である。小島氏は，養護学校の教員を32年間勤めた後，障害者が働けるカフェを作る計画を進めていたところ，パワーアップセミナーを受講し，小倉氏と出会う。話はトントン拍子で進み，スワンベーカリーを開店することになった。
　王子店は最寄り駅から10分ほど歩いた裏路地にあり，人通りが少ない場所にある。アンデルセンのアドバイザーが「成功する確率は低い」という立地だったが，しかし出張販売や宅配サービスに取り組み，固定客をつかむことに成功した。その後，2004年には霞ヶ関店，2005年には赤羽店をオープン。計3店舗を経営し，社員数は障害者17名とパートや社員18名，計35名まで増えた。
　「アンデルセンがレシピと生地を全部用意してくれるので，パンの品質は一定レベルに保てるんです。ただ，障害者だからという甘えた考えを持って作ったら，当然品質は落ちてしまうので，絶対に高品質のものを作るという高い意識を持っていることが前提となります」
　「宅配に行って難しいおつりの計算をお客さんに頼むこともあります。でも，お客さんはそんなことは気にせず，快く計算しておつりを戻してくれます。そして，彼らの笑顔を見たいから宅配を頼んでいるんだ，と言ってくれるんです」

「障害者の存在は，お客さんに仕事効率以上の価値を提供しているんだと思います。障害者が働くビジネスを自分が利用することで社会貢献することができる，と積極的に利用してくれるお客さんもたくさんいます」(いずれも小島氏)

小島氏はパワーアップセミナーで講演もする。いつも最初に「私は慈善ではなく，金儲けをしています」と話して，出席者を驚かせる。小倉氏は生前，小島さんを称えてこう言った。

「小島さんは，私とは比べものにならないくらい素晴らしい経営者」

小倉氏が抱く究極の目標は，「ノーマライゼーション」である。ノーマライゼーションは，物理的障壁をなくすバリアフリーのさらに上位概念で，「障害の有無に関係なく，普通に暮らせる社会」を提唱する考え方である。障害者と健常者が同じ1人の人間として，お互いを尊重しつつ，ともに生きることである。

銀座店の従業員の中に，仕事の後に銀座へショッピングに出かける人，休みの日にピアノを習うようになった人が現れた。それが当たり前の世の中にしたい，というのが小倉氏の思いであった。

グループの中から税金を納める障害者も出た。小倉氏はそのことに深い感銘を受けたという。税金納付という形で社会参加することによって，社会を支える一員としての誇りが持てる。ノーマライゼーションが実現された社会では，もはやその言葉は不要になるはずだ。それをこそ目指したい，と小倉氏は思っていた。

> ケース解説

社会機関，人的機関としての企業

個人的な話になるが，実は筆者は小倉昌男さんに生前お会いしたことがある。亡くなる前の年，2004年のことだが，ある御縁で一緒に食事をする機会に恵まれた。筆者は好奇心満々で小倉さんにいろいろ質問したが，話題の中心は当時情熱を燃やしておられたスワンのことだった。スワンを始めたキッカケ，障害者の実情，スワンでやれたこと，現状の不満などを穏やかな表情で，

しかし熱のこもった説得力に満ちた言葉でユーモアを交えながら語ってくださった。筆者は小倉さんの話に引き込まれて，不覚にも涙をこぼしてしまった。「大学をリタイアしたら，お手伝いさせてください」という言葉が，思わず筆者の口から飛び出た。小倉さんは「先生，お願いしますよ」とにこやかに応えてくださった。感動的なこのひと時のことを今でも鮮明に覚えている。そして「経営者とは，かくある人のことなのだ」と強く心に刻まれたことも。

　マズローの仮説によれば，人は集団に帰属して他の人々から愛され賞賛され，また社会の中で自分らしいと感じられる生き方を望んでいる。若者たちと付き合っているといつも，彼らが「社会に役立つ仕事がしたい。人のためになりたい」と強く願っているのを感じる。しかしそれは若者だけでなく，もちろん障害を持った人も含めて，誰しもが願っていることであろう。

　ドラッカーは企業とは，3つの機能をバランスさせなければならないという。3つとは企業の経済機関，人的機関，社会機関としての側面である。

　どれを重視するかは，国によって異なっている。経済機関としての側面を重視したのは，株主主権モデルのアメリカである。社会機関を重視したのはドイツ，そして人的機関としての側面を重視したのは日本である。しかしこの3つの国のモデルは，今のところいずれも不完全だとドラッカーは言う。

　アメリカのモデルは短期利益の追求が優先されて，人々の経済格差が広がり社会的矛盾が露呈しつつある。また日本は長い間，企業が人々の主たるコミュニティとなっていたが，経済低迷によってリストラが頻発すると，企業の人的機関としての役割が弱まった。

　近代企業が成立したのは，産業革命後期の1870年代以降のことだが，それまでヨーロッパの社会は小さな農村や都市で構成され，狭い地域の中には人々の濃密なコミュニティが成立していた。障害を持った人々もコミュニティに溶け込み，人々は互いに依存し生きていたのである。

　しかし大企業が大規模な経済活動を担うようになると，一家の主は社員として企業の傘の下に引きずり込まれる。人々が農村から都市に集められて住みつき，企業に1日中拘束されるのが普通になると，あたかも企業が主人で社員が

従者のような関係になった。そしてそれまで成立していた地域コミュニティは破壊された。

その流れの中で、障害を持った人々などいわゆる社会的弱者は、経済活動から排除される。弱者救済は国や自治体が取り組む問題で、能率を追求する企業には無関係とされた。

しかしコミュニティ消滅の問題や障害者の問題を、政府だけで解決することはできない。一方で企業が経済機関としての機能だけに注力し、利益の追求だけに関心を寄せるのなら、市場経済の矛盾はいつまで経っても解決できないだろう。

社会主義の国は社会を重視し、分配の平等を目指したが、経済運営がうまくいかなかった。また資本主義は経済以外を軽視してきた。とはいえ経済格差や社会不安を放置したままにすると、どんな社会も長期的には破綻してしまう。

そこでドラッカーは長期的視野に立った社会のマネジメントのために、政府と企業だけでなく、3つ目のセクターとしてNPO（NGO）が必要だと考えた。NPOが破壊された地域コミュニティ（特に都市コミュニティ）を支援し、企業の人的、社会的機関としての機能を補完する必要があると。ドラッカーは次のように提言する。

「あらゆる組織[5]が、それぞれの機能への絞り込みを厳しく保ちつつも、社会全体のために協働し、各々の政治機関と協力する意思と能力を新たにしていくことである」

「20世紀において、われわれは政府と企業の爆発的な成長を経験した。だが21世紀において、われわれは新たな人間環境としての都市コミュニティをもたらすべきNPOの爆発的な成長を必要としている」[6]

ドラッカーは、同時に「NPOの問題はマネジメントだ」とも言っている。立派な仕事をしているNPOはたくさんあると認めた上で、「NPOはあきれる

5 　政府、企業、NPO等を指す。
6 　P. F. Drucker, "Managing in the Next Society", Griffin 2003（上田惇生訳『ネクスト・ソサエティ』ダイヤモンド社 2002）

ほど間違ったマネジメントがされている」，「意図さえよければ，山をも動かせると思っているからだ」と批判している。

　何と，小倉昌男氏と同じことを言っているのだ。

　そして「NPOが学ぶべきはマネジメントである」と断言する。

　「NPOには収益という評価基準がないからこそ，マネジメントが必要になる。大事なことは，使命と活動を明確に定義し，継続的に評価していくことである。そして金銭的な報酬ではなく，責任と成果に満足を見出すボランティアを惹きつけ，留める方法を知らなければならない」

　NPOこそ，プロ経営者が要る。まさに小倉氏のような企業経営のノウハウをもったプロ経営者が，NPOの経営に参画することが必要なのだ。

　ドラッカーは社会的弱者の雇用についても，こう言う。

　「必要なのは人々が自信を持って自立できるようにすることだ。…使うべき用語は『福祉』ではなく，『自立』と『配慮』である」[7]

　働く1人ひとりに働き甲斐と役割を与え，福祉でなく自立を支えたときに，企業は社会的な役割を果たすことができる。これらの言葉は，まさに小倉昌男氏の考えとピッタリ重なるといえるだろう。

企業の社会的貢献

　企業の社会貢献には次の3つのレイヤー（階層）があると考えられる。

① **経済中心モデル**

　　コンプライアンスは重視するものの，本来の企業活動の目的である経済活動に集中する。企業本来の経済活動以外に関心をもたず，しかし効率的な事業遂行を通じて，消費者には高品質かつ合理的価格の商品を提供し，従業員には給与，株主に配当，国や自治体に対して税金を支払う。利害関係者に対する利益配分を最大化するモデルで，これも1つの社会貢献のモデルであることには違いない。

---

[7] P.F. Drucker, "Managing in a Time of Great Change", Routledge 1995（上田惇生他訳『未来への決断』ダイヤモンド社 1995）

② 慈善モデル（Corporate Social Responsibility）

　経済活動を行うだけでなく，一歩進んで事業で得られた利益の一部を寄付する社会貢献モデル。フィランソロピーやメセナなどとも呼ばれ，芸術や教育，スポーツなどの支援，災害時の被災地支援など，金銭や設備の寄付，社員の支援派遣などを行う。

③ CSV モデル（Creating Shared Value）

　企業活動の内外のバリューチェーン全体にわたって，効率を部分的に犠牲にすることがあっても，社会貢献を経営プロセスの中に組み込みつつ事業展開していくモデル。経済活動と社会活動を共存させようとする行き方。川上・川下の取引先と適正取引を行うフェアトレードや，市場性の低い医薬品や医療用具の開発，派遣社員の正社員化，障害者雇用など，社会と積極的に共生を図るモデル。

　企業とは，第一義的に社会の生産手段である。製品やサービスの生産活動を通じて，余剰を生み出す公器である。企業が効率的な生産販売を行えば，消費者は高品質な品物やサービスを合理的な価格で手に入れることができ，消費者ベネフィットが生まれる。また雇用を生み，給与が支払われることで人々の生活が成り立つ。さらに税金を支払うことで，国や自治体はそれを原資に富の再分配を行うことができる。また社会インフラを構築したり，福祉を充実することも可能になる。

　こうした企業の経済活動の追求自体は，立派な社会貢献の1つでもある。

　ただしこの①のモデルは，徹底して効率性を追求するので，場合によっては人々にストレスを与え，雇用削減をすれば人々の生活を脅かすことになり，貧富の差を生んだり，社会的矛盾を生む原因となることもある。また能率を追求するあまり，例えばワーキング・マザーや障害者を職場から排除することが起こりうる。経済活動中心の組織では，余剰を生む社会貢献はしているものの，社会的な健全性を損なうことがままあるのだ。

　これに対して，③のモデルは社会機関たる企業という側面を重視し，人々の

「機会の平等」(チャレンジの機会を平等に与えるので,競争につながる)だけでなく,「結果の平等」をも尊重しようとするモデルである。例えばハンディを負う障害者にも,平等に生きる権利が結果として確保されるべきだと考える。いわば社会主義的な考え方を取り入れたモデルともいえよう。

CSVという言葉自体を提唱したのはM.ポーターである。

「企業の利益につながり,社会にも新しい価値を生み出すには『共有価値の創出 (Creating Shared Value)』が重要だ。CSVは資本主義の本質を変えながら利益を生み出していく企業活動だ。CSRの発想からもっと先に進まなければならない」[8]

CSVという言葉は新しいが,概念は従来からあったものである。しかし競争戦略論の学者ポーターが,競争社会の歪みを正そうとする議論を持ち出したのは皮肉と聞こえないこともない。今までの競争一辺倒の戦略論に,自らの反省も込めたのだろうか。

②の慈善モデルは,①と③の中間にあって効率経営の結果得られた富を,企業が一部再配分することにより,社会的な歪みを少しでも減らそうというモデルである。

小倉氏は慈善モデルでは,人々の自立した生き方をサポートできないと考え,CSVモデルを追求し,障害者の人々の社会参加を可能にしようとした。まさにドラッカーのいう,福祉ではなく自立を支援する取り組みであった。

スワンと巨大なスケールのヤマト

<図表3-4>はヤマトホールディングスの現在の財務諸表である。

営業収益は1.4兆円に達する巨大企業である。経常利益率は5%弱と,高いとはいえないが社会基盤のインフラ事業という性格から考えると,適正利益の感がある。

BSとPLを比較して気づくのは,資産効率の高さである。BSはPLより小

---

[8] M. E. Porter, et al., "Strategy and Society", HBR June 2006 その他

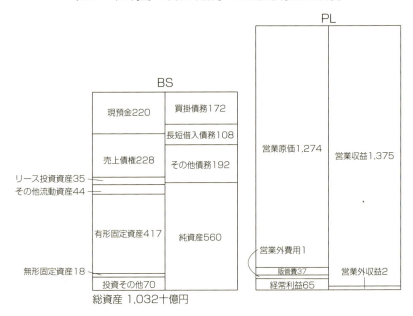

<図表3-4> ヤマトホールディングス比例縮尺財務諸表
(2014年3月期 単位:十億円 PLは経常利益まで表示)

さく,ROAは6.3%に達する。資産構成を見ると,「その他」項目が少なく無駄が少ないように見受けられる。そしてネットデッド(=借入債務-現預金)はマイナスであり,実質無借金経営である。売上債権は2カ月弱と現金収入が多いと見られること,加えて買掛債務とのバランスを見ても,財務体質は健全といえよう。

そして最大の資産項目は「有形固定資産」である。

ヤマトグループは現在,「第3のイノベーション=バリュー・ネットワーキング」構想を進めている。巨額の有形固定資産は,2013年に稼働を開始した羽田クロノゲートや沖縄国際物流ハブ,その他の物流投資である。今後も積極投資を続ける計画で,ヤマト独自の3つの分野の技術「LT(物流技術)・IT(情報技術)・FT(金融技術)」を駆使して,日本およびアジアのラストワンマイル・ネットワークを構築する戦略である。

さらにヤマトは，創業100周年に向けた長期経営計画「DAN-TOTSU経営計画2019」で，「アジアNo.1の流通・生活支援ソリューションプロバイダー」になることを目標に掲げている。

　アジアはeコマースが爆発的に伸びている。第2章で述べたように，ドラッカーはIT革命の最大のインパクトを持つのはeコマースだと断言したが，まさにヤマトはその中心に位置しているといっていいだろう。

　小倉氏が基本設計し基礎を築いたヤマトの構想は，今も壮大である。しかし一方で，小倉氏がリタイア後に熱い思いを寄せたスワンの事業は，まだ発展途上の段階である。

　スワンは現在，ヤマトの特例子会社となっているが，以前は単独の財務業績が公表されていた。それによれば，スワンの全社売上は560百万円，経常損益は3百万円と黒字経営となっている（2009年度）。しかし内訳を見ると，売上のうち店舗売上は185百万円，その経常損益は22百万円の赤字になっていて，パンなどの通信販売による本社売上375百万円が店の赤字を補てんする形になっている。

　もちろんスワンとして単独黒字経営を続けていることは誇るべきである。しかしこれもやはりヤマト本体のサポートなくして実現できないことかもしれない。また売上1.4兆円に近づくヤマトの財務業績と比較すると，スワンの売上はその0.04%に過ぎない。

　ヤマト本体もCSVモデルの事業に取り組んでいる。ヤマトグループの障害者雇用比率は法定よりかなり高い。また，他にも事業を通じた社会的課題解決への取り組みをCSVプロジェクトと名付けて行っている。災害支援や地域活性化のサポートにとどまらず，過疎地の高齢者向け買い物支援サービスや，1人暮らしの高齢者の見守りサービスといった事業である。

　しかし障害者の立場から社会を見渡せば，こうしたマネジメント力に優れた大企業の取り組みは，まだ理想とほど遠いといわなければならないだろう。もっと広範囲に，もっと大きな規模でCSVが進められ定着することを，社会が待ち望んでいる。

BOPビジネスとプロ経営者

近年，BOPという概念が注目されるようになっている。

BOPとは「Base of the Pyramid」，または「Base of the Economic Pyramid」の略語で，1人当たり年間所得が3,000ドル（2002年購買力平価ベース）以下の階層の人々を指し，全世界人口の約7割に当たる約40億人が属するとされる。その消費市場規模は5兆ドルに達し，日本の実質国内総生産に相当する（<図表3-5>）。

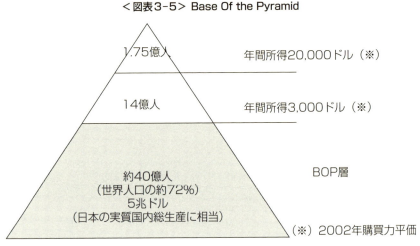

（出所）経済産業省経済協力局『BOPビジネスのフロンティア』2010年より

そしてBOPビジネスとは，低所得国や地域で展開するビジネスのことを指している。従来，多国籍企業は先進国の製品やマーケティング手法を新興国市場にそのまま持ち込み，それゆえハイエンド市場だけのニッチ・プレーヤーで終わっていた。しかしBOP層は1人当たり所得水準が低いものの，市場規模を合計すると5兆ドル超と大きい。したがってその市場は国や企業だけでなく，NGO／NPOや社会起業家，国際援助機関などさまざまな組織にとっても新しいフロンティアとして位置づけられるようになった。

さらに新市場獲得の布石という意味だけでなく，一歩進んで新興国を支援す

る過程で生まれるイノベーションにも期待が集まっている。新興国で開発された商品・サービスが先進国に逆流入することで起こる「リバース・イノベーション」である。

米ダートマス大学院の V. ゴビンダラジャンは，新興国で生まれた低価格の商品サービスが，安さだけでなく先進国で受け入れられる現象を捉えて，「リバース・イノベーション」と名付けた[9]。過剰品質に陥りがちな先進国の商品に対して，白紙の状態から新興国の事情をベースに開発された商品は，富裕国で『取り残されていた市場』や『見逃されていたニーズ』を見直すきっかけになるという。

したがって新興国での開発が，先進国にとっても Win-Win となる可能性を秘めているというわけである。

ただし本当にそうかは，疑問の声も強い。あくまで BOP ビジネスはビジネスなので，採算が取れないと事業展開はできない。先進国が生産や販売に関与すると，どうしても高コストにつき，価格面で新興国の人々にとっては手が届かないものになる。結局いつまでも貧富の差が縮まらず，「結果の平等」がもたらされない場合が多い。

例えば新興国における事業の成功例として，味の素（調味料）やユニ・チャーム（おむつ），ユニリーバや P&G（シャンプー等）などの事例がある。味の素やユニ・チャームは，人々の手の届く価格にするために 1 回使い切りの量を小分けにして，安い価格で販売している。つまり単価そのものは安いが，決して経済的な供給の形とはいえない。

また例えばマイクロファイナンスについても，事情が似ている。マイクロファイナンスとは新興国の人々の自立を支援する小口融資のことだが，その金利は高い水準にある。マイクロファイナンスの代名詞といえば，1983 年にバングラデシュで設立されたグラミン銀行が有名である。バングラデシュはインドの東にある最貧国の 1 つであるが，貧困をなくすべくグラミン銀行を設立したの

9　Vijay Govindarajan, et al.,"Reverse Innovation", Harvard Business Review Press 2010（渡部典子訳『リバース・イノベーション』ダイヤモンド社 2012）

がムハマド・ユヌス氏であり，2006年にノーベル平和賞を受賞して，一躍知られるようになった。

ユヌス氏は単なる施しでは貧困層の人々が堕落するだけであり，彼らが意欲的に生きていける仕組みが必要だとして，自立資金を融資する小口金融を開発した。しかし日本円にして3〜4万円ほどの融資に対する金利は20%であり，高いインフレ率の国とはいえ，金利は先進国の消費者金融並みである。自立支援に貢献した功績は大であるが，低所得層に優しいサービスの実現にはまだ程遠い状態にある。

C.K.プラハラッドは「貧困を解決する鍵は，巨大なスケールの企業活動だ」[10]と言っている。

新興国の人々にとって必要な商品やサービスを，彼らに手の届く合理的な価格にするには，効率的な量産・量販体制が構築されなければならない。その実現には，やはり巨大企業の貢献なしに考えにくい。BOPビジネスの社会的な影響力を高めるためにも，国や自治体，NPO等との連携のあり方も含めて，課題がたくさん残されているといえよう。

プラハラッドは貧困の解消を，巨大スケールの企業に求めたわけだが，それをマネージできるのはプロ経営者である。

ドラッカーは社会問題の解決をNPOに求めたが，もちろんNPOを効率的に経営できるのもプロ経営者である。いずれにしても現代のさまざまな問題を解くカギは，小倉昌男氏のようなプロ経営者なのである。

10　C. K. Prahalad, "The Fortune at the Bottom of the Pyramid", Wharton Publishing 2006（スカイライトコンサルティング訳『ネクスト・マーケット』英治出版 2010）

第4章
マネジメント・コントロール (1)
組織と計画コントロール

経営理念の構想がまとまり経営戦略が明らかになると，それを実行するシステム・プロセス設計が始まる。この章ではマネジメント・コントロールを構成する「Structure（組織構造）」と「Systems（計画コントロール・システム）」について論を進めよう。

経営のハードウェア設計

　企業は経営理念で描く世界を実現するために，人々を組織化し戦略を実行していく。バーナードは「組織とは2人以上の人間の意識的に調整された活動や諸力の体系」と定義した[1]。「分業と調整の体系」を「組織構造」という。
　組織構造の設計は，マネジメント・コントロールの重要な1ステップである。
　適材がいれば，という前提の上で分担自体は比較的易しい仕事かもしれない。しかし分担した後の調整が極めて難しい。企業は人々の協働で成り立っている。「組織をいかに調整するか」，「協働をいかにうまく行かせるか」はマネコンの究極のテーマである。
　セブンSでは「Structure（組織構造）」と「Systems（計画コントロール＋インセンティブ・システム）」に，Strategy（戦略）を加えて，マネジメントの「ハードウェア」要素としている。ここでは"Structure"と"Systems"をあわせて「経営のハードウェア設計」と呼ぼう。組織は人々に分担と関係性を「見える化」して，「協働」を促す。計画コントロールも組織調整の手段の1つであり，主として「コミュニケーション」を担当する。
　第1章で戦略とマネコンの内部整合性について述べたが，組織も戦略と適合していることが理想である。
　「組織は戦略に従う」と言ったのは，チャンドラーである。チャンドラーは「コンティンジェンシー理論」学派の1人だが，チャンドラーの時代では，似たような戦略をとる複数の企業が似たような組織を持っていた。しかしその

---

[1] C. I. Bernard, "The Functions of Executives", Harvard University Press 1938（山本安次郎訳『新訳・経営者の役割』ダイヤモンド社 1968）

後,いろいろな反証が出てきて,その結果「唯一最善の組織というものは存在しない」ことがわかってきた。たとえ経営環境が同じで戦略が似ているように見えても,高い成果をもたらす組織は1つではなかった。

考えてみれば,当然かもしれない。例えば自動車業界で勝ち組といわれるトヨタとホンダの組織構造は違う。しかし結果として生み出された製品は同一市場で競合し,そして両社ともにパフォーマンスが高い。互いに違う組織が,ともに高い成果を生んでいる。同じ業界のライバル同士を比べると,戦略も違い,組織も多様ということだ。

また企業はしばしば,あるいは頻繁に組織構造を変えることがある。例えばGEやIBMは,好調を維持している時でも組織を柔軟に変えてきた。注意深く見つめれば,環境はいつも変化している。環境が変われば戦略は変わり,同時に戦略を実行する組織もどんどん変わる。

組織の中で生きているのはヒトである。ヒトはどんなに最適の組織でも,長く同じ組織にいると,飽き始めて居心地が悪くなる。組織にはヒトの気持ちを新鮮にする変化も必要である。そのために戦略すら変えることもある。だから「戦略は組織に従う」という言葉もある。

正解がなく多様で,しかも変化するとなると,組織設計は経営者の創造性にかかってくる。経営者は,組織をクリエイティブにデザインするのが仕事である。

組織デザインで考えなければならない要件がいくつかある。例えば設計は分業から始まるが,分業は厄介な副作用を持っている。分業した途端に思いもよらないデメリットが発生するのだ。

分業の功罪と対立のマネージ

1910年代,H.フォードはオートメーションを創造した。フォードは複雑な車の生産工程をシンプルな分業の流れに編成し,各工程の仕事を単純化することで飛躍的に生産性を高めた。単純化して分業すれば短時間で熟練することが

でき，専門性も高まる。しかし単純化はやがて単調化をもたらし，人間疎外や生産性低下という現象を生み出した。

チャップリンの「モダンタイムス」は1日中ネジ締めをする工場労働者を戯画化し，アメリカの社会問題をあぶり出して大ヒットしたが，人々にとって心に刺さるコメディだった。

大手外食・チェーンなどでは，どんな仕事も1～2日の教育を受ければ熟練のレベルに達するように仕組まれている。あるハンバーガー・チェーンでは，最長4時間の新人教育でそれが可能だという。高度にマニュアル化され，仕事が単純化されているおかげで，未熟練のパート・アルバイトの戦力化に成功している。しかし一方で，単調化はやはり避けられない。

単調化がもたらす負の側面は，モチベーション低下だけではない。単調な作業を続けると，やがて人々は考えることを止めてしまう。外界に対して鈍感になる。実はこれは今日のわが国の問題の1つでもある。

その会社でしか通用しない限られた仕事だけをしていると，人々は適応力を失う。環境変化が起こっても気づかない。気づいた時にはどうしていいかわからない。そんな会社がリストラを行えば，人々は世の中に放り出されて右往左往することになる。どんな仕事でもこなせる力がないと，他の職場に迎え入れてもらえない。多くの日本企業は，環境変化が起こったとき，外の世界でも生き残れる術(すべ)を教育するのを怠ってきた面がある。

分業がもたらす副作用には，もっと厄介な問題がある。人々は分業すると，どういうわけかお互い対立を始める。「部分最適化」という現象である。

例えば製造企業で，営業，研究開発，工場同士の仲が悪いという光景はよく見られる。営業部門は売上を増やすために，「売れる製品」が必要である。開発部門に売れる製品を開発してもらいたいと思っている。そして工場にはそれを安く作ってほしい。価格が高いと売れないからだ。また新製品などは市場に出しても当てが外れることが多々ある。そんなとき，工場が生産計画を弾力的に運用してくれたらありがたいのに，と思っている。

しかし開発も工場も，営業の期待になかなか応えてくれない。一方で開発か

ら見れば営業には不満がある。自分たちが苦労して開発した製品を，営業が「これじゃ売れない！」と文句をつけるからだ。売れない理由を開発に押し付ける。

工場も営業に不信感がある。製造コストは計画的に生産すると，一番安くなる。にもかかわらず営業の都合で計画をコロコロ変えてくる。「営業が責任を果たさないで，ツケを工場に回してくる」ことに，腹を立てている。工場が作りにくい新製品を設計して，その生産を押し付ける開発に対しても，頭に来ることが多い。

「連中は身勝手だ」と皆で口々に言い合っている。こんな対立をよく見かけないだろうか。

部品事業部と製品事業部の対立も根深い。同じ会社の中で部品事業部が，製品事業部に部品を納入する時，彼らの言い分は「同じ会社なのだから，身内から買うのが当然だ」である。しかし買う側から見れば，「身内にあぐらをかいて，コストも品質も甘い。許せん！」となる。そのうち「売らない」「買わない」という対立になったりする。

近親憎悪という言葉がある。外部取引の関係なら「仕方がない」で諦められるが，同じ社内の人間だと許せない。対立が相互不信に発展すると，収拾が付かなくなることもある。

第2次世界大戦中の日本帝国海軍では，「全力をもって陸軍と戦え。余力をもって敵と戦え」が合言葉だったと伝えられている。海軍も陸軍も，力をあわせて欧米列強と戦っていたはずだ。にもかかわらず実は身内同士の戦いに，持てる精力をつぎ込んでいた。当事者にとっては，遠くの敵より目の前の身近な敵との戦いが先決だった。本当の敵を見ることなく，身内の勢力争いに明け暮れたことが，無謀な戦争に突入する最大の要因となった。

人々はなぜ，分業した途端に対立を始めるのだろうか？

完全にはわかっていないが，次章の「マズロー欲求階層説」によれば，人間の欲求は「安全欲求」も「愛情」，「帰属」，「自己実現」の欲求も，すべて集団や社会の存在を前提としている。人間には，何がしかのアイデンティティ基盤が必要である。自分を支える基盤がないと不安に駆られる。だから人々は放っ

ておいても，どこかの集団に凝集し始める。そして集団は，他の集団と対立すると連帯感が深まる。対立を通じて違いが明らかになると，アイデンティティが鮮明になって帰属意識がさらに高まるのだ。

つまり「帰属→対立→連帯→満足」という図式が成り立つ。

実は対立は，人々の満足の源泉である。言い換えれば，人々は「対立が好き」なのだ。心理学ではこの心理を「異化」「同化」という。他の人との違いを認識する異化が，集団の同化につながる。対立というより，競争と言い換えればわかりやすい。人々は競争が好きなのだ。

競争になると，人々は燃える。野球の早慶戦が熱くなる日，学生たちは日頃忘れている「早稲田人・慶應人」という意識に浸り，ファイトする。野球が東西対抗チーム戦になると，今度は関西人に対抗する「関東人」の意識が芽生え，早慶の学生は味方同士になる。

オリンピックで日本人が金メダルを取ると，突然「日本人」である自分に目覚め興奮する。米国メジャーリーグで日本人選手が活躍した時，アジアの人が声援を送ってくれた。欧米人と戦う「アジア人」がなぜか同胞に感じられる。SF映画の中で宇宙人が地球に攻めてくると，われわれは突如「地球人」として団結したかのように熱狂する。かようにわれわれは何がしかのアイデンティティを求めて生きているのだ。

世界に目をやれば，あちこちで国家対立や民族対立，宗教戦争が繰り広げられ，止むことはない。世界は和解と平和からますます遠ざかっているように見える。

ヒトは対立が好き。それは対立が人間の欲求に根差しているからだ。だとすれば，マネジメントはその人間心理を活かさなければならない。個人やチームの競争心を刺激すれば，人々の情熱に火をつけ，組織を活性化することができる。

しかし半面で競争心が「自分のチームだけ良ければいい」という部分最適に陥ると，組織全体が機能しなくなる。対立させつつ統合する調整が欠かせない。組織の全体最適が危機にさらされないよう，調整という役割を軽視するわ

けにはいかない。

組織の編成原理 ― サークルとホイール

組織を組成する基本的な原理を考えてみよう。

基本的枠組みとして,「サークルとホイール」という考え方がある。**<図表4-1>** の人と人を結ぶ線は,コミュニケーションを表している。サークル型の集団では,全員が平等にコミュニケーション・ネットワークを持つ。ホイール型の集団では,中心にいる1人のリーダーだけに情報が集まる放射型のコミュニケーションで結ばれる。

2つの組織はそれぞれに長所と短所がある。

ホイールは各人に業務を分担し,メンバーそれぞれが分散して情報処理を行うので,処理スピードが速い。コミュニケーションの経路が少ないだけに決定

<図表4-1> 組織のプロト・タイプ

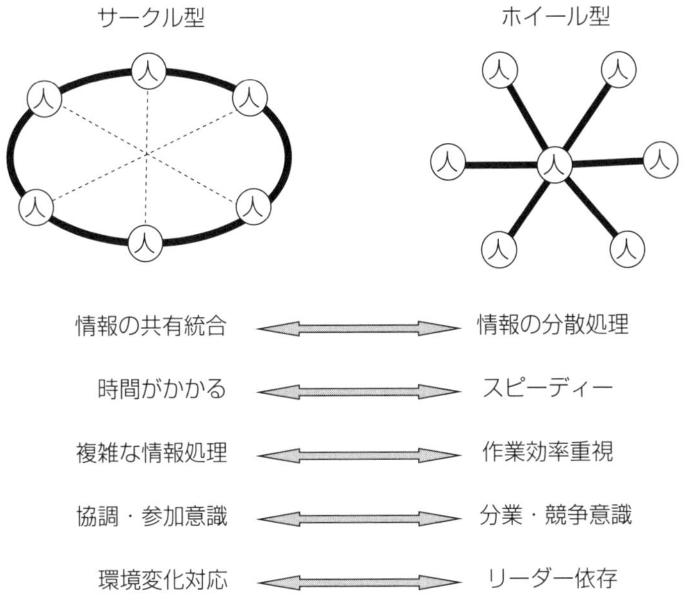

サークル型		ホイール型
情報の共有統合	⇔	情報の分散処理
時間がかかる	⇔	スピーディー
複雑な情報処理	⇔	作業効率重視
協調・参加意識	⇔	分業・競争意識
環境変化対応	⇔	リーダー依存

も早く,能率的に仕事が進む。あらかじめ決められた定型的な業務処理に向くと考えられる。その半面リーダーだけがすべての情報を掌握するので,組織の成果はリーダーの能力に依存することになる。リーダーが方向性を誤ると,修正がききにくく,環境変化に弱い。

一方でサークルは,構成メンバーが集めた情報を全員で共有する。各人が環境と接点を持つと,組織の情報収集力が上がる。さらにメンバー同士の相互作用がケミカリゼーション（化学反応＝異質の組み合わせによる創発効果）を生む。問題意識やアイデアが集まり,掛け合わされると複雑な情報処理が可能になる。したがって探索的な仕事や開発型組織に向く。サークルはメンバーが平等に情報を共有するので,参加の満足度も高い。しかし逆に情報交換に時間がかかり,スピードに欠ける。いわゆるコラボレーション・コストが高くなる。

工場の現場では,工程を細かく分業して作業する。そんな現場ではホイール型の組織構造がなじむだろう。しかし同じ工場の中でも改善活動が重んじられる部門,例えば生産管理部や工程管理部では,サークル型が適するだろう。

本社の営業本部長と地域の営業所長をどう結ぶか設計する場合,ホイール型とサークル型では,得られる成果が異なる。ホイール型だと,本部長がすべての情報を掌握し,所長は地域営業に専念させることになる。分散処理型,効率重視型の組織になる。営業所間の競争を煽ることもできる。しかし所長をサークル型で結ぶと,情報が共有される。時間とコストはかかるが,協調的な展開を目指す場合に適する。

研究開発部門はサークル型が多い。管理のスタッフ部門,例えば経営戦略室や新規事業開発室といった部署も,サークル型が多いだろう。もちろん1人のリーダーが部門を引っ張るというホイール型もありうる。どちらのタイプが組織目的に適うかはメンバーの人選によっても変わる。

どのような戦略をデザインし,組織にどんな役割を求めるかによって,分業と調整の体系は変わる。どんな選択をしても,長所の裏側に必ず短所がある。組織デザインは,常に得失のトレードオフの中にある。しかし決めないと組織は動かない。経営者はいつも悩ましい選択を迫られるのである。

組織構造に関するさまざまな議論

　歴史的に組織構造の概念には，いろいろな説が生まれた。古典的な経営学では組織図の形式の議論が多かったが，今日ではより実質的な組織運営のあり方に焦点を合わせた議論が多い。

　まず形式的な側面から述べると，古典的な組織の基本形は3つある。それは専門分化した「ファンクショナル組織」（機能担当組織，スタッフ組織）と命令系統が包括化・一元化した「ライン組織」，さらにライン組織と専門的な支援を組み合わせた「ライン・アンド・スタッフ組織」の3つである。

　そして組織構造の種類は3つである。それは「①機能別組織」，「②事業部制組織」，その2つを組み合わせた「③マトリクス組織」である。

　単一の事業を行っている企業は，営業，製造，開発，管理といった機能別に水平分業されるのが普通である。このシンプルな組織構造を「機能別組織」と呼ぶ。

　例えば日本の製薬企業の多くは，製薬事業しか営んでいない。したがって多くの製薬会社は機能別組織をとっている。またすでに紹介したトヨタ自動車は，ファイナンスや住宅などの事業も持っているが，自動車の売上が大きく他事業を圧倒している。したがって自動車事業の機能別組織が主体の会社となっている。

　組織設計の決定要素は5つある。それは「① Division（分業の幅），② Grouping（部門のくくり），③ Power（権限の配分），④ Communication（伝達の方法），⑤ Formalization（公式化のレベル）」である。

　組織構造は分担と調整の幅によって，部門の区切りやタテの階層の数が決まってくる。階層が幾重にも重なる縦長のピラミッド組織になることも，逆に階層の数が少ないフラット組織になることもある。縦の階層が短ければ，それだけ各階層に与えられる業務の幅が広くなる。この業務領域の広さとそれに付帯する権限の範囲のことを「スパン・オブ・コントロール」といい，組織構造を決める重要な要素である。

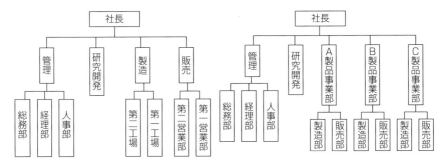

<図表4-2> 機能別組織（左）と事業部制組織（右：製造と販売を事業部門とした事例）

　機能別組織では製造部門は「作る」，営業部門は「売る」とに役割を分ける。しかし例えば1つの部門に「作って売る」という役割を与えると，自己完結型の部門組織となる。このように自己充足性を高めたのが事業部制組織である（<**図表4-2**>の右の組織図）。

　事業部制はバリエーションがたくさんある。事業部制という名称は，松下幸之助氏が命名したものといわれている。旧・松下電器産業では，工場を製品別に分けて事業部とした。販売や研究開発，管理は一本化していたので，「職能（機能）別事業部制組織」と呼ばれている。<図表4-2>の右図は，製造と販売を1つに組み合わせて事業部の例である。「創って作って売る」のように，研究開発も組み入れる事業部制もある。

　事業部にすべての機能を持たせて，独立性を高めるケースもある。これが「持株会社制」で，これも事業部制組織である（<**図表4-3**>の上図）。

　「マトリックス組織」は，機能別組織と事業部制組織を組み合わせたものである。例えば製品別の事業部制を基本とするが，各事業部の営業・製造・開発などの機能に，各機能本部から横串のコントロールが入る。こうすると機能本部からの情報も共有できる（2軸のマトリックス組織）。

　マトリックス組織の狙いはともかく，短所が多いといわれている。単位組織は，事業部長からの指図と機能本部長からの両方の指図を受ける「2ボス・システム」となるので，指揮系統に混乱を起こしやすい。その調整のためにコラ

ボレーション・コストが一層かかる。

<図表4-3>の下図のように,地域という軸を加えた3軸のマトリックス組織もある。

「作って売る」という機能を工場の工程ごとに持たせ,各生産工程をあたかも独立採算組織のように運営する形態もある。京セラの「アメーバ組織」は前

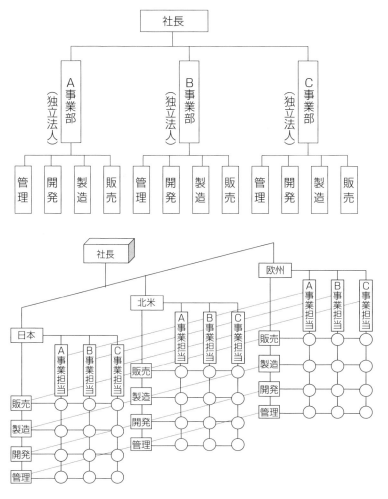

<図表4-3> 事業部制組織（上：持株会社制の例）とマトリックス組織（下：3軸の例）

工程から材料を買い，次工程に売り上げるという取引形態にして，工程ごとの損益を日次・月次決算で管理するユニークな構造になっている。これも単位組織をあたかも独立体として扱う事業部制のバリエーションである（<**図表4-4**>）。

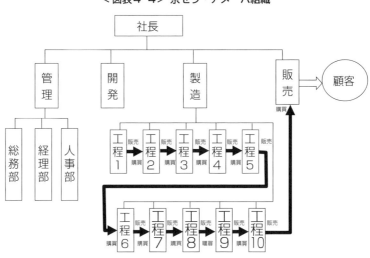

<図表4-4> 京セラ・アメーバ組織

今まで主として組織構造の形式面について述べてきた。しかし人々は組織図を書けば，思いどおりに仕事をしてくれるわけではない。今日では実質的な組織運営に焦点を当てた研究が多い。

例えばH.ミンツバーグらは組織構造と人々の力関係を掛け合わせて，「組織とパワーのコンフィギュレーション」として7つの類型化を試みている。7つとは起業家的組織，機械的組織，専門的組織，多角的組織，革新的組織，伝道的組織，そして政治的組織である[2]。

例えば日本企業に多く見られる組織は「伝道的組織」であり，部門の区別は曖昧で職務の専門性もほとんどなく，ライン・マネジャーとスタッフなどの区

---

[2] H.Mintzberg, et al., "Strategic Safari", The Free Press 1998（齋藤嘉則監訳『戦略サファリ』東洋経済新報社 1999）

別も小さい。メンバー全員が共有する価値観や信条が組織をまとめる力となり，個人には自由に行動する権利が与えられる，と説明している。実質的な側面に着目すると組織は多様であり，だからこそトップの組織デザインはクリエイティブなのである。

バリューチェーン革新と外部ネットワーク組織

伝統的な組織論は主に，企業単位ごとの内部組織をテーマとしてきた。しかし今日，組織は企業内部だけとは限らない。

企業同士の競争は，個別企業同士の戦いではない。「ケイレツ」はそのまま英語になったが，例えばトヨタは川下・川上の取引企業とともに，車を開発しカイゼンし，販売サービス向上に努め，世界No.1 という今日の地位を築いた。企業は社内外のバリューチェーン全体に関わる取引企業と広義のアライアンスを組んで，商品・サービスの価値を上げながら戦っている。

伝統的なバリューチェーンは「材料部品メーカー→製品メーカー→卸→小売店→消費者」という流れであった。以前の松下電器産業（現パナソニック）は材料部品メーカーを系列化し，販売店を系列化し，すべての機能をグループ内に一気通貫で構築していた。しかしこれを組み替えて成功したのが，ヨドバシカメラやヤマダ電機といったディスカウンターである。彼らは「卸→小売店」の部分の機能をメーカーや中小小売店から奪い，複数のメーカーと直取引することで規模の経済を実現し，低価格で消費者に直接商品を提供した。

これをさらに進め，リアル店舗を持たずに一層の低価格で提供して，ディスカウンターに取って代わろうとしているのが例えばアマゾンである。

＜図表4-5＞はアマゾンの財務諸表と最近までの売上推移である。

PLからアマゾンの利益率の低さが見て取れる。売上高は2014年度も2ケタ成長を遂げているので，あえて2013年末のレート（105円／ドル）ではなく，2014年末の120円で換算してみたが，9兆円近く売り上げている。急成長の一方で営業利益率は急落の後，低空飛行を続け，2013年度はわずか1.0％に過ぎ

<図表4-5> Amazon.com 比例縮尺財務諸表と売上推移
（2013年12月期　単位：百万ドル）

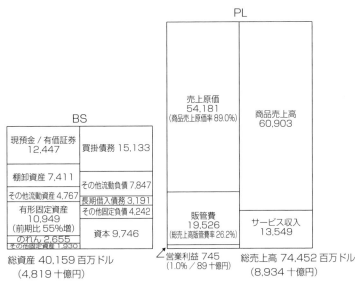

（注）PLは営業利益まで表示。ドル／円換算はあえて2014年
　　　12月末時点レート120円で換算

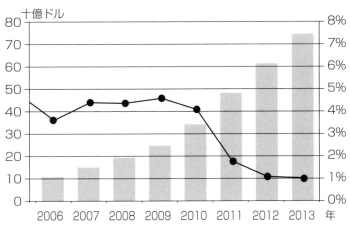

（注）棒グラフは年間売上高（左軸：十億ドル）。線グラフは営業利益率（右軸：%）。

ない。

　しかしBSを見ると，現金商売の強みで手元流動性（現預金＋有価証券）が極めて豊富である。買掛債務が大きいので，運転資金（＝売上債権＋棚卸資産－買掛債務）はマイナスであり，負担は全くない。その分，有形固定資産が急増していることがわかる。

　アマゾンは何を狙っているのか。ベゾスCEOは「ウォルマートの背中が見えた」と語ったと伝えられている。ウェルマートは50兆円を超える売上を誇る，フォーチュン・ランキング・トップの企業である（第2章＜図表2-1＞より）。ベゾス氏には，ウォルマートを超えた未来の巨大なアマゾンの姿が見えているのだろう。目先の利益には目もくれず，利益のほぼすべてを先行投資，特に物流センターとデータセンターへの投資に使っている。だから利益率の低さはいわば確信犯の結果であり，実はベゾス氏の自信の深さを表しているのだ。

　アマゾンは本のeコマースからスタートして，あらゆる商品分野に手を伸ばしつつある。またドローン(無人飛行体)を飛ばして物流革新することにもチャレンジしようとしている。バリューチェーンのすべてを革新して，本気で世界の覇権を握ろうとしている。

　古いバリューチェーンのあり方を一度分解し，それを再構成して新しいビジネスモデルを構築することを，「デコンストラクション」と呼ぶ。この言葉はもともと哲学の用語だが，ボストン・コンサルティング・グループ（BCG）が使い始めた[3]。グローバリゼーションと規制緩和の流れの中で，IT革命のフォローの風に乗り，制度疲労した古いバリューチェーンを革新し，新しいビジネスモデルの構築が可能になった。

　今日，社内の機能の一部を社外組織とアライアンスを組んで，革新する動きもある。例えば研究開発分野では，「オープン・イノベーション」が盛んである。

　従来，研究所は自前で持つのが一般的であった。知的財産権を確保するためにも，外部と組むことに躊躇してきた。しかし今日では自前の研究所から，自

3　内田和成『デコンストラクション経営革命』日本能率協会マネジメントセンター 1998

社の事業に必要な技術が生まれにくくなっている。

例えば超伝導という未来的技術シーズを発見したのは IBM である。しかし IBM ではその技術の使い道がなかった。今日自動車を革新しようとしているのは，燃料電池や蓄電池，炭素繊維，衝突防止カメラなどだが，その技術は自動車会社以外の場所で生まれた。

だから社内の研究投資のコスト・パフォーマンスがどんどん下がっている。例えば製薬業では，研究開発費がうなぎ登りの一方で，自前の新薬開発の成功確率が下がり続けている。したがって他の製薬企業や大学，ベンチャー企業などとアライアンスを組むことで，研究開発をオープンに行っている。

これがオープン・イノベーションであり，社内外にネットワークを作ってコラボレーションすることでリスクを分散し，果実を共有化しようとする動きである。オープン・イノベーションは H. チェスブロウが最初に使った言葉だが，現在ではメーカーの研究開発だけではなく，消費財メーカーや小売店チェーンの新商品開発などにも広く用いられている。IBM やグーグル，アップルなどは，オープン・イノベーションを企業方針として打ち出しており，ソフトのソース・コードや特許を公開し，広く開発支援する体制を作っている。

ネットワーク組織はアウトソーシングの広がりとともに，ますます進化しつつある。アップルやユニクロは製造をアウトソースして成功したが，今日さまざまな社内の仕事を外注する動きが広まっている。その1つが「クラウドソーシング」である。

この言葉は「不特定の人（クラウド＝群衆）に仕事を外注（アウトソーシング）する」という意味の造語だが，発注者は主に企業である。プラットフォームとなるマッチングサイトに外注業務を公募し，受注側は業務内容や収入金額，求められるスキル等の条件を見ながら応募する仕組みである。わが国でも急速に伸びつつある。

これらの新しい組織コンセプトの出現によって，今までに見たこともないネットワーク組織が生まれつつある。組織設計は，時代とともに未来志向を強めている。

計画コントロールの本質

　組織構造が決まると，調整のプロセスが必要になる。その調整，あるいはコミュニケーションを担当するのが，計画コントロールである。第1章で経営計画策定のモデル的なプロセスについて述べた。ここでは計画コントロールの本質的な働きについて考えてみたい。

　バーナードは組織が成立するためには3つの条件が必要だと言った。

　「人々をして『共通目的』の達成に向かわせ『貢献意欲』を引き出すような『コミュニケーション』が保証されるとき，組織が成立する」と[4]。

　組織の成立には3つの要件が必要で，さらに目的と意欲を支えるのはコミュニケーションだとバーナードは言っている。そして「組織理論をつきつめれば，コミュニケーションが中心的地位を占める」とも。

　実は計画コントロールの本質は，「組織の活動にとって必要なコミュニケーションが行われるように設計されたシステム＆プロセス」なのである。

　昔の経営学では，コントロールは「統制」と訳され，何やら「監督」あるいは「監視」と考えられたが，今日ではもちろん当てはまらない。組織の中で人々は日々，業務遂行のために必要な接触や情報交換を行っている。しかし放っておくと，人々はコミュニケーションを怠り始める。人と接触することは心理的負担がかかり，エネルギーが要るからである。

　したがって組織のリーダーは，コミュニケーション・システムを巧みに設計し，人々をして思わず交流してしまうような環境を作ってしまう。「Plan-Do-Control」のプロセスを通じて，コミュニケーションが巻き起こるように仕向ける。これが計画コントロールの本質である。

　バーナードはコミュニケーションが組織への貢献意欲にもつながる，と言う。上司や同僚との共感度が高い職場は，やる気が出るものだ。そんな職場はメンバー間のコミュニケーションが取れている。

4　C. I. Bernard, "The Functions of Executives", Harvard University Press 1938（山本安次郎訳『新訳・経営者の役割』ダイヤモンド社 1968）

「われわれが抱える個人や社会の問題のほとんどは，不適切な誤ったコミュニケーションの結果である」といわれる[5]。コミュニケーションが失われれば，相互不信が蔓延しコミュニティが崩壊する。軋轢が起こり，紛争や事件に発展する。社会が活力を持続し，人々が満足して暮らせるには，社会も企業経営も，その成否はコミュニケーションにかかっている。

企業においてコミュニケーションというと，われわれはすぐ会議や稟議，文書伝達のようなフォーマル（公式的）なものを思い浮かべる。しかし職場の飲みニケーションや会話のやり取りなど，インフォーマル・コミュニケーションも経営にとって重要である。むしろ非公式のほうが本音も出やすく，質の高いコミュニケーションが生まれうる。

インフォーマル・コミュニケーションは，公式の情報交流を補完する役割も果たす。したがってインフォーマルもマネコンの対象となる。「インフォーマルな場面でも思わず情報交流してしまう」よう仕組むことを，優れた経営者は意図している。このテーマは次章に譲る。

不確実な未来と計画策定

経営計画はほとんどの企業で作られる。少なくとも「計画は全く不要」という企業はないだろう。しかし環境変化が激しく，全く将来予測がつかないときはどうしたらいいのだろうか。あるいはベンチャー企業が画期的な新製品を出すような場合，売れるかどうか全く予想がつかないときは，どうしたらいいのだろうか。

半導体事業は「賭け札1,000億円のギャンブル」といわれる。製薬も「1件，数百億円のギャンブル」といわれている。こんなリスクの大きい事業分野では当たり外れが大きく，計画は絵に描いた餅になってしまうことが多い。不確実性が極めて高い環境下では，計画コントロールはどうあるべきか。

---

[5] D. Katz & R. L. Kahn, "The Social Psychology of Organization", John-Wiley & Sons 1966

それには3つの戦略的姿勢があると考えられる。「成り行きを見る」,「変化についていく」,そして「決め打ちで行く」の3つである[6]。

1つ目の「成り行きを見る」とは,「あえて長期計画を持たない」という姿勢である。将来の動向が見極められないなら,ゲームを継続するための布石は打っておくが,早計に行動しないという行き方である。プレーの参加権だけ確保するような投資にとどめる。現場の日常の計画は必要なので,短期的な実行計画は作る。あるいは最悪の事態が起こったシナリオだけ想定して,備えを準備しておく。それ以外は成り行きを見守るのだ。たとえトップが長期構想を持ったとしても,下部の単位組織を計画で縛ることは一切しない。

セブン&アイ・グループのトップは「中長期計画はいらない」と言う。トップの「物欲しげな」中長期計画で現場を拘束することなく,現場の判断に権限委譲している。京セラも同様である。アメーバ組織は日々の短期実績で動き,本社が現場を拘束するような計画は作らない。現場に自律性を持たせている。

2つ目の「変化についていく」とは,一応計画は立案するものの,組織を柔軟かつスピーディーに動けるようにして,ライバルの誰よりも素早く環境変化に対応するという行き方である。

あるいは将来起こりうるシナリオをいくつも別個に用意しておき,それぞれの事態が現実化したときに対処行動を決めておき,柔軟に体制を変えるというケースもある。予期せぬリスクに備えるコンティンジェンシー・プランニングという手法である。

3番目は,「トップが未来を描き,決め打ちする」というアプローチである。

市場予測では,短期的な変化は読めないが長期的なトレンドはおよそ読めるものである。将来展望が示されないままだと,現場は思い切った行動が取れない。そんなとき,トップが蛮勇を振るい確信的に将来計画を描き切ってしまうのである。本田宗一郎氏の「マン島TTレース宣言」がまさにこれだった。

またソフトバンクの孫正義社長が宣言する未来ビジョンもこれである。

---

6 山根節『戦略と組織を考える』中央経済社 2003, および H. Cortney et al, "Strategy under Uncertainty", HBR 2009/7 より

「2030年にIT企業は世界に500万社,時価総額で合計1,000兆円になっているはずだ。その中でソフトバンク・グループは5,000社。社数では0.1％だが,時価総額で2割は取りたい。時価総額200兆円の企業グループになる！」

ソフトバンクは2013〜2014年にかけて,米国の携帯通信3位スプリント・ネクステルを216億ドル（当時のレートで1兆8千億円）で買収し,それ以後も連続的にM&A攻勢をかけた。**＜図表4-6＞**は2014年3月期の要約財務諸表である。

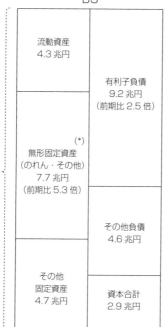

＜図表4-6＞ ソフトバンク比例縮尺財務諸表
（2014年3月期）

（*）無形固定資産はソフトウェア,顧客基盤,ゲームタイトル,商標権等,のれん由来のもの
（注）PLは営業利益まで表示。会計基準は国際会計基準による ➡ のれんは償却せず毎期減損テスト

M&Aのおかげで，売上高は一気に2倍以上に，営業利益は36％増えて1兆円を超えた。そして総資産は2.3倍に膨らんだ。最大の資産となったのは無形固定資産であり，前年比5.3倍と急膨張している。これはほとんど「のれん，およびのれん由来のもの」である。

　のれんとは老舗の店先にかかっている布切れのことだが，買収プレミアムの法律用語である。高値買収した時に生じる，買収先の純資産を超えるプレミアム部分を表す。つまり実体資産の裏付けがない無形の資産というわけである。第1章のLIXILのケースにあるように，日本のM&A成功確率はせいぜい1～2割といわれている。買収に失敗すれば，無形資産は価値を失う運命にある。

　財務諸表を一見してわかるように，孫社長のチャレンジ精神は常識をはるかに超えるレベルにある。一連の攻勢で有利子負債は前年比2.5倍に増え，DERは3.2という通常の会社なら格付けすら得られない水準である。勇敢というより蛮勇と呼んでいいほど，迫力ものの財務諸表である。

　トップが「この長期ビジョンは絶対に実現する！」と自信をもって将来を描いてしまえば，従業員は安心して整然と行動できる。もちろんその予測が外れたときの責任は，ひとえにトップが担うことになる。しかし先が読めない時代にはこんな思い切った行き方もあるのだ。

戦略計画の大罪と日本的計画管理

　計画管理はどんな企業でも行われる，と述べてきた。しかしどんな計画コントロールにも功罪がある。

　戦略的計画管理は1960～70年代にアメリカでブームとなり，米国企業に盛んに導入された。しかし1980年代になると，この管理手法がアメリカ企業の，特に製造業の衰退に拍車をかけたという見方が広がり始める。その理由は次のようなものである[7]。

7　H. Minzberg, "The Rise and Fall of Strategic Planning", The Free Press 1994（中村元一監訳『戦略計画－創造的破壊の時代』産能大出版部 1997）などより筆者作成

- トップが高層ビルの本社にこもり，工場や販売現場とのかい離が生まれた。
- 外部の経済や競争環境ばかりに目が行き，組織能力や文化という内部要因を軽視した。
- 出来合いの戦略論や過度にモデル化した数学的手法を重視し，計画プロセスが形式化し，洞察が忘れられた。
- 経営企画スタッフが計画プロセスの主導権を握り，戦略書がますます厚く立派になる一方で，トップは承認印を押すだけになった。
- 手間のかかる中核事業の成長より，華々しいM&Aやマネー・ゲームに夢中になった。

アメリカ製造業の衰退に手を貸した1つの要因が，MBAである。ミンツバーグ著『MBAが会社を滅ぼす』は邦訳だけ過激なタイトルになっているが，筆者が言う「ナンチャッテMBA」と同じ文脈にある（エピローグ参照）。

それはともかく大企業では，計画管理なくして組織運営は不可能である。ただし米国で起こった計画管理の負の現象は，決して対岸の火事ではない。惰性と形式的手続きに堕した予算管理は，形を多少変えてわが国にも存在する。

ただエクセレント・カンパニーといわれる日本企業では，むしろ計画管理を強調しない会社が多い。いわば「予算管理は黒子」として使っているのである。それは数字が切れるナイフで，使い方を誤ると凶器になることを心得ているからである。

そんな企業でトップが日頃口にするのは，CS（顧客満足）や品質，ES（社員の満足）のことばかりである。売上や利益は二の次で，あまり多く語らない。ヤマトの「サービスが先，利益は後」が典型である。といって会計数値を軽視しているわけではない。会計数値は社内にオープンになっているので，トップがあえて数字を振りかざさなくても，人々は気にかけている。それゆえ，数字は後からついてくる。これはオープン・ブック・マネジメントと呼ばれる。

例えばヤマト運輸は，営業拠点ごとの売上予算管理をしていない。管理の焦点は，荷物の未達率や顧客のクレーム率であって，売上ではない。だから「サービス第1，営業第2」なのだ。セコムも同様の考え方をしている。管理の指標

は誤作動率や誤出動率である。こういう企業で予算管理を強めれば，人々は売上獲得に走る。顧客満足を差しおいて売上獲得に走れば，築き上げてきたサービス品質が壊れてしまう。結果として長期的な会計業績も落ちるのだ。

人々は誰も本心では，利益を上げたいと思っている。利益は成長の源泉であり，自分の生活にも関わっている。だから売上や利益を気にしない人はいない。経営者もあえて強調しない。オープン・ブック・マネジメントという微妙な計画コントロールは，優れた手法の1つなのである。

米国の学者カプランは1990年代後半に，日本的経営のこんな側面をアメリカ流に翻案し，「バランスト・スコアカード」を提案した[8]。財務数値だけではなく，品質や顧客満足，社員の学習と成長を指標化して，バランスよく社内に示す手法である（<**図表4-7**>）。

しかしこれも後にたくさんの欠点が指摘された。4つの目標を代理する変数がたくさん並ぶと，人々はどれに注力していいかわからない。目標の中には，

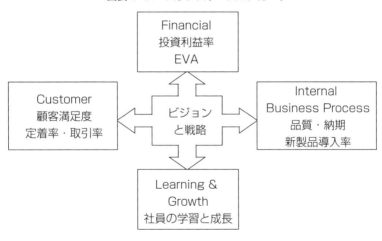

<図表4-7> バランスト・スコアカード

---

[8] R. Kaplan & D. Norton, "The Balanced Scorecard", Harvard Business School Press 1996（吉川武男訳『バランス・スコアカード－新しい経営指標による企業変革』生産性出版 1997）

数値化しにくいものがあり，例えば品質の向上や社員の成長は指標にしにくい。結局，財務指標が際立って見え，強調されてしまう。さらに，そもそもバランスを取る経営とは何なのか。メリハリのないオール60点経営ではないか，といった批判である。

所詮ツールは使いようで，完璧な道具はない。要するに何を目的とするか明らかにし，道具の長所と限界を見極め，決して道具を過信しないことが大切である。マネジメント・コントロールとは「難しい」人間に働きかける微妙なシステム・アプローチであることを，いつも頭に置いておかなければならない。

ケース　ユニ・チャーム㈱…SAPS経営 [9]

ユニ・チャームの躍進

ユニ・チャームは2014年3月期連結決算で，売上高は前年同期比21％増の5,995億円，営業利益は13％増の672億円となったと発表した。売上高は13期連続，営業利益は8期連続で過去最高を更新した。

牽引役は海外事業で，世界80カ国以上で商品を販売し海外売上高比率が57％まで高まった。特に中国の売上高は毎期20〜40％と高い伸びを示している。この他にもインドネシアやベトナムなどが順調に伸びている。

ユニ・チャームは「不織布の技術をベースに，日用品分野で世界一の企業を目指す」が基本コンセプトの企業である。紙おむつ・生理用品市場にほぼ集中し，世界で約1割のシェアを持ち，P&G（シェア約3割）やキンバリークラーク（同2割）に次ぐ3番手に位置している。

ただし日本市場では他社を圧倒する。ユニ・チャームのきめ細かいマーケティングによる商品ラインアップは他の追随を許さない。例えば同社の「ムーニー」は，日本企業として初めて発売になった紙おむつだが，種類が非常に多い。幼児向けにパンツ型やはいはい用，おなか回りにゴムを使わないタイプ，

---

[9] このケースは山根節・廣瀬博『ユニ・チャーム㈱のSAPS経営』（慶應義塾大学ビジネススクール刊2013）をベースにしている。

オネショ用，水遊び用水着タイプ，紙おむつの卒業時に使うトレーニングパンツタイプなど，豊富な品揃えを用意している。大人用おむつだけをとっても，何十種類にも及ぶ。

タイとインドネシアの子供用紙おむつ市場では，かつて P&G がトップに君臨していたが，今ではユニ・チャームが6割のシェアを握り，No.1 である。

新興国市場では，まず高機能高価格商品を発売してブランドイメージを高め，普及期に入ったところで幅広い購買層向けに中級・低価格商品を投入している。

ユニ・チャームには海外進出に関して，「勝利の方程式」がある。高原社長によれば，ユニ・チャームが勝ちパターンに持ち込めるは，次のような条件が揃ったときだという。

1つ目は参入のタイミングである。生理用品や紙おむつが普及し始めるのは，1人当たり GDP（国内総生産）が 1,000 ドルに達した時点であり，3,000 ドルを超えると急激に売上が増える。したがって成長前期に入ることが重要となる。

2030 年になると，年間所得が 3,000〜20,000 ドルの「MOP（ミドル・オブ・ピラミッド）」層が世界で 55 億人に達すると予測されている。それは現在の2倍以上の規模で，それゆえユニ・チャームは新興国への進出を加速している。

2つ目は競合状況である。市場 No.1 でないと儲からないので，競争に勝てる見込みがあることが条件である。したがってその市場に強い競争相手がいる場合は，業務提携や M&A を積極的に検討する。例えば欧州市場では，独企業とベビー用紙おむつの製造，販売で提携し，ユニ・チャームが OEM 生産し，相手先ブランドで販売している。

3つ目は，高付加価値商品の市場規模である。高価格製品の良し悪しを見分けられる消費者がいるかどうか，ターゲット市場の規模が設備投資に見合うサイズか，などが進出の上で重要である。

そして4つ目は生産コストがコントロールできるか，という点である。例えば中国にはおびただしい数のおむつメーカーがあるが中小企業が多いので，コ

スト競争をした場合ユニ・チャームが規模の経済で勝てると判断している。このように，コスト競争力を確保できることが条件となる。

その上で5つ目としてマーケティングのインフラがあるか。自社製品のコンセプトをきちんと伝えるには，効率的な広告宣伝や販促が行えることが必要だが，例えば広告代理店の力を借りられるようなインフラがあるか，が進出の条件になる。

これらの条件がすべて整っていれば，ユニ・チャームの勝ちパターンに持ち込める。生産では徹底的に標準化してコストダウン，マーケティングでは徹底的にカスタマイズする戦略である。地場のユーザーを訪問してニーズを探り当て，市場に合った製品を開発しないと競合に勝てない。そのためにASEAN（東南アジア諸国連合）と中国に，研究開発拠点を設置している。

ユニ・チャームの最大のライバルは世界最大手のP&Gと，香港に上場する恒安国際集団である。国内で他企業と比較すると，ユニ・チャームの利益率は高いが，海外企業と比べるとまだ見劣りする。P&Gと恒安の紙おむつ・生理用品部門の売上高営業利益率は20%近くあり，ユニ・チャームの約11%（連結）とかなりの差がある。その差はコスト構造に起因すると考えられる。

P&Gは「パンパース」など世界共通ブランドの商品を大量に生産・販売することで高い粗利益率を確保している。また恒安は2万人強の低賃金の従業員を抱え，地域密着の販売体制を敷いている。さらに中国の税率が日本に比べて低いことも，恒安に有利に働いている。

一方でユニ・チャームは価格競争の最も激しい日本市場を抱える上，海外では先行投資の負担もあって営業利益率を高められずにいる。

最近は買収に積極的になっている。2011年秋にはベトナムの乳幼児用の紙おむつ大手，ダイアナを100億円強で買収した。「新興国は自前で，先進国は提携による進出で」というのが従来の基本戦略だったが，事業展開の遅れた地域では買収によるテコ入れを図っている。

海外事業を成功に導くために，ユニ・チャームが重視している政策がもう1つある。それは20年以上の社歴を持つ「エース級」人材を，10年滞在を前提

として海外に送り出していることである。現地に腰を落ち着けて，その土地の習慣や文化への理解を深め，製品開発やマーケティングの質を高めることを期待している。

ユニ・チャームの成長エンジンは，さらにもう1つある。それは独自に開発した経営管理手法「SAPSマネジメント」である。

ユニ・チャームの沿革

ユニ・チャームは1961年，愛媛県川之江市（現在の四国中央市）で高原慶一朗氏によって創業された。生理用品の製造販売を始め，「チャームナップ」ナプキンで成功を納める。

1974年に社名をユニ・チャームと変更し，1976年には東証2部に上場する。そして1981年に子供用紙おむつ事業へ進出し，「ムーニー」を発売する。そのころ日本の紙おむつ市場は，P&Gの主力商品「パンパース」の独占状態だったが，一年半の短い期間でトップブランドになった。

パンパースは紙パルプを原材料とする商品だったが，ムーニーは高分子吸収体（吸水性ポリマー）という化学繊維を原材料とする不織布を使っていた。この吸水性ポリマーは，従来の紙パルプ製と比較して，漏れ防止，べたつき解消，小型・薄型化に大きな効果を発揮した。さらに1987年には，同じ材料を使って大人用紙オムツ「ライフリー」を投入。2003年には不織布のマスクも発売した。このマスクの登場で，不織布マスクがガーゼに取って代わりスタンダードになった。

2000年代に入ると，ユニ・チャームは業績低迷を経験する。

低迷は創業者のカリスマ経営が原因とみられた。強烈なトップダウン経営が続いたため，社内に指示待ち体質が染みついていた。

低迷を挽回しようと，事業多角化に走り出す。結婚情報サービス，瀬戸大橋を一望する観光タワーなどさまざまな事業に手を出した。組織は縦割りで肥大化し続け，力が分散したまま経営状態は悪化していった。

2001年，長男の豪久（たかひさ）氏が社長に就任し改革に乗り出した。

高原社長は多角化事業を次々と売却し，不織布事業に集中することにした。またカリスマ経営をいかに脱し，社員全員が考える組織にするにはどうすればいいかを考えた。

　まず部門最適の組織を変えるため，社員の考えを1つにまとめることに努めた。経営理念の235の言葉を集めた「ユニ・チャーム語録」（その他8冊のマニュアルを含む，通称「黒革のバインダー」）を社員全員に配り，事あるごとに語録を引用し，全員の意思統一を図った。

　そして2003年から，子会社ユニ・チャームペットケアで定着しつつあったSAPS経営を全社に導入した。その中で社員には「結果」ではなく，「行動」を求めた。ついてこない結果を求めるのではなく，全員の行動力の底上げを優先した。

　「ゴルフでいえば，いきなり300ヤード打てと言ってもできるはずがない。けれども素振りを何回，筋トレを何回という指示なら，誰でも努力すればできる」（高原社長）

　SAPS経営には社内から反発の声も強かった。当初はシートを1回記入するのに2時間かかった。また「自分の裁量でやってうまくいっているのに，こんなことに時間をかけたくない」と言ってくる社員もいた。それを粘り強く説得し，社内に普及させていった。

　一方，どうしても息が詰まるという社員のために，定期的に懇親会を開催することを計画に組み入れた。また世界中の事業所を巻き込む一大イベント「SAPSアワード」を開催した。日本を含めて各現地法人が競ってSAPS経営の実践事例を報告し，ランキング付けや表彰を行うイベントである。こうして少しずつSAPS経営が浸透していった。

　ユニ・チャーム語録は各国語に翻訳され，世界中で使われている。高原社長は，「日本の仕組みをそのまま海外に持ち込むと，軋轢が生じるのでは？」という質問にこう答えている。

　「それは逆なのです。海外拠点の責任者であるCP（Country President）が一番重宝がるのがこのSAPS経営のツールです。どうやって，言葉も違う，文化

も価値観も違う人たちを管理し，組織としてまとめていくか。そんな悩みも『SAPS があるから解決できた』という報告を受けています」

子会社で始まった SAPS 経営

　SAPS 経営を最初に始めたのは，業績が傾いていた子会社ユニ・チャームペットケアである。2001 年 2 月，ペットケアの経営再建を任され，親会社の役員から転身した二神軍平氏が始めた。

　再建に乗り込んで，ペットケアで二神氏が見たのは，予算ノルマ達成のために数字合わせに奔走する支店長や社員たちだった。支店長は月次の販売目標をなんとか達成させようと，営業担当者に無理なノルマを強いていた。営業は月末になると，販売目標に届かない不足分を一気に卸業者に出荷して，売上の帳尻合わせをしていた。翌月初めには，その商品は卸から返品された。こうして支店長は，翌月の会議ではとりあえず販売目標を達成したと報告するのである。何のことはない，社内粉飾決算である。

　二神氏は事業の立て直しにとりかかった。まず営業ノルマを廃止した。売上目標による数値管理をやめて，小売店の訪問回数など行動プロセスの管理に改めた。

　まず行動を変え，その後に企業風土や文化を変えようと考えた。数値目標は強要すれば結果が出るというものではないが，行動は強制可能と考えたのである。

　行動目標の策定にあたって，二神社長が全社で 1 つの最重要かつ最優先の課題「1P」（1P は First Priority の意味）を定めた。この 1P を全支店で共有してベクトルを合わせ，1P を実現するために必要な全営業社員の 1 週間分の行動目標を定めさせた。

　全社で課題を共有するので，階層別に会議をする必要がなくなった。そこで階層別会議を廃止し，テレビ会議システムに切り替え，全社で「週次 SAPS 会議」を開くことにした。社内メールも階層別にやりとりするのではなく，全社員一斉送信に改められた。

再建のためにタスクフォースを組み，まず販売促進費の内容を徹底して調べた。販促費を顧客別や製品別，地域別，販促種類別と分解し，支出と効果の関係を分析した。この分析をもとに，売るべき商品を，売るべき小売店に，売るべき時に販促するにはどうすべきか，検討された。

　販売目標を廃止したおかげで，売上は減少していった。再建はしばらく暗中模索が続いた。営業のやり方を変えても，商品力が高まらないと業績回復にはつながらない。しかし新商品開発は調査や企画も含めて時間がかかる。新商品「ねこ元気毛玉ケア」の発売にこぎつけたのは，二神氏の就任から1年近く経ったころだった。

　こうした改善の積み重ねで，取引先の訪問回数が増え，効果的な店頭の棚割り提案など，営業の質が次第に向上していった。ノルマを課さなくても，収益に改善の兆しが見えてきた。

　SAPSが「息苦しい」と感じさせないように，「飲みニケーション」も奨励された。飲酒後に車の運転をしない誓約書さえ提出すれば，飲み代は2次会まですべて会社持ちとなった。また支店長ら幹部に「飲みニケーション予定表」を提出させ，部下の悩みを聞くことを義務づけた。二神氏は「1回の飲み会は100回の会議に勝る」と言っていた。この飲みニケーションのルールは，その後ユニ・チャームグループ全体に取り入れられている。

　やがてペットケアは勢いを取り戻し，2004年には東証2部上場，2005年には東証1部への指定替えを果たした。

　SAPS経営は，その後2005年からグループの全社員に適用されることになった。現在では世界80カ国以上の事業拠点にも導入されている。

SAPSマネジメント・モデル

　「SAPS」とは，「Schedule-Action-Performance-Schedule」の頭文字で，次のステップを経て実行される。

　① 週次の思考（戦略）と行動の計画を立てる（S）
　② 計画どおり実行する（A）

③ 効果を測定して反省点・改善点を抽出する（P）
④ 今週の反省を活かして次週の計画を立てる（S）

　SAPS は高原豪久社長はじめ経営陣や，管理・営業部門，工場勤務の従業員に至るまで，全員で行われる。すべての社員が金曜日に，翌週の行動計画を1日ごと 30 分単位に細分化して作成する。結果ではなく，プロセスをコントロールするのである。

　ただし売上高，粗利益，変動費，固定費，商品構成，生産性の 6 項目について，課ごとのデータが取られ，目標と現実のギャップを週ごとにチェックする。

　SAPS 経営を構成するのは，下記の 4 つのシートと会議である。
(1)　OGISM（A）表　（オージーアイエスエムエー）
(2)　1P ローリング表　（ワンピー）
(3)　SAPS 週報
(4)　SAPS 会議（週次）

(1)から(3)は，社員 1 人ひとりが記入する行動計画表である。

(1)には 3 カ年の中期経営計画のための半期ごとの目標，その課題や個別の戦略を書き入れる。(2)には，(1)に記した半期目標のための当月の重点課題と進捗状況を書き込む。進捗は 1 週間ごとに見直し，前週の反省と次週の行動計画を書き入れる。(3)の週報には，(2)に記した行動スケジュールを 30 分単位に分解して記入する。

(1)から(3)の 3 点セットは，毎週月曜日に開催される SAPS 会議に各自持参する。各シートの記載内容が妥当かどうかは，参加メンバーで議論する。各シートはコピーが配布されるだけでなく，イントラネットでも公開され，アドバイスし合うことになっている。

　会議は，役員・部長・室長クラス以上が参加する「SAPS 経営会議」，各部門の部長・室長・マネジャーによる「部門 SAPS 会議」，各マネジャーと一般社員による「小集団 SAPS 会議」の 3 種類がある。

　行動計画の内容はさまざまだが，具体的には次のような事例がある。
　新製品の開発担当者にとって，新商品のアイデアを生むためには顧客の観察

が不可欠である。工場には「ファームルーム」という，母親と赤ちゃんを観察できる部屋がある。したがってそこに出向く，あるいは顧客の家を訪問するという計画を立てる。それを具体的に，1週間分の行動として30分単位で組み立てるのである。

直属の上司から，「観察しているばかりで，アイデアを練る時間が少ないのではないか」といった指摘を受けることもある。計画を実行しても良いアイデアが浮かばなければ理由を考え，上司と対策を協議することになる。

実際の事例の1つに，こんなものがある。開発担当者の1人が赤ちゃんのおむつ交換を細かく観察する中で，腰にできた汗疹に気づき，「必死にタオルで汗を拭くお母さんの苦労を何とかできないか」と考えた結果，汗を吸い取る紙おむつ「汗スッキリ」が生まれた。

営業担当者にとっては，有力得意先の調達のキーマンに何度会えるか，が販促上重要である。1週間に何回，相手に会うべきかが決まると，そのノルマ達成の行動計画が立てられる。

週に一度のSAPS会議では，全国の営業担当者が集まり各人が計画どおり行動できたかチェックされる。会議の冒頭でランキング表が配られる。そこには支店長や各営業担当者の訪問回数，小売店が配布するチラシに載った自社商品の掲載件数など，さまざまなデータが掲載されている。他の営業と比べ出遅れていないか，支店全体が計画どおりに行動できたか，といったチェックを受ける。訪問回数の少ない社員に対して容赦なく指摘が飛び，翌週の予定に反映しなければならない。

忙しい小売店のバイヤーは簡単に会ってくれない。訪問ノルマ達成のために，「夜討ち朝駆け」を繰り返すこともある。しかしそれでも商談がまとまらないときには，得意先にSAPS経営導入を提案する，などといったこともある。

「市場が成長しているときは何か提案すれば，すぐに利益が上がった。だが成熟市場の現在は，もっと具体的な施策を提案しなければ利益は上がらない」（営業本部長）

SAPS 経営の問題点と工夫

　SAPS 経営の継続は容易ではない。書類作成や SAPS 会議に時間をとられ，業務効率が落ちることもある。1P ローリング表と SAPS 週報作成に，平均 3 時間かかる。

　ユニ・チャームでは社員の業務負荷に配慮して，SAPS のために時間をわざわざ取っている。例えば営業部門では，金曜日の営業活動を止め，SAPS の準備に終日あてている。その代わり月曜日の午後から木曜日までは，直行直帰を原則に本来の活動に集中することになっている。

　また行動計画をいつも考えさせることは，息が詰まる面がある。細かい計画表が参加者全員にさらされ，いつどこで何をしているのか，常に周りから監視されている状態になる。そして会議では，毎回無作為に選ばれた人が報告させられたり，他部門の発表者にアドバイスすることが求められ，相当の心理的プレッシャーがかかる。さらに上司にとって，自分の部下が他部署からいろいろ指摘されるのは，部下の指導が足りないことへの批判とも受け取れる。

　高原社長は SAPS 経営について，次のように語る。

　「一番重要なのは，海外であろうと国内であろうと『思考の統一』です。社員全員が同じ夢，志，価値観を持ち進んでいくこと。例えばわれわれには世界トップの競合メーカー，米 P&G にとにかく勝ちたいという夢があります。生まれてから亡くなるまで，すべての人とペットに接点を持ちたいという企業理念もあります。こうした考えをしっかり共有する」

　「私は個性を尊重すべきだとは思いますが，価値観が極端に合わない人は，その組織にはいないほうがいいだろうと思います」

　「数値目標を強調することは弊害になります。販売ノルマだけを示してもダメ。商品開発やマーケティングで良い商品を作りなさい，画期的な商品を作りなさいと言っても意味がありません。SAPS はそのプロセスを重視しているのです。SAPS を導入してからそれらが増え，結果として新商品を生み出せています」

　「一方でここ 10 年，突っ走ってきて社員が疲れているんですよね。導入から

8 年が経って，社内に慣れが出てきたからか，最近は仮説があまり出せていないんですね」

> ケース解説

なぜユニ・チャームはプロセスを管理する？

<図表4-8>はユニ・チャームの 2014 年 3 月期の財務諸表である。

<図表4-8> ユニ・チャームの比例縮尺財務諸表
（2014 年 3 月期　単位：十億円　PL は経常利益まで表示）

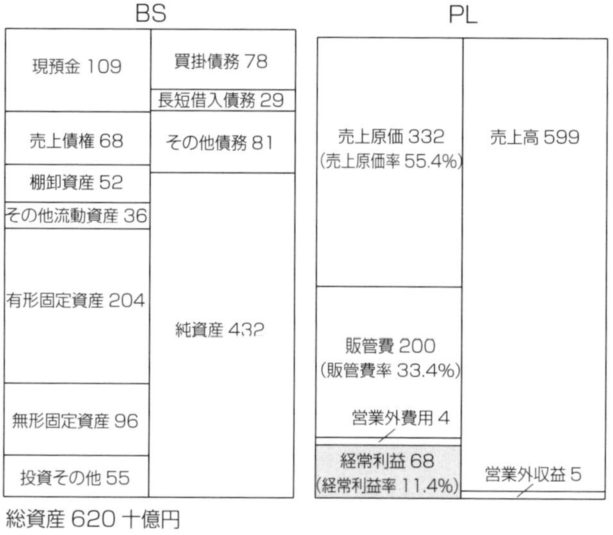

BS
- 現預金 109
- 売上債権 68
- 棚卸資産 52
- その他流動資産 36
- 有形固定資産 204
- 無形固定資産 96
- 投資その他 55
- 買掛債務 78
- 長短借入債務 29
- その他債務 81
- 純資産 432

総資産 620 十億円

PL
- 売上原価 332（売上原価率 55.4%）
- 販管費 200（販管費率 33.4%）
- 営業外費用 4
- 経常利益 68（経常利益率 11.4%）
- 売上高 599
- 営業外収益 5

PL を見て特徴的な項目は，売上原価率（55.4%）の低さと販管費率（33.4%）の高さ，そして経常利益率（11.4%）の高さである。

原価率の低さから量産効果が極めて高いこと，あるいは価格が高いことが想像できる。その一方で営業費や研究開発，そして管理費が高いと思われる。販管費は広告宣伝費や研究開発費など管理可能コストが多く，意識的にお金をかけているのだろう。結果として経常利益率を 2 ケタに乗せ，強いビジネスモデルをうかがわせる高収益企業の PL といっていいだろう。

BSに目を移すと，売上債権回転期間1.4カ月，在庫回転期間1.9カ月，買掛債務回転期間2.8カ月と，運転資金があまりかからないモデルになっている。実質無借金経営であり，財務体質も極めて強い。一方で固定資産がBS最大の資産になっていて，ここに重点投資しているのがわかる。売上原価の低さとともに，工場がユニ・チャームの好業績のカギになっている証であろう。

　さてこんな好業績のユニ・チャームで，利益数値によるコントロールが行われていないという。それはなぜなのだろうか？

　ほとんどの企業は，利益計画で組織がコントロールされている。責任単位ごとに，売上やコスト，利益などの数値目標を持たせ，実績との差異を分析しながら，次の計画へとつなげる伝統的なPDCAサイクルである。しかしユニ・チャームは数値コントロールをやめてしまった。そして具体的な行動計画によるプロセス・コントロール，SAPSに変えた。この計画コントロールのモデルは世界で採用され，現地スタッフからも喜ばれているという。

　他社とかなり違うユニ・チャームのやり方が功を奏するのはなぜだろうか？PDCAとSAPSはどこが違うのか？　またもしマイナスの部分があるとすれば，それは何だろうか？

　ユニ・チャームのSAPSというマネコン手法が業績好調に結びついているのは，経営戦略と整合しているからである。その戦略とはユニ・チャーム「勝利の方程式」である。

PDCAでなくSAPSが適する訳

　ユニ・チャームは基本的に1つのビジネスしかしていない。創業者は生理用品の成熟とともに，多角化に走った。しかし現・豪久社長はそれらを整理して，生理用品とおむつに集中した。「不織布の技術をベースに日用品分野で世界一の企業を目指す」という目標を掲げ，「不織布製品」一本に経営資源を徹底して集中させたのである。

　不織布製品は基本的に石油製品である。近代的な無人に近い自動化工場で大量生産される。原材料価格は国際相場の変動によって左右されるが，量産によ

るコスト低減効果は極めて大きい。量産 No.1 になれば，コスト・リーダーシップを取ることができる。しかしただ単に量産しただけでは，価格競争に陥りやすい商品であるだけに儲けることはできない。特に新興国で価格競争に陥れば，いきなりレッド・オーシャンになる。

そこでコストは徹底した標準化で削減する一方，製品価格面では高付加価値帯を狙うのである。それが徹底したカスタマイズという差別化の方法である。

ユニ・チャームのおむつは，幼児の成長段階に合わせておびただしい種類がある。大人用おむつも何十種類に及ぶ。しかし不織布製品という単一種類の製品群なので，多品種によるコスト増はさほど大きくない。同一生産工程を利用できるコストメリットのほうが大きい。したがって市場に密着したカスタマイズ製品を豊富に開発できるのである。

ただその戦略が通じるためには，マーケティング効果が高い市場でなければならない。消費者が製品の違いを認識してくれるかどうか，そのためには所得水準が一定以上なければならない。新興国の消費者にとって紙おむつはまだ贅沢品であり，貧困国では手が届かない。さらに良質なおむつを使いたいと考える消費者心理，あるいは国民性も大切であろう。幼子を愛しいと思う親心は万国共通かもしれないが，子供にお金をかける文化を持つアジア地域であれば浸透は早い。

ユニ・チャームの「勝利の方程式」を改めて整理すると，下記のようになる。

① 参入のタイミング…所得水準が向上する成長前期か
② 競合状況…その市場で No.1 になれるか
③ 消費者の判断能力…その層の市場規模が設備投資に見合うレベルか
④ 生産コスト…規模の経済性が実現できるコントロールは可能か
⑤ マーケティング…広告宣伝や営業のインフラがあるか

この方程式を前提にして，ビジネスモデルとして成り立つか，ナンバー・テストを試みよう。ユニ・チャームの儲けは，シンプルに次のように決まる。

「儲け＝マーケティングによる高価格実現－量産効果による低コスト実現」

つまり儲けを極大化するのは、マーケティング部隊には高価格を、工場にはコストダウンを、という明確な役割分担である。こんな場面で利益結果によるコントロールを導入すると、どうなるか？

　例えば、こんな事態が起こりかねない。営業が利益を上げようとすれば、つい大量販売に走りたくなる。そうすると値崩れが起きやすい。縮む利益をリカバリーしようとして小売店に押し込めば、ますます価格が下がる。価格が下がり始めると、工場にも社内仕切り価格の値下げを要求するようになる。工場も利益を出さなければならず、少しでもコストダウンするために多品種少量生産をやめたくなる。製品種類が絞られれば、売上がますます下がる。利益を追求して各部門がいろいろ余計なことに頭を使い、手を出すと全体が壊れていく…。

　しかしユニ・チャームでは、各部門が結果を出そうとあれこれ手を出すことは、全体最適の観点から有害である。なぜならば勝利の方程式が確立しているからである。方程式にのっとって、明確に分担した役割をそれぞれキチンと果たしてくれさえすれば、勝てる確信がある。

　利益など、むしろ追求してくれないほうがいい。利益のための工夫など余計なことである。それは方程式の全体を壊してしまう。役割に徹して部分最適を追求してくれるほうが、全体の利益は増えるのだ。

　これがユニ・チャームの儲けの構造であり、通常のPDCAでなくSAPS経営が適する理由なのだ。

リザルト・コントロールとプロセス・コントロール

　ユニ・チャームのビジネスモデルでは、営業拠点ごとの利益数値という結果を求めるリザルト・コントロールは適さないと考えられる。マスタープランに自信のある会社では、そのマスタープランで割り当てられた役割をキッチリこなしてもらうことが、全体最適につながる。なまじ部分組織が利益に走ると、マスタープランがガタガタになる。

　競争という観点から見るなら、業界ガリバーのP&Gに対しては、徹底したカスタマイズで差別化した高価格商品で対抗し、業界コスト・リーダーの恒安

国際集団に対しては，多品種単一製品の量産効果で対抗する。ユニ・チャームの場合，競争戦略もまた明快である。

　SAPS経営は，マスタープランがしっかりあるからこそ行えるプロセス・コントロールのモデルなのだ。

　一般的なPDCA（リザルト・コントロール）とSAPS（プロセス・コントロール）は，それぞれどんな場面に適し，またどんな場面で有効でないのだろうか。

　リザルト・コントロールではプロセスは問わない。大きく踏み外さない限り，進め方は自由である。その分，創意工夫の余地が豊富ということになる。逆にプロセス・コントロールのSAPS経営では，数値結果は問わないが，その代わりプロセスに上司が関与し枠をはめる。社員はその枠内で，工夫することが求められる。

　ビジネスモデルが明確に描けないときには，リザルト・コントロールが適するだろう。

　例えば高度成長期は，ほとんどすべての事業が成長する時代である。そこにはビジネス・チャンスはいくらでもある。そんな時代に多角的な成長を目指すなら，ビジネスモデルは多様に考えられるだろう。それならば各部門に権限を与え，自由度を上げて事業を探索させたほうが結果は期待できる。

　逆に将来の動向が読めない業界でも，やはり権限を降ろして自由度を上げるコントロールのほうが，現場がビジネスモデルを模索しながら創っていくのに適するだろう。要するに結果さえ出せば，逸脱さえなければ何をやってもいいのである。

　しかしユニ・チャームのようにビジネスモデルに確信がある企業では，各部門の役割を限定したほうが全体としての成果は高くなる。全体を損なわない範囲で，社員それぞれの役割の中身を工夫することに専念してもらえばいい。

　リザルト・コントロールでは，数値結果を出した人が勝ちである。だからインセンティブも損益責任に応じた格差の大きい傾斜配分型になるだろう。しかしプロセス・コントロールではとりあえず目標行動をこなしていけばいいので，インセンティブの格差は比較的小さいものになるだろう。全社で利益を上

げることが重要なので，一部の人に傾斜配分するとやはり全体を壊すことになる。

システムは多様な組み合わせが可能なので，例外は多いと考えられるが，あえて比較してみよう。両方の計画コントロール・システムを対比したものが<図表4-9>である。

<図表4-9> リザルト・コントロールとプロセス・コントロール

要　素	リザルト・コントロール	プロセス・コントロール
事業構造	多角的事業体	単品企業
ビジネスモデル	全体は不明確	全体像が明快
競争対応	極めて多様	シンプル
目標設定	結果数値目標	行動目標
行動規範	創造・探索	改善・努力
組織構造	事業部制組織	機能別組織
育成・人事	外部にオープン	自前主義
リーダーシップ	ボトムアップ	トップダウン
インセンティブ	傾斜配分・格差	平等・年功的

プロセス・コントロールの功罪

どんなマネジメント・システムも功罪相半ばする。好業績を上げるユニ・チャームのSAPS経営にとって，負の側面は何だろうか。

例えば自分の能力に自信のある人にとって，SAPSモデルはどう映るだろうか。高い能力を自負する人は，結果を出すことに自信があり，自分のやり方にとやかく口を出されたくないものだ。だから「自由にやりたい。任せてほしい」と言うだろう。例えば有能なセールスパーソンなら，当月の営業予算を早々と達成したら後の売上は翌月廻しにして，月末まで悠々と喫茶店でお茶を飲んで過ごすだろう。そんなタイプのセールスパーソンに対して，上司は結果を出すので文句が言えない。

こういうタイプの社員は目端が効き，機敏で頭が良く創造的な人が多い。新

製品プロジェクトを任せても，あるいは新事業を任せても結果を出してくるタイプである。結果が出なければ，自分で勉強し何とか工夫してくる。

一方で，結果の出し方がわからない未熟な社員もいる。特に新入社員や，新興国の不慣れな事業に携わる現地社員である。そんな人たちにとって，いきなり「ゴルフのシングルになれ！」と言われても何をどうしていいかわからない。シングルになるためのプロセスを具体的に示してくれなければ，うろたえるだけである。こういう人たちにSAPS経営はわかりやすい。

たとえていえば，小学校で漢字の書き順を手取り足取り教えるようなものである。教師も1つひとつのステップをチェックしながら指導できる。漢字の書き順を終えると，次は読解，そして作文の書き方へとステップアップしていく。

小学校と対照的なのが大学院である。大学院で論文を課題に出す場合，「テーマは経営問題なら何でも自由。調査プロセスも形式も自由。意義のある論文を書くべし」となる。成熟している人たちには結果を求め，そうでない場合にはプロセスを求める。

ここにSAPS経営の問題があるといえるだろう。高原社長も「ここ10年，突っ走ってきて社員が疲れている」と認めている。「社内に慣れが出てきたからか，最近は仮説があまり出せていない」とも。

赤ん坊のおむつを取り替える母親を観察して商品企画をする担当者は，いつまで観察を続けるのだろう。また長く観察してどれだけ新しい仮説を生み出せるのだろう。バイヤーの訪問回数にもやがて限界が来て，効果は薄れるだろう。客先にSAPS経営の導入指導を終えたら，後はどんな提案が残っているだろうか。具体的なプロセス提案は，具体性があるだけに提案の幅は限られてくるのではなかろうか。

手取り足取り漢字の書き順を教え込まれた小学生が，いつまでも同じことをやらされたのではイヤになる。小学生が卒業していくように，SAPSもどんどん卒業していくようなら，飽きずに取り組むことができるかもしれない。しかし単品事業のユニ・チャームでは，同じ仕事の繰り返しになることが多くないだろうか。

また何よりもいつも行動を細かく監視されていると，人は疲れる。どんなに優秀なシステムでも，その中で長く生きていると人々は飽きて，嫌気がさしてくる。面白みが失せ，モチベーションが下がる。人間はどんなに美味しいものでもやがて飽きるという，厄介な性格を持っている。
　そんな人々を，どうリードしたらいいのか。
　「揺らぎ」という考え方がある。人々の飽きを見越して，安定した優れたシステムであってもあえて変えるのだ。不都合や不整合を承知で，仕組みを真逆に変えてしまうのだ。新しい仕組みはまもなく矛盾を露呈するだろう。そのときはまた元に戻せばいい。あるいはまた別の方向に，とにかく変え続ける。これを組織の「揺らぎ」という。揺らぎ続けると，組織が活性化し，人は新鮮な気分で仕事ができる。
　「水清くして魚住まず」というが，人は完成された透明なシステムに住みにくさを感じるようになる。かといって，水の澱んだ暗い淵も嫌いである。透明な水から濁った水へ，また透明な水へと泳ぎ続けるとき，人は生き生きとする。SAPS経営も優れた一手法であるだけに，人はそろそろ変化を求めているのではなかろうか。
　もう1つ，課題がありそうだ。強いトップダウンの下で社員たちが細かい行動の指示を受け続けていると，目先の行動は考えるが，大局に関心を寄せなくなる。いつも教育ママから行動を監視されて，口うるさく「ああしろ，こうしろ」と言われている子供のようなものである。そのうち勉強もイヤになって部屋に引き籠り，夢も見えなくなくなってしまう。
　こういう企業では，トップ人材が育ちにくい面がある。プロセス・コントロールのもとで上司の介入がきついと，汎用的な広い能力を磨く機会が少なくなるからである。
　逆に「結果を出せ。プロセスは自由」という企業だと，人は勝手に育つ。自由度が高いので，自分で判断して自ら道を切り拓く人材が育ちやすい。
　ユニ・チャームでは，後継トップ人材育成の場を別個に設けているという。それはSAPS経営ゆえのことといえるかもしれない。

第 5 章

マネジメント・コントロール (2)

インセンティブと育成人事

この章ではマネジメント・コントロールの構成要素である「インセンティブ」と「育成・人事」について考えていこう。セブンSでは「インセンティブ」は"Systems"に含まれるが，本書ではインセンティブを極めて重要と考えているので一要素としている。一方で「Staff（人材配置）」と「Skills（人材育成と組織能力）」を「育成・人事」とした。"Staff"と"Skills"は「Shared Value（経営理念）」，「Style（リーダーシップ・スタイル）」とともに，マネジメントのソフトウェア的要素とされている。ここではインセンティブもソフトウェアの一要素と捉えている。

経営のソフトウェア設計…情熱に火をつけるもの

　マネコンとは，戦略実行のシステムやプロセスを指している。実際にヒト，モノ，カネ，情報という経営資源を調達し，采配し，成長育成させていく過程を意味している。その中でモノ，カネ，情報はヒトを通じてマネージされる。したがってマネコンの主たる対象はヒトである。しかしすでに述べてきたように，ヒトは極めて扱いが難しいリソースである。ヒトをどう捉えるか，20世紀に経営学をリードした米国で論争が繰り広げられた。

　初期の人間観は，マクレガーが「X理論」で描いたおよそ次のようなものだった[1]。

＜X理論の人間観＞
- ① 人は生来怠惰で，仕事が嫌いである
- ② 人は強制や命令，罰則なくして働かない
- ③ 人は受身で安全を望み，責任を回避したがり野心もない

　マクレガーは一方で，X理論の反対の見方，Y理論も示した。

＜Y理論の人間観＞
- ① 人は生来仕事が嫌いなわけではない

---

[1] D. McGregor, "The Human Side of Enterprise", McGraw-Hill 1960（高橋達男訳『企業の人間的側面』産業能率大学出版部 1966）

② 献身的に働くかどうかは報酬による。最も重要な報酬は自我の欲求や自己実現欲求の満足にある
③ 人には創意工夫をする能力が備わっており，条件次第で責任を進んで引き受ける

　X理論によれば，人々を働かせるには給料と強制，あるいは命令や罰則がいる。しかしY理論を前提にすれば，給与以外の報奨が重要な動機づけ要因となる。マクレガーは必ずしもY理論が正しいと言っているわけではなく，X理論が適する場面もある。
　マクレガーは後に，XとYを総合化するZ理論を構想した。それを受け継いだのがウィリアム・オオウチである。彼が『セオリーZ』の実例を発見したのは，何と日本の経営だった[2]。
　企業が提供するすべての報奨のことを，インセンティブという。インセンティブは人々の欲求に応え，人々を経営目的に叶う行動へと導くために提供される。仕事の情熱に火をつけ，心理的エネルギーを引き出す源である。
　貧困の時代ならば，人々は仕事にありつき食べることにあらゆる精力を傾けるだろう。しかし社会が豊かになると，人はどう変わるのだろうか？
　「パンがないときに，人がパンのみにて生きるというのは全くの真理である。しかしパンがたくさんあって人のお腹が満たされていたら，人の欲求はどう変わるだろうか？」と問いかけたのはマズローだった。

「欲求階層説」とインセンティブ

　米国の心理学者マズローは，人間の欲求は階層化しており，人々は低次元の欲求が満たされて初めて上位の欲求を求めるようになる，という仮説をたてた。

---

[2] W. G. Ouchi, "Theory Z", Addison-Wesley 1981（徳山二郎監訳『セオリーZ』CBS・ソニー出版 1981）

<図表5-1> マズロー『欲求階層説』

「欲求階層説」である[3] (<**図表5-1**>)。

　マズローによれば，人々が利己的でなくなるためにはまず食料や暖房といった生理的な欲求が充足されなければならない。そして生理的欲求が満たされると，より高次元の欲求を求めるようになる。欲求は次の5つに階層化していて，下位から上位にシフトするという。
・生理的欲求＝生存に必要なものを求める
・安全欲求＝生活の安定や地位の安全を求める
・愛情または帰属欲求＝集団に属し，気の合った仲間を求める
・尊厳（自我または自尊）欲求＝他人から尊敬され，自信や自由を求める
・自己実現欲求＝自己の能力の向上と実現を求める
　マズローは自己実現欲求を「自分がなりたいものになる欲求」と言っているが，それがどんなものか，明らかにしていない。

　欲求階層説はわれわれの直感によく馴染む仮説である。しかし後の組織心理学者の研究で証明されることがなかった。例えば給料は生理的欲求に応えるものと考えられたが，人々の金銭欲求はとどまるところを知らなかった。5つの分類についても，疑問が続出した。また階層化についても説明がつかなかった。したがって学界からは俗説に過ぎないとされたが，今のところこれを超える骨太の理論がなく，特に実務ではよく使われる。

---

[3]　A. H. Maslow, "Motivation and Personality", Harper & Row 1954（小口忠彦監訳『人間性の心理学』産業能率短期大学出版部 1971）

欲求階層説で考えると，インセンティブもわかりやすい。【伊丹・加護野 1993】は，欲求との結びつきでインセンティブの種類を次の5つにまとめた[4]。

① 物質的インセンティブ
② 評価的インセンティブ
③ 人的インセンティブ
④ 理念的インセンティブ
⑤ 自己実現的インセンティブ

物質的インセンティブとは，主に金銭的な報酬を指す。人々が生活するためには，最低限の金銭が必要であり，生理的欲求と安全欲求に応えるものと考えられる。生活がある水準を超え充足するようになると，物質的インセンティブの効用は逓減する。ただし金銭報酬は，必ずしも物質的インセンティブだけの意味しかないわけではない。企業や社会でステイタスを象徴することもある。そんな場合，金銭報酬はより高次の欲求に結びついている。

評価的インセンティブは，主に尊厳欲求につながる報奨である。人は誰も他人から尊敬されたいと願っている。職場の上司や同僚から評価されたり，表彰を受けたり，同僚より高い人事考課がつくと，仕事に意欲的になる。社内で成績が公表されるだけで，人々は競争意識を燃やす。

気の合った仲間と仕事をすると，やる気が出る。人格的に尊敬できる上司の下でなら，仕事に前向きになれる。愛着を感じる集団に帰属すると，協働が苦にならない。これが帰属（愛情）欲求に対応する人的インセンティブである。

理念的インセンティブは尊厳欲求や自己実現欲求に対応するインセンティブである。製薬会社の経営理念は「地球の人々の命を救う」といったものが多い。製薬業の社員のモラールが高いのは，企業理念が崇高な響きを持っているからである。

ゴミ処理の会社が「地球環境を守る会社」を標榜すれば，それだけで社員の

---

[4] 伊丹敬之・加護野忠男『ゼミナール経営学入門』日本経済新聞社 1993（2版）

表情が明るくなる。パチンコホールの会社が「人々を心から豊かにする総合エンタテインメント会社」と定義すれば，社員のモチベーションが上がる。「社会のため」「人のため」といった「正義」は，人々にパワーを与えるのだ。

かつてオリンピックの女性マラソン・ランナーがメダルを獲得して，「自分を褒めてあげたい」と言い，流行語にまでなった。「自分を褒めてあげたい」は，まさに「自己実現的インセンティブ」を代弁しているのではないだろうか。自分を褒めたくなるような仕事をする環境を与えられることは，人々が最も高揚するインセンティブとなりうる。

「地図に残る仕事」，「Inspire the Next」，「カガクでネガイをカナエル会社」といった企業のキャッチコピーには，崇高な目的に対する仕事の誇り，仲間との連帯，そして社会貢献と賞賛の期待すべてが詰め込まれている。企業戦士の夢は自己実現的インセンティブと不可分である。

青色 LED 訴訟が意味するもの

インセンティブには，理念的インセンティブのように皆で共有できるものがある一方で，給与や地位など配分量が限られているものもある。インセンティブ設計で一番の問題なのは，原資が限られているものの配分である。

金銭報酬は必ずしもゼロサムではないが，誰かに傾斜配分すれば他の人が割を食う。スポット・ライトの当たるポストには限りがある。人事考課をすれば，必ず序列がつく。全員が高評価はありえない。これらは評価的インセンティブや物質的インセンティブの配分に関する悩ましい問題につながっている。また魅力的な上司やグループはたくさん存在するわけではない（人的インセンティブの問題）。閑職に追いやられると，自分が落ちこぼれと感じて腐る（負の自己実現的インセンティブ）。

「インセンティブをどう配分するか」は，難しい経営問題である。インセンティブの配分をめぐって裁判所で争われたのが，青色 LED 訴訟である。

2004 年，青色 LED 訴訟の判決が東京地裁で下った。原告の中村修二氏に元

の勤務先・日亜化学工業は200億円を支払え，という原告側全面勝訴の判決だった。この勝訴をめぐってビジネス界の意見が真二つに割れた。

　中村氏が青色LEDの製造方法を開発したおかげで，多様な色のLED製造が可能になり，世界で何兆円にも及ぶ市場が拓かれた。世界初のLED量産に成功した日亜化学は，1990年頃に売上高150～160億円，経常利益9億円ほどの地方企業に過ぎなかったが，2003年には売上高1,800億円，経常利益950億円，経常利益率52％を上げる超高収益企業に生まれ変わった。

　＜図表5-2＞は今日の日亜化学の財務諸表である。株式公開企業ではないので，開示が限られており概要しかわからないが，売上は拡大し続けている。また利益はピーク時の利益ほどではないものの，極めて水準が高い。さらに純資産や手元現預金は増え続け，無借金の超優良企業であることには間違いない。

　同族企業なので，毎年純資産の増加分は同族株主の持分に帰属する。つまり

<図表5-2> 日亜化学工業の比例縮尺財務諸表
（2014年3月期　単位：十億円　PLは経常利益まで表示）

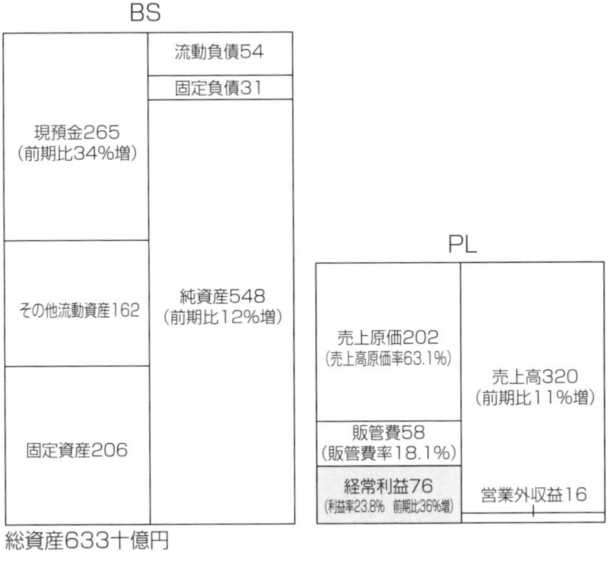

BS
- 流動負債54
- 固定負債31
- 現預金265（前期比34％増）
- その他流動資産162
- 純資産548（前期比12％増）
- 固定資産206
- 総資産633十億円

PL
- 売上原価202（売上高原価率63.1％）
- 売上高320（前期比11％増）
- 販管費58（販管費率18.1％）
- 経常利益76（利益率23.8％　前期比36％増）
- 営業外収益16

株主の財産を増やすことになる。配当はあまりしていないようだが，純資産の純増額は純利益に近く，2014年3月期は500億円（!）を超える。同族株主に毎期500億円をプレゼントしているとみなせば，勝訴額の200億円が高いとは一概にいえない。

しかし，とはいっても中村氏1人に200億円を配分することは妥当だろうか。

中村氏が青色LED開発を成功させた裏には，日亜の先代創業社長小川信雄氏の支援があった。当時の経常利益の半分ほどに相当する研究予算を中村氏に認めてくれたほか，中村氏の申し出に応じて米国留学にも派遣してくれた。ただし青色LEDの特許で中村氏が受け取った報奨金は，社内規定によるたった2万円である。退職時の年俸は2,000万円近くと高くなっていたものの，中村氏は海外で「スレイブ（奴隷）・ナカムラ」と呼ばれる。

青色LED訴訟で200億円の判決が出た直後，経営者の意見も割れた。例えばキヤノンの御手洗富士夫社長とスズキの鈴木修会長の反応は対照的だった。

「対価（を支払わねばならない）という考え方自体がおかしい。研究者は研究するのが仕事で，成果を挙げるのはむしろ当然。営業マンが頑張って数十億円稼いでも，その何割かを対価として支払うなんてありえない。企業は常にリスクを負っている。一方，社員は成果を挙げなかったとしても損害賠償責任を負うわけではない」（キヤノン社長）

「あれだけ利益を上げる発明なら，200億円なんて安いものだ。近く社内に（発明を奨励し，それに見合う報酬を惜しまないという）通達を出すつもりだ。200億円に相当するくらいの発明を是非やってほしい」（スズキ会長）

またこの後，中村氏の勝訴に刺激されて，元勤務先を訴える同様の訴訟が多発した。味の素や日立製作所，キヤノン，東芝などといった企業に，1億円単位の支払いを命じる原告勝訴が相次いだ。

中村氏は高裁の勧告に従って和解に応じ，この裁判は結局8億円ほどの支払いで決着した。その後2014年になって中村氏はノーベル物理学賞を受賞し，世界がその功績を認めることになった。

さて中村氏に高額の金銭インセンティブを支払うべきか，否か。読者はキヤ

ノン派？ それともスズキ派？ どちらだろうか。

能力主義とインセンティブの配分

　中村氏が提起した問題は，業績重視の実力主義をどう考えるかという問題に通じている。実力主義とは，能力ないし成果によってインセンティブ，特に金銭報酬を配分する考え方である。中村氏は莫大な成果を出したのだから金銭の配分は当然，という主張である。

　しかし実力主義の中身をつき詰めると，実際のところ極めて曖昧な概念であることがわかる。

　まず実力の「定義」が明らかではない。実力とは何か。頭の回転が速い能弁家のことか。それとも結果を出す人か。結果が出ない努力家はどう評価するか。努力のプロセスは認めないのか。研究開発は当たり外れが大きい。中村氏は桁外れの結果を出したが，能力は高くても結果が出ない人は多い。結果が出なかった研究者には報いないのか。

　「実力と結果の関連」についても，判定が難しい。青色LEDは中村氏個人の力によるものだろうか。中村氏をサポートしたチーム・スタッフの功績をどこまで認めるか。何億円もの研究予算をつけ，リスクをあえて取ってくれた先代社長の貢献度はどう評価するのか？

　工場や営業のスタッフにしてみれば，「自分たちはどうしてくれる？」と思うだろう。製品開発は確かに中村氏の貢献大だろうが，作って製品化したのは工場メンバーの貢献があったからである。またその製品を売ってお金に変えたのは，営業スタッフの力である。さらに皆をバックで支えている管理本部スタッフもいる。中村氏が200億円もらい，他のメンバーには100万円だとしたら，「やってられない」と感じないだろうか。まして全体の給与体系はメチャクチャになるだろう。

　インセンティブを配分するとき，「実力を何で計るか」，つまり尺度を何にするかも問題である。営業は売上や利益実績で評価しやすい。ただし長期か短期

かという「評価期間」の問題は残る。短期的利益ばかり評価していると、長期的利益につながる先行投資が手抜きになる。例えば営業担当が目先の売上につながりにくい新製品を売らず、買ってくれない顧客には足が遠のき、後輩の面倒は一切見なくなったりする。即戦力のベテランばかり評価していると、ポテンシャルを持つ若手が育たない。

研究開発部門では、論文や提出特許の数で評価するのだろうか。中村氏のように比較的早く売上に結びつく例はむしろ少なく、何年も、あるいは何十年も先にやっと製品化するケースも多い。そのころ、研究者はリタイアしているかもしれない。

「配分するインセンティブの種類」も問題だ。おカネか、名誉か、地位か、ヤリガイか。さらに「配分の分散の程度」も問題だ。一部の天才を傾斜配分するか、それとも並み居る凡才に広く薄く平等に分配するのか。特定の人におカネや地位や名誉を集中的に配分するのか、それともおカネと地位の配分先を分けるのか。

こう考えてくると、インセンティブの配分は明快な結論の出ない、いつまでたっても曖昧な問題だということがわかる。しかしトップは配分について決断しなければならない。そのとき、正解とはいわないまでも、どう考えたらいいのだろうか。ヒントはないだろうか。

1つのヒントは日本企業がとってきたやり方にある。多くの日本企業は「仕事はお金じゃないよ」と言い続けてきたフシがある。金銭配分に究極の正解はない。だから金銭報酬をあまり際立たせないようにしてきた。金銭報酬は分捕り合戦になりやすく、それがどんなに公平と見られても、傾斜配分すればやはり社内の人間関係がギクシャクする。だから金銭を目立たせずに、仕事のやりがいを持ってもらう工夫をしてきたのである。

給与は安いが、新製品や新事業を仕掛け続けて、社員にチャレンジの機会を豊富に提供する会社がある。そんな会社は自己実現的インセンティブの多い会社である。金銭報酬が安い分、カネ以外のインセンティブを真剣に工夫してきたのだろう、社員のモラールも高い。社員の給料が比較的安いもののエクセレ

ント・カンパニーと見られる企業には，この種の会社が多い。

　もう1つのヒントは西郷隆盛の有名な言葉にある。「功あるものには禄を与えよ。能あるものには地位を与えよ」と西郷は言った。功績の大きかった人には物質的なもので報い，能力あるものには地位で処遇せよ，というのである。功績ある者に地位まで与えると，組織は衰退する。しかし功績に報いないと誰も働かない。西郷の言葉には，評価のメジャーを複数用意して，インセンティブの一極集中を避ける知恵がある。

情報製造業としての企業と人材育成

　インセンティブはヒトに，能力と働きを最大限に発揮してもらうために使われるマネジメント・ツールである。企業にはヒトのほかにモノ，カネ，情報という経営資源がある。どの資源が最も尊重されたか，それは時代によって大きく変わった。

　中世のころ，最大の経営資源は農地，つまり土地だった。近代になって，工業化社会が開けると石炭や石油などの天然資源が最も貴重とされた。これらモノという経営資源が，最も強いパワー源泉として尊重された時代である。

　20世紀初頭の米国では，拝金主義といわれ，カネが尊重された。世界から貧しい移民が押し寄せ，ヒトが相対的に安いと考えられたからでもある。

　「数は力なり」と言ったのは毛沢東だが，工業労働力としてのヒトの量的側面が重要とされた時もある。しかし20世紀後半になると，高度情報化社会が開け始め，情報が最高の価値を持つ資源と考えられるようになった。ドラッカーは「世界は労働集約的でも原材料集約的でもエネルギー集約的でもなく，知識集約的になってきている」[5]と言うが，それはわれわれも身近に実感し始めている。

　例えば第1章で紹介したファーストリテイリング（FR）は，工場を持って

5　P. F. Drucker, "Managing for the Future", Routledge 1993（上田惇生他訳『未来企業』ダイヤモンド社 1992）

いない。つまりモノを自分で作っていない。しかし東レとともに，商品企画やデザインをするのはFRである。セブン-イレブンになると工場はもちろん，店舗も一部を除いて基本的に持っていない。店舗を所有しオペレーションを行うのは，フランチャイジー契約を結んだオーナーたちである。しかしセブン-イレブンは優れた商品企画を次々と世に送り出して，最高益を更新している。

現在，株式時価総額でダントツ世界No.1のアップルも工場を持っていない。ショールーム店舗やeコマースを除いて，販売店も持っていない。しかし企画やデザインを行い，OSやキーデバイスの一部について知財を保有し，独自の地位を守っている。FRやセブン-イレブン，アップルはモノを作るのではなく，企画やデザイン，技術という情報を生産ないし創造している企業なのだ。

日本の重厚長大メーカーにおいても，今や競争力のコアは工場生産ではなく，技術開発力やエンジニアリング力である。モノづくりというより，コト（ソフト）づくりといわれるようになっている。こう考えると，今日の製造業や小売業，サービス業はすべて知識集約の「情報製造業」といえるのである。

情報重視の時代では，知的財産権が資本財とみなされる。中村氏の訴訟ではないが，知財の権利をいち早く抑えるために，国家も企業も個人も躍起になっている。知財を生み出すのは，知識労働者としてのヒトである。したがって企業経営において，高い知識労働を生み出す才能あるヒトをいかに集め，モチベートし，さらに成長してもらうかが最重要課題になる。

マネコン・サイクル「Plan-Do-Check-Act」は，同じ場所をグルグル回るわけではない。サイクルが上向きのスパイラル状になり，しかもヒトの情報創造能力が掛け合わされ，組織能力に高まったとき，成長がもたらされる。「個人の学習」だけでなく，「組織レベルの学習」が企業の発展を支える。

教育の現場にいる身にとって，「人はどうやって育つのだろうか？」という問いがいつも関心事である。卑近な例で恐縮だが，ビジネススクールの学生は「どんなとき，誰から，何をどのように学習」して成長するのだろうか？

かつてビジネススクールの同窓会で経営教育に関するアンケートを実施したことがある。「ビジネススクールの勉強は役に立ったか？」というアンケート

の問いに対しては、ほとんどのOBが「Yes」と答えた。「何が一番役に立ったか？」という質問では、「学友らとのインフォーマルな議論」がトップで、「ゼミでの討議」が続き（ゼミは少人数制)、「クラスでの学び」は4番目か、5番目だった。

OBにとってクラス授業の役立ちはむしろ下位で、「役に立った」と実感していたのは、クラス後のアフター5の飲み屋などで繰り広げられる熱い議論のほうだった。

経営人材を育成する3つの方法

ビジネスの実務においても同じことがいえる。日本経済新聞の名物記事「私の履歴書」に、著名な経営者たちが飛躍のキッカケをつかんだ経験談が出てくる。そのキッカケには職場の上司や同僚のアドバイスやサポート、あるいは学友や教師らの暖かい支援が絡んでいることがほとんどである。周囲の人たちのインフォーマルなサポートが、その人の成長を支えたのだ。

筆者の実体験でも、経営を最も勉強させてもらった相手は、親しかった経営者である。しかも経営の微妙なニュアンスまで教えてもらった場は会議などではなく、居酒屋やゴルフ場といった場所である。フォーマルな席では決して見せない経営者の深い言葉に、そんな席で触れることができた。上司や同僚、学友からも学んだ。コンサルティングの仕事でクライアントにプレゼンした後、飲みながら反省会をする。これは苦い反省も含めて、非常に勉強になった。

かように人々の重要な学習の場は、インフォーマルな場なのである。インフォーマル・コミュニケーションを強調したが、しかしクラスの学びが不要なわけではもちろんない。

ビジネススクールの入学者は、原則的に多少のビジネス経験を要件として求められる。そのビジネスの経験の中に眠っている蓄積が、ある日クラスの授業によって「気づき」として芽を吹く。そしてバラバラで未整理のままだった経験値が、汎用的に役立つ知見として整理される。さらにもう1つ大切なのが、

新しいシーズのインプットである。

　筆者のビジネススクール生としての経験から言うと，授業中の議論で「あの経営者が言っていた言葉の意味はこれだったのか」と気づくことがあった。あるいは「あの時悩んだ問題の意味がよくわからなかったが，問題の構造はこれだったのか」といった類の「気づき」が湧いてきた。それらの気づきのシーズは，過去に経営者や上司や同僚からもらったものである。逆にビジネススクールで勉強して，そのときは意味がよくわからなかったが，後になって実務の場で気づいたものもある。「あの事例の意味はこれだったのか」と。

　先の同窓会のアンケートで「アフター5の熱い議論」は，主にその日の授業に出てきたテーマをめぐって交わされたものである。要するにフォーマルな学びとインフォーマルな学びは車の両輪で，どちらも学習にとって重要なのである。

　それでは今日最も重要な人材である「経営人材」について，どんな学習が必要なのだろうか。経営人材を育成する方法は，3つある。

　1つは現場で修羅場の経験を積ませるOJT（On the Job Training）である。一番効果的なのは，若いうちに子会社のトップの経験を積むことである。この方法は最も有効性が高いのだが，しかし欠点は人材を育てるポジションを数多く用意できないことである。また失敗すると，その本人も周囲も傷つき，コストが高いという難点がある。「真剣勝負」にいきなり挑ませることは，討死の可能性もあるのだ。

　2つ目がOFFJT（Off the Job Training），つまり座学である。こちらはOJTと比べるとリアリティでは大きく劣る。だが多くの人に教育機会を提供することができる。また失敗しても安全で，間違った判断をしても傷を負わないで済む。いわば「竹刀による鍛錬」だからである。そしてOJTに比べて，はるかにコストが安い。

　ただし座学にも方法論がある。「一方通行の講義形式（レクチャー）の経営講座はほとんど意味がない」というのが筆者の強い実感である。読者の皆さんは，大学時代の講義の中身を憶えているだろうか。どんな名調子の講義でも，

教室を出る瞬間に憶えているのは2つか3つ。2〜3日すれば，ほとんど憶えていないに違いない。

それに対して自分で汗をかいて考え抜いたロジックや導き出した結論は，潜在意識下に蓄積される。授業やグループ討議で仲間と熱く交わした議論，その中で批判を浴びた自分の意見，仲間の意見に共感して修正した自分なりの結論。こうした過程を通して練り上げた自分の論理や信念は，やがて現実の経営問題に直面したときに強力な武器になる。

この教育方法こそ，ハーバード・ビジネススクールが開発したケース・メソッドである。ケースとは過去の事例を事実に即してコンパクトにまとめた小冊子である。この本に掲載したケースは，その圧縮版である。このケースを土台に，「この企業の強みは？ 弱みは？ あなたがトップだとしたら，これからどう経営していくか？」について徹底して議論するのである。

ケース・メソッド主体のビジネススクールでは，2年間の大学院生活の中で500〜800ケースを討議する。このくらいこなすと，ほぼすべての産業分野のあらゆる経営場面を一度は議論したことになる。バーチャルとはいえ，自分の経営観がおのずと形成されていくのだ。

3番目は Coaching, ないし Mentoring のシステム化である。

これに先に述べたインフォーマルなネットワークによる支援が含まれている。人材育成にはメンターが必要だが，人々を放っておくと容易にインフォーマル・ネットワークを作らない。あるいは作れない。自分のメンターを見つけられない。メンティーを育てることができる人となると，もっと少ないだろう。したがって企業はそれをシステム化して意識的に組織にビルトインするのである。外資系企業などには，「何人のメンターになるべし」という明確な数値目標を課しているところがある。

従来の日本では，「経営は教えてもらうものではない。先輩の背中を見て盗むものだ」といった考え方が一般的だった。しかし経営人材育成のインフラを作らなくても経営者は自然と湧いてくる，というものではない。

ネットワーク構築と人事異動

　フォーマル，インフォーマルに限らず協働や学習が円滑に進むためには，組織の中に人的ネットワークが張り巡らされていることが必要である。ではネットワークを組織に張り巡らせるには，どうしたらよいのだろうか？

　ネットワークを形成するには，まず組織の人々の間で接触の機会を増やすことから始まる。筆者が企業の依頼で社内研修の場に臨むと，社員同士で名刺交換している会社を見かけることがある。こういう会社は，人的ネットワークが乏しい典型企業である。人的接触といっても，お互いの性格やクセ，能力の高さ，目標や思考様式といったものについて理解し合える「深さ」が必要である。

　そんな機会を提供する方法には，例えば社員旅行や運動会，忘年会，趣味のクラブといった類のものから，組織横断のプロジェクト・チーム編成やTQC活動などの社内イベント，研修会の実施に至るまで，いろいろある。

　しかし社内人脈形成の最も有効な方法が「人事異動」である。

　「同じ釜の飯を食った仲間」という言葉には，深い相互理解と信頼のニュアンスが含まれている。同じ部署で机を並べて仕事すると，強いつながりが生まれる。相手の能力や性格が飲み込め，情報やアイデアが行き交う。ともに学び，仕事を助け合うことができる。お互いの協力が生まれれば，職場の居心地が良くなる。人のネットワークは知恵を高めるだけでなく，感情や達成感の共有にもつながる。いろいろな職場を異動して，多くの人と社内人脈でつながると，情報も感情も豊かになる。これが人事異動の第1の効果である。

　この効果は部門間連携に好影響をもたらす。例えば工場にいた人が営業部門に配属されると，営業の事情がわかるようになる。工場にいたときは，営業の身勝手さにムカつくばかりだったが，営業の言い分も理解できるようになる。すると彼は古巣の工場にいる友人に，営業の都合を伝えることもできる。また営業スタッフに工場の事情も説明できるので，両部門がグッと近くなる。部門を渡り歩く人材が多いと，組織連携が深まる。

　人事異動はほかにも，次のようないろいろな効果がある（<**図表5-3**>）。

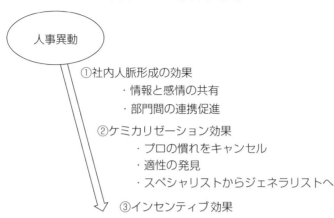

まず掛け合わせの効果が生じる。ケミカリゼーション（化学変化）である。同種の物質をいくら掛け合わせても同じだが，異質な物質を掛け合わせると化学反応が起きて変化が起こる。人間同士も同質の人ばかりだと，思考が似たり寄ったりになるが，思考様式やバックグラウンドの違う人を混ぜると，全体の活性化につながる。

そしてどんな人でも長い間同じ仕事をしていると，慣れが出てマンネリになる。「この仕事はこんなもの」と決め付け始める。こんなとき仕事を他人と交換すると，未経験者の素人発想が持ち込まれ，前任者には思いもよらない新しい道が開けたりする。特に今日のような変化の激しい時代には，慣れたプロがいつも適任とは限らない。人事異動には「プロの慣れをキャンセル」する効果がある。

たくさんの人に触れると，「世の中には何といろいろな人材がいるものか」と改めて気づく。自分にはない能力の持ち主を発見したりする。逆に，意外に自分の能力が高いと気づかされることもある。「アイツにここはかなわない」，「あの仕事は俺のほうが上だ」という発見がある。これが「適性の発見」につながる。他人の適性だけでなく，自分の適性を発見する機会にもなる。

さらに人事異動で人々がいろいろな仕事を経験すると，スペシャリストから

ジェネラリストになる。

　入社以来，1つの部門に配属されたまま定年まで勤めると，専門性の高いスペシャリストで終わる。一方，多部門をまたがって仕事をした人はジェネラリストになる。スペシャリストももちろん必要だが，上位の管理職は会社全体の仕事を知らないと務まらない。まして役員となると，本来ジェネラリストの素養がなければならない。つまり人事異動によって数多い職種をこなした人は，経営教育を受けたのと似たOJT効果が生まれる。

　営業・製造・開発・管理のすべてを経験すると，その人に高いマーケット・プライスもつく。汎用的な能力を持っているので，業界や規模を超えて経営をこなすことができ，ヘッドハントがかかる。ある特定の会社出身者が，転職して業界のいろいろな企業で活躍しているケースを見かけることがある。業界の「人材供給源」といわれる会社には，人事異動が頻繁に行われる会社の出身者が多い。多様な業務を経験したキャリアが，外で高く評価されるのである。

　<図表5-3>最後の「インセンティブ効果」とは，「栄転」や「閑職への配転」がわかりやすい。人事異動を昇進・降格と組み合わせると，正と負のインセンティブになりうる。優秀と目される人物を，わざと難しい海外など僻地の職場に配転することがある。そこで実績を出した人材は，次の経営層のメンバーに抜擢される。これもインセンティブ設計の1つである。

　インフォーマル・ネットワークは長所ばかりではない。デメリットもある。社内人脈が派閥につながり，社内のコンフリクトを助長することがある。また1人が会社を辞めると，集団で退職する事態も起こりうる。

　人事異動のデメリットもある。まずコストがかかる。引越費用ばかりか，不慣れな新人が仕事を引き継げば，取引先にも迷惑がかかる。信用を落とすことにもなる。新人の学習機会は増えるが，熟練度は落ちる。さらにジェネラリストばかりだと，その道のプロが育たなくなる危険性がある。

　経営はいつも，得失のトレードオフの中にある。

> ケース　日本航空㈱…企業再生プログラムと稲盛フィロソフィー

JAL，2年7カ月で東証に再上場

　日本航空㈱（JAL）は2012年9月，2年7カ月ぶりに東証1部に再上場した。

　2010年に破綻して会社更生法の適用を受けたJALは，世界でも屈指の収益力を誇る航空会社に変身した。格安航空会社（LCC）の台頭などで競争環境が大きく変わり，世界的に業界再編の機運が高まる中で，成長性と堅実さを兼ね備えた舵取りが求められるものの，まずは順調な滑り出しとなった。

　再上場まで2年7カ月で駆け抜けた日本航空の軌跡は，企業再建のあり方を考える上で示唆に富んでいる。

　まず特筆すべきは法的整理の威力だろう。JALが2010年1月に会社更生法の適用を申請した時には「再建はうまくいかず2次破綻する」という声が強かった。しかしフタを開ければ，2,000億円近い過去最高の純利益を計上するまでに再生した。

　会社更生法を使えば，裁判所の監督の下で有利子負債などの債務を大幅に減免してもらうことができる。さらに「会社倒産」という事実が衝撃を呼び，ぬるま湯体質といわれた社員やOBの意識を変えた。それまで先送りしてきた経営課題が一気に片付いた。銀行団と経営陣の話し合いで再建を進める，いわゆる「私的整理」では危機感がこれほど浸透せず，幅広い改革は難しかっただろう，といわれている。

　企業再生の専門家が「更生法は極めて強力な再建ツール」と呼ぶゆえんである。日本企業には「法的整理は恥であり，できるだけ避けたい」という空気が強いが，自力再建が厳しい状態では法的整理も1つの有力な選択肢となる。

　また企業再生支援機構が拠出した3,500億円に上る再建のための公的資金の効果も大きい。ただし公的資金の民間企業への投入については，批判も根強い。再生に成功したとしても，公正な競争をゆがめる副作用も伴うからである。現にライバルの全日本空輸（ANA）からは，「アンフェアだ」という声が上がっている。

再建を支えた現場の社員たちの奮闘

　JALの再生をリードしたのは，京セラ創業者（現名誉会長）の稲盛和夫氏である。稲盛氏は親方日の丸体質の典型といわれたJALに，採算感覚と組織文化という観点からメスを入れた。

　まず稲盛氏が持ち込んだのは，京セラで稲盛氏自身が作り上げたマネジメント・コントロール・システム「アメーバ経営」である。

　アメーバ経営は，アメーバと呼ばれる数人から50人程度のチーム組織で運営される。社内を細かく工程ごとに分けて独立採算のアメーバ組織とし，それぞれに前工程から社内仕入を計上し，後工程に社内売上を計上することで，部門別採算管理を行う仕組みである（＜図表4-4＞参照）。

　京セラでは月次損益だけでなく，簡素化した日次決算まで行い，工程ごとの付加価値売上を総労働時間で割り算した「時間当たり付加価値」が日々計算できるようになっている。それぞれのアメーバ・チームが1人1時間当たり，どれだけの付加価値を上げたかがわかり，その情報は社内で共有されている。

　ただ製造プロセスの工程が明確に分かれている製造業と違って，JALへの導入には社内外から「部門別採算は航空会社にそぐわない」といった声が上がった。しかし稲盛氏は導入を強力に進めた。

　もう1つ稲盛氏が持ち込んだのが，フィロソフィ教育である。

　フィロソフィ教育は，稲盛氏のアメーバ経営の根幹をなすものと考えられている。それまでJALは，全員が共有する価値観や行動規範のようなものは持ち合わせていなかった。しかしJALは再建過程で，京セラ・フィロソフィにならい，社員が持つべき価値観40項目を「JALフィロソフィ」という形にまとめた。それに基づいて，2011年から全社員が年に4回，フィロソフィ教育を受けることを義務づけた。

　フィロソフィ教育はその内容もさることながら，部門を超えて社員が集まることに大きな意味があったとみられる。JAL社内は部門間に厚い壁があった。時にはそれが派閥間の対立となり，経営に甚大な影響を及ぼしていた。しかしフィロソフィ教育を始めて以来，JALの空気が変わり始めたという。

例えば，次のような具体的事例となって表れた。

ある女性客室乗務員は最近，国際線の乗務に自分のミネラルウオーターを持ち込むのをやめたという。理由は，機内に持ち込むものを減らして少しでも軽量化すれば，飛行機の燃費を抑えられるからだ。ペットボトル1本はたったの500ml，重さにして500gちょっとになる。飛行機の軽量化につながるほどの意味はないと言われればそのとおりだが，しかし小さな積み重ねが大きな結果につながることを再建の過程で実感した。

彼女は経営破綻するまで，JAL の経営は自分の仕事と無縁のものだと思っていた。客室乗務員という職業に就いたものの，JAL の社員だという意識は薄かった。500ml のペットボトルは，いわば自分の意識が変わった証である。それは彼女にとって，液体と容器の質量以上に重いのだという。

30年以上のキャリアを持つある整備士はいう。

「部門別採算といわれても，最初はよくわからなかった。コスト削減ならこれまでもやってきたから。でも例えば，整備を1日早く前倒しできれば，それをスタンバイ機にできる。不測の事態でも予備の機材を飛ばせるから，会社の収益を損なわない。それが整備にとっての収益なんだと腑に落ちた」

またあるベテラン機長は，長いパイロット人生で初めて，搭乗ゲートに立ち，アナウンスをした。

「機材整備の影響で，出発が遅れております。約30分後にはお客様を機内へご案内できますので，しばらくお待ちください」

乗客を安全に，定時で目的地まで運ぶこと。彼はそれが機長の仕事だと思っていた。これを守れば，ほかの業務に関心を持つ必要はないと。だが破綻を経験し，「フィロソフィ教育」を受けるうちに考えが変わった。フィロソフィ教育の場には，普段は会うことがない他部門の社員も多くいた。互いに悩みや思いを打ち明ける中で，ふと気がついた。

「1つの便が飛ぶために，この全員が関わっている」

フィロソフィ教育で講師役を務めたある社員もこの1年で，何度も部門間の壁が溶け，社員に一体感が生まれたのを目の当たりにしたという。

「機内はそっち，地上はこっち」

地上職のある女性社員にとって，客室乗務員との壁は高かった。客室乗務員は機内に責任を持ち，地上職はボーディングブリッジに立ち，機体入り口を挟んで歩み寄ることはなかった。経営破綻後，グループ全体の人員削減が進み，地上職の負担は増した。2～3人で行っていた搭乗口での案内業務を，1人でこなさなければならないことも増えた。そんなある日，機内から客室乗務員が降りてきた。

「一緒にやりましょう」

2012年5月14日，決算発表の席で植木義晴社長は社員たちの努力に感謝の言葉を述べた。

「みんなが努力してコストの削減をしてくれた。それが今回の最高益達成の中ではうれしかった」

JALの破綻前と再建後の財務諸表比較

＜図表5-4＞は，JALの会社更生法申請直前（破綻直前）と，更生後の再上場時の連結財務諸表を要約して示している。

この資料から，日本航空はなぜ再建に成功したのだろうか。具体的にどのような再建策を打ってきたと考えられるだろうか。

企業再生の中で，再建策は着手可能で緊急性の高いものから，あるいは優先度の高いものから手が打たれる。であるならば，どんな優先順でどのような策が打たれたのか。

また「JALフィロソフィ」やマネジメント・コントロールのシステムである「アメーバ経営」は，JALにどのような経営上の効果をもたらしたのだろうか。

一般に企業再建とは，どのようにしたらいいのだろうか。

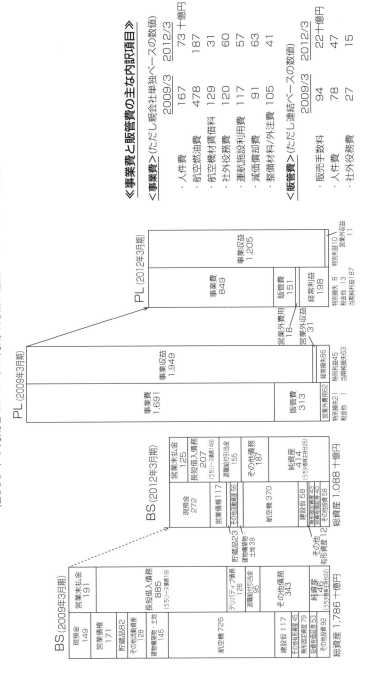

<図表5-4> 日本航空の比例縮尺財務諸表
(2009年3月期と2012年3月期の比較。連結ベース 単位：十億円)

第5章 マネジメント・コントロール(2) インセンティブと育成人事

> ケース解説

財務諸表で見る JAL と ANA

<図表5-5>は JAL と ANA の最近時 2014 年 3 月期の財務諸表を同じ比例縮尺で比較したものである。

両社の比例縮尺財務諸表を比較して眺めると、特徴的なのは下記の諸点である。

<BS と PL のバランス>

・BS と PL の大きさ比較をすると、ANA は BS が PL よりかなり大きいが、JAL はほぼイーブンである。

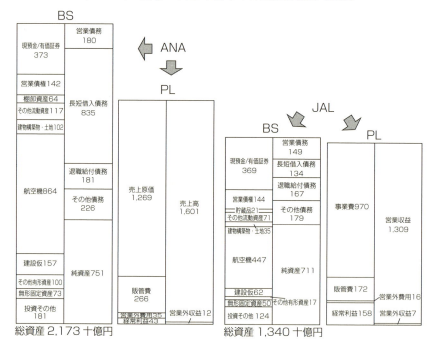

<図表5-5> ANA vs JAL　比例縮尺財務諸表
（2014 年 3 月期　単位：十億円　PL は経常利益まで表示）

<BSから>
- 手元のキャッシュはほぼイーブンである。
- JAL の航空機資産は ANA の半分しかないが，その割には売上高が 2 割ほどの差しかない。「建設仮」とは，飛行機メーカーに製造発注した新機材の前渡金既払い分などである。その残高は ANA が JAL の 2 倍以上あり，ANA が次世代機導入にアクティブなのがわかる。
- ANA の借入債務が巨額で，純資産を上回る。これに比べて JAL は手元流動性（現預金＋有価証券）よりかなり少なく，実質的に無借金経営をしている。
- 純資産も両社ほぼ同額である。

<PLから>
- ANA の経常利益は JAL の 4 分の 1 強しかない（!）
- ANA は JAL に比べて多様な事業を持っているので，単純な比較はできないが，ANA の売上高原価率は 79.3%，同販管費率 16.6% なのに対し，JAL の売上高事業費率は 74.1%，同販管費率 13.2% と，JAL の経営効率が非常に高い。
- ANA は借入債務が大きいこともあって支払利息が多く，それを含めた営業外費用の売上高に占める割合が 2.2% もある。経常利益率で 9% を超える差の 1 つの要因になっている。

重要な総合指標について，下記に掲げておこう。

<総合指標>
- ROA（総資本利益率＝経常利益÷総資産）で比較すると，JAL は「優良企業」並みに高いが，ANA は極めて低い。両社の差は 6 倍ある。

  ANA の ROA＝43 十億円÷2,173 十億円＝2.0%

  JAL の ROA＝158 十億円÷1,340 十億円＝11.8%

- ROA（総資本利益率）は，「総資本回転率×売上高利益率」に分解できるが，両方の比率で比較するとこうなる。

  ROA（経常利益／総資産）＝総資本回転率（売上高／総資産）×売上高利益

率(経常利益／売上高)

ANA の ROA=2.0%=0.74 回転× 2.7%

JAL の ROA=11.8%=0.98 回転× 12.0%

　JAL は ANA に比べると，使用資本の効率性を表す資本回転性（この数値が高いと資本効率が高い）においても，売上に占める利益の比率（売上の効率の高さ）においても，ANA を圧倒していることがわかる。

　一度倒産した企業が，どうしてこのような高収益企業に変身できたのだろうか。

高インフラ設備型サービス業の航空会社

　破綻前の JAL の BS と PL を見てみると，ANA の現在の財務諸表とよく似ている。もちろん以前の JAL は経営効率が悪かったために破綻に追い込まれたわけで，財務体質が悪い。それが利益率の低さや純資産の少なさなどに表れている。しかしそれらを除いて見てみると，BS と PL の大きさの関係や航空機資産の大きさ，借入債務の大きさなど，極めて近いことがわかる。

　その意味では，実は「現在の ANA」と「破綻前の JAL」は，相似形なのだ。つまり JAL は「経営破綻→再建」というプロセスを経ることで，普通の航空会社とは別の姿に生まれ変わってしまったといえる。

　それでは普通の航空会社とはどんな特性を持っているのだろうか。

　ANA の財務諸表を見ると，最も大きい資産が航空機である。総資産の実に4割を占める。当たり前といえば当たり前だが，航空会社は定期路線に飛行機を飛ばし続けるネットワーク企業である。その意味では鉄道会社やバス会社の経営とよく似ている。また巨額投資のかかる設備型サービス業という意味では，ホテル産業とも近い性格を持っている。

　儲かる航空会社であるためには，最大の資産である飛行機の稼働率を上げ，投資効率を高めることが最重要ポイントである。そのためには，最もニーズのある都市や地域間の路線を押さえることが必要である。鉄道路線でいえば，例えば JR 東海のドル箱である東海道新幹線のような路線である。鉄道の「東京

⇔大阪」線のような，市場性の大きい都市や国，人気が高く人々の行き来が激しい路線を押さえることができれば，飛行機の稼働率が上がり，売上と利益は自然とついてくる。

　一方で航空会社の運営は，ヒトによって支えられている。機材を運行し，整備や施設管理を行い，あるいは航空機内外のサービスを提供する人々が支えている。それに伴って発生する費用は飛行機や空港設備，整備施設などの減価償却費やリース料，燃料費や空港使用コスト，整備にまつわるコストや人件費，客室乗務員や地上係員の人件費，機材調達のために必要な借入債務の金利などが大きい項目となる。

　加えて燃料費に含まれる航空燃油税や空港使用料も航空会社にとって負担の重いものだが，こちらは国によって料率が定められている。

　そして，これらはどれも「固定費」である。売上動向とほぼ関係なく固定的に発生する費用である。飛行機を満席で飛ばしても，空（から）で飛ばしてもコストはほぼ変わらないという特性があるのだ。

　つまり売上が飛行機の稼働率（空席率）で決まり，費用は固定費となると，航空会社の利益は，路線の選択いかんでほぼ決まってしまうことになる。つまり航空路線の「初期設計」次第で，利益構造が決定してしまう事業なのである。

　では航空路線はどのように決まっているのか。もちろん航空会社が勝手に決められるわけではない。飛行機や鉄道，高速道路など交通網があるかないかで，地域経済は左右される。つまり道路や交通ネットワークの路線は，経済権益と強く関わっている。日本航空はもともと日本のナショナルフラッグそのものであった。日本の国益を背負っていたわけで，したがって航空産業は厳しい規制とともに，政治に左右される銘柄なのである。

　だから航空路線は旧運輸省（現・国土交通省）が，国政や地方政治の意向を勘案して決めていた。有力政治家のいる地域では，ニーズのあるなしにかかわらず路線が引かれることもある。赤字路線を飛ぶ見返りとして，ドル箱路線が割り当てられれば航空会社にとってもペイする取引になる。「以前は権益を押さえていれば，遊んでいても儲かった」（あるJAL・OBの発言）という時代も

あったのだ。

航空会社が権益に絡む規制産業であることが，労働組合のあり方も決めたことは否めない。JALにはもともと職種や出身母体によって8つの組合があり，それぞれがバラバラに権利主張し，経営判断の足かせになっていたことはよく知られている。

そうしたことが積み重なって，業界で使われるコスト指標である「ユニットコスト（1座席を1km運ぶのにかかる平均コスト）」ではJALは15円と，LCC（ローコスト・キャリア＝格安運賃会社）である米サウスウェスト航空の3倍，マレーシアのエア・アジアの6倍という世界最低レベルの非効率会社となっていた[6]。

航空サービスのコストは固定的だが，天変地異や国際紛争などが起きれば，売上が大きく左右される事業である。火山が噴火したりテロが多発すれば路線がストップし，あるいは旅行客は激減し，極めてボラティリティの高い事業なのだ。

もう1つ，航空事業の性格として考えなければならない重要なポイントがある。それはサービス業だということである。

航空路線の多くは，複数の航空会社によって運行されている。例えば「東京⇔福岡」や「東京⇔札幌」などの国内線では，JALとANAだけでなく，格安料金のLCCも飛んでいる。また新幹線も走り，時間短縮が進んでどんどん便利になっている。安い移動手段としては，長距離バスという手もある。

国土交通省のデータなどによると，北米や中南米，西欧，東南アジアの世界主要4地域でLCCのシェアは3割を超えた（2012年。国際線と国内線を合わせた座席キロ数ベース）。特に東南アジアでは52%に達している。日本を含む北東アジアではまだ10%だが，2001年の0.4%と比べて急速に伸びている現状にある[7]。

選択肢が多くなっている中で，消費者は価格を含めて顧客満足度の高い手段

6　日経ビジネス 2011/1/17 号より
7　日本経済新聞 2014/12/8 より

を選ぶ。ホテル・ビジネスがそうであるように，お客は価格や便利さを吟味しつつ，乗務員の接客や座席の居心地，料理その他のサービスを天秤にかけて移動手段を選ぶのだ。

　JAL を再建した稲盛氏は，破綻以前に「JAL は高飛車で大嫌い。ANA しか乗らない」と公言していたが，筆者も同感だった。JAL しか飛んでいない路線では仕方なく乗っていた。サービス品質の著しく劣る昔の国民宿舎やかんぽの宿のように，安ければ良いという時代もあったが，消費者の選択肢が増えれば経営が傾くのは当然だったのである。

　巨額のインフラ設備投資が求められる固定費産業にあって，JAL が消費者の支持を失っていたことは致命的な破綻要因だった。

企業再生のメニュー

　それでは具体的に JAL はどのような方法で再建されたのか。それは BS と PL の変化を見れば，およその推測が可能である。

　まず BS の変化を見ると，現預金と退職給付引当金，純資産を除いてすべての項目が減少していることがわかる。企業が経営不振に至ったときに，財務体質改善が進められる。キャッシュポジションを改善するために資産を圧縮し，債務を軽減し，コストダウンを図るのである。その中で取られる一般的な具体策としては，次のようなメニューがある。

＜BS 項目＞

<u>営業債権の圧縮</u>
- 直接販売の強化による現金販売へのシフト（ネット取引など）
- 販売チャネルや販売条件の見直し。代理店チャネルや大口法人得意先の回収条件の見直しや撤退の検討。
- 債権回収方法の見直し。回収業務のアウトソースや，ファクタリングや手形割引利用の検討
- 事業ポートフォリオの再検討。金融事業（クレジットカード）の見直しやノンコア事業の整理売却など

在庫削減と営業未払金の圧縮
- サプライチェーン全体の見直しによる在庫圧縮と管理効率の向上
- 購入先の見直し，競争入札の導入。あるいは購入先の集中選別による低価格交渉
- 在庫管理，事務管理自体のアウトソースの検討

有形固定資産の削減
- 本業のコア資産以外の処分検討。保養所，社宅，本社や営業所などの売却，賃借化
- ノンコア事業，子会社の売却。不動産事業（ホテル）の見直し，売却
- 航空機材構成の見直し。不採算機材の売却と高効率新型機材の導入検討
- アライアンスによる機材の共同運航

投資その他資産の圧縮
- 持合株式，資本提携株式の見直しと整理
- 関係会社事業の見直し，売却

有利子負債の圧縮
- 長短借入債務の返済期限の延長，リスケジュール交渉
- 短期債務の長期への切り替え交渉
- 有利子負債のエクイティ（出資）化交渉
- 機材返還とリース債務の圧縮

＜PL 項目＞

事業費の削減
- 採算管理，コストコントロールの導入＝事業体制全体の縮小。機材効率，スペース効率，人員効率や部門別効率などの「見える化」と効率施策検討。TQC やカイゼン提案制度の導入など
- 航空燃油費や航空機材賃借料，航空施設利用費の削減＝不採算路線の廃止交渉。不採算機材の売却・入替え，機種編成の見直し，大型機材の中小型化。空港利用（国際・地方）の見直しなど
- 人件費の削減＝希望退職募集，給与減免。雇用形態の弾力化やパート，派

遣社員の登用。福利厚生制度の見直しや退職金制度変更など
- 社外役務費，整備材料／外注費の削減＝外注の社内内製化，または社内業務の外注化の再検討。外注先の絞り込み，または競争入札。他の航空会社との共同利用交渉など

<u>販管費の削減</u>
- 販売手数料の削減＝ネット直販の強化。販売チャネルとインセンティブ・システムの見直し。代理店選別，特命代理店との新規アライアンス
- 人件費の削減＝地上職削減と雇用形態の見直し。後方人員削減と業務の見直し。ノンコア事業の売却・撤退
- 社外役務費の削減＝外注の内部化，内部業務の外注化などの再検討

ほかにも検討事項はたくさんあるが，一般的には上記のような手段を取ることで，財務体質改善のための「財務リストラクチャリング」が進められる。

会社更生手続き特有の財務リストラ

　JALの場合は会社更生法の適用を受けて再生されたので，実際に通常の私的整理では採用されない次のような強硬手段が取られた。
　それは次の手順で進められた。
(1) 有形固定資産の評価減，特に航空機材の評価減
(2) 更生計画の立案と，負担可能な借入債務の上限の試算
(3) その上限額までの債務免除交渉，あるいは金利減免交渉

　不採算な路線や機材，事業所などに関して，それらの資産グループが稼得可能な未来のキャッシュフローを計算し，それを現在価値に引き直すと，その資産グループの時価が算出できる。その時価が帳簿価額より下回っている場合は，減損損失を計上し評価切下げを実施する。売却可能な資産については，売却価格が時価となる。

　すべての資産について評価減の金額を集計すると，欠損金が計算できる。要するに累積赤字である。その上で再建可能な道筋が検討され，シミュレートされる。これが更生計画である。

その中で企業の維持が可能な利益と資金繰りの計画が組まれると，返済可能な借金の総額が導出できる。借入債務の上限の限度額や返済期限，支払可能な金利水準などがおのずと導かれる。会社更生法では，社会的な影響度も考慮して，裁判所が倒産企業を再生させるべきか判断する。再生すべきとなれば，金融機関なども債務カットに応じざるを得ない場合が多い。

　実際にJALの借入債務は90％近くカットされた。債務免除のメリットは大きいが，そればかりではない。機材など固定資産が大幅に評価減されたので，バランスシートも軽くなり，再建後の資本効率は格段に高く見えるようになる。

　これに付随して，法的整理にはもう1つのメリットがある。

　それは税務上のメリットである。資産が大胆に評価減されると，その損失分は税務上の累積欠損金に加算される。一方で金融機関などの債務カットによって生じた債務免除益は税務上，欠損金と相殺されない。税務上の欠損金は，公表上の会計制度とは異なる方法で計算され，財務諸表には表現されない。

　日本の税法では，JALのような更生法適用会社については，累積欠損金が生じた年度から7年以内に利益が計上されても，その利益は税務上の欠損金と相殺されることになっている。つまり利益の累積額が欠損金の金額に達するまでは，税金を支払う必要がない。

　先に掲げた2014年3月期のJALの比例縮尺財務諸表は経常利益段階までしか表示していないが，実際のJAL財務諸表のボトムラインは，次のようになっている。

```
2014年3月期        ＜経常利益＞           158 十億円
                    特別利益              9
                    特別損失              7
                  ＜税金等調整前当期純利益＞   160
                    法人税等合計           10
                    その他              △ 4
                  ＜当期純利益＞          166 十億円
```

何と法人税等合計の欄の金額が利益に加算されている。どうやら還付される予定の税額のようだが，いずれにしても法人税等を実質的に支払っていないことがわかる。有価証券報告書の注記を見ると，累積欠損金がまだ3,000億円以上残っているので，あと2年近くは法人税等を払わなくて済むようだ[8]。

　ANAが「会社更生法はアンフェアだ」と批判するのも理解できないことはない。倒産会社が会社更生法の適用を受けると，背負った重荷が一気に解消されるばかりか，オマケまでつけてもらえる。一方で，必死に頑張って健全経営を続けてきたANAは，JALにハンディをつけられて戦わなければならない。社会的なフェアネスから考えると，経営に失敗した敗北企業は速やかに市場から退出すべきだ，という意見にも頷くものがあるのだ。

企業再生の方法論

　倒産企業を立ち直らせるためには，まず手を付けなくてはならないのが財務リストラである。資金に詰まって破綻した企業の資金ポジションを改善し，キャッシュフローがうまく回るようにしないと再建そのものが進まない。

　しかし財務リストラが優先されることは間違いないが，財務だけ改善すれば企業が再生するというものではない。顧客がますます離れていってしまうようでは，再破綻してしまう。財務にいち早く手を打ったら，顧客から満足してもらえる商品・サービスに改善しなければならない。

　短期的には，現状の商品・サービスを可能な限り改善していくしかない。しかし中長期的には，さらに進んで競争力のある魅力的な商品開発をしていかないと，再び成長することはできない。

　したがって一般に企業再生は，次のような順序で進められていくことになる。

---

[8] ただし2014年末時点で，税制改正が検討されているので，以後は変わる可能性がある。

【企業再生のプロセス】
＜財務の再構築＞
　　⇓
＜マーケティング・生産・管理の再構築＞
　　⇓
＜研究開発・事業開発の再構築＞

　航空サービスは固定費型の産業なので，初期設計でほとんど利益構造が決まってしまう半面，サービス業という側面も持っている。航空サービスとは，予約から，チェックイン，搭乗から飛行機を降りるまで，さまざまなサービスがワンセットになっている。客室の居心地や飲食もさることながら，地上職や客室乗務員の接客によって，顧客の満足度は左右される。誰か1人でも落ち度があれば，乗客は敏感に不快と感じる。「たった1人の落第のサービスが全体を台なしにする」というのは，サービス業の人々がよく口にする教訓である。

　倒産前のJALには，そんな面が強かった。そこに稲盛氏が持ち込んだのが，アメーバ経営とJALフィロソフィである。本書の言葉でいうと，経営理念と計画コンロールのシステムを導入したのである。

　アメーバ経営は，採算計算を極めてわかりやすく社員に共有する仕組みである。JALはいわば官庁であり，採算意識の低い企業だった。ただしすでに述べたように，航空事業のコスト構造は初期設計で大方が決まってしまう。社員がペットボトルを機内に持ち込まなくなっても，運航コストに影響はない。

　しかしJALは人件費の削減も含めて，痛みを伴う大胆なコストカットを進めなければならなかった。採算管理を進めて，社員の間にコスト意識を共有できれば，コストダウンの痛みを甘んじて受け入れる覚悟もできるだろう。その意味で，アメーバ経営の仕組み導入は必須だったのである。

　そして最も大きな稲盛氏の貢献は，やはり経営理念の導入だろう。共有の理想や価値観を持たず，コミュニケーションのベースも乏しい組織では，およそ協働は起こらない。JALはこの章で述べた人的ネットワークが形成されてい

ない企業の典型だった。協働がなければ，高品質のサービス提供は成立しない。自分の仕事だけこなしていれば責任を果たしたと考える組織は，役所と同じである。できればお世話になりたくないサービス会社であろう。そんな航空サービスが勝ち残れるわけがない。

しかし JAL は変わった。ケースに記述されているような変化を筆者も実際に経験した。

ある地方空港で前便の機材到着が遅れたとき，乗客が待合室で待たされることになった。その時，機長が待合室に現れ，お詫びのアナウンスをした。機長のそんな姿を目にしたのは初めてのことだった。

またサンフランシスコから羽田に帰国した時のこと。カウンターに預けた荷物が什器トラブルでなかなか出てこなかった。客室乗務員の荷物は別ルートなのか，われわれの横を CA らが荷物を引いて集団で通り去ろうとした。しかし彼らはわれわれ乗客の荷物が出てこないことに気づいて立ち止まった。そしてわれわれとともに荷物が出てくるのを待ってくれた。最後の乗客が荷物を受け取るまで，「大変ご迷惑をおかけしました」と頭を下げ続け，われわれを送り出してくれた。

こんな光景を見るのはやはり初めてで，乗客として気持ちの良い経験だった。JAL はやっと本来のサービス企業になったのである。

ただし JAL が ANA や LCC やその他の交通手段との競争に勝ち残っていくためには，やはりそれだけでは足りない。航空会社も交通ネットワーク企業の1つであるからには，ネットワークの経済性を最大限に引き出す戦略を見出さなければならない。そのためには新規の路線を確保するといった従来型の増収策だけではなく，関連事業への多角化や異業種とのアライアンスなどによる事業開発をもう一度模索していかなければならない。

どんな事業もやがて成熟する。長期的に生き残るためには，時代環境にマッチした新事業開発をしていかなければ，成長はおろか，現状維持もままならないのである。

第6章

リーダーシップ・スタイル

経営者は組織をリードしなければならない。また対外的に組織を代表し，危機管理に際しては自ら出動して指揮を執らなければならない。経営の成果は結局，リーダーの力量によって決まる。最終章では，セブンSの"Style"＝リーダーシップ・スタイルについて考察していこう[1]。

リーダーシップ・スタイルのコンティンジェンシー・モデル

「リーダーシップ・スタイルとは，リーダーの果たす機能・役割のすべて」とここでは定義しよう。太古の昔から国の為政者たちは，優れたリーダーシップを体得したいと熱望した。しかし学問的にリーダーシップ研究が始まったのは，1930年ごろからといわれている。ある研究者が3,000以上のリーダーシップに関する文献をリサーチした結果，「リーダーシップの定義は，それを定義しようとする人の数ほど存在する」[2]ことがわかった。実はリーダーシップもコンセンサスのない概念なのである。

本論では，「リーダーシップ」を「組織を指揮し代表すること。その能力」と狭く定義し，「リーダーシップ・スタイル」を「リーダーが果たす機能・役割のすべて」と広義で捉え使い分ける。

リーダーシップ論は最初，偉人の研究から始まった。ワシントンやリンカーン，ネルソン提督といった偉人たちの性格や行動を分析し，その共通項を探ろうとしたのである。このころリーダーシップは天賦の資質と捉えられることが多かった。したがって偉人論は資質論，運命論でもあった。

しかし面白いことに，そんな研究の数々からは共通項は必ずしも見つからなかった。パーソナリティや能力，社会的属性など，どれをとっても同じではなかった。つまり成功したリーダーたちはバラエティに富んでいたのである。

---

1 ただし解説書によっては，Styleを組織風土や行動規範と捉えているものもある。その定義では"Shared Value"と重なってしまう。当初のセブンSには，もともとこの種の混同がある。

2 R.M.Stogdill, "Handbook of Leadership : A survey of the literature", Free Press 1974

そのうち「リーダーはいかなる行動を取るべきか」という，行動パターンに注目する研究に関心が集まった。行動ならば天性の資質と違って，誰もが後天的にキャッチアップ可能になるはずだ。ここから「リーダーシップは学ぶことができる」という考え方が唱えられるようになる。この行動論のおかげで，リーダーシップは書籍やセミナーの類で大きな産業になったといわれている。

やがて行動を分析していくと，ある状況では有効なリーダーシップでも，別の状況では有効でないという現象が浮かんできた。産業や時代状況，場面などによってリーダーシップ・スタイルは異なり，唯一最善の方法はないというのだ。これがリーダーシップ・スタイルのコンティンジェンシー・モデルである。

ロスチャイルドは組織の発展段階に応じて，適合するリーダーシップ・スタイルは異なると考えた[3]。すべての製品はプロダクト・サイクル，つまり「誕生→成長→成熟→衰退」というカーブを描く。企業組織も同じような推移を辿ると考えれば，誕生から衰退に至るステージごとに，リーダーのタイプは違うというわけである（<図表6-1>）。

ここで，あらためてリーダーの機能・役割とは何か，整理してみよう。

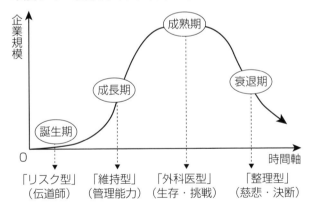

<図表6-1> 組織のライフサイクルとリーダーシップ・スタイル

---

[3] W. E. Rothschild, "Risktaker, Caretaker, Surgeon, Undertaker", John Wiley & Sons, Inc. 1993（梅津祐良訳『戦略型リーダーシップ：時代が求める最強の指導力』ダイヤモンド社 1994）

第1章でセブンSモデルを紹介し，トップの仕事について述べたが，それはそのままリーダーの役割を表している。あらためて7つの役割とは下記である。

① 経営理念
② 経営戦略
（以下，マネジメント・コントロール）
③ 組織構造
④ 計画コントロール
⑤ インセンティブ
⑥ 育成・人事
⑦ リーダーシップ（ここでは狭義）

リーダーの果たすべき役割は，上の7つすべてである。つまりリーダーとは，経営理念や基本設計図（戦略）を描き，詳細設計図（組織構造，計画コントロール，インセンティブ，育成・人事）を設計し，組織を代表し指揮する（リーダーシップ）のが役割である。リーダーシップ・スタイルとは，このリーダーが果たす7つを包含したワンセットを意味している。

そう考えると経営者はまず，組織全体をリードする理想，信念，価値観，行動規範を構想し創造する人である。アップルのスティーブ・ジョブズやテスラのイーロン・マスクのように，成長を遂げたベンチャー企業には多くの人々の共感を獲得して「ビジョナリー（夢想家）」と呼ばれる人がいる。シリコンバレーでは「エバンジェリスト（伝道師）」という言葉が好んで使われた。

またリーダーは，さらにその理想を実現する「戦略家」でなければならない。さらに組織構造や計画コントロールを設計する「設計者＝システム・エンジニア」であり，計画コントロールのプロセスでは，組織のコミュニケーションや調整をリードする「調整者（コーディネイター）」である。

そして組織の人々に対してインセンティブを配分する人でもある。物質的なインセンティブの分配を決めるだけでなく，心理的なインセンティブ手法も使い，人々を動機づける「誘発者」なのだ。加えて企業を上昇スパイラル軌道に乗せるためには，人材育成や組織学習の「教育者」をも務めなければならない。

組織では例外事項が頻発する。そんな場面では「トラブル・バスター（トラブルを解決する人）」として、現場を取り仕切る人になる。企業が突発的な事故や紛争に巻き込まれると、「危機管理者」としての顔も持つ。時には組織のスポークスマンとして、外部世界に対してアピールする役割も果たす。これらはいずれも組織を代表する「指揮者」としての役割である。

　経営者はいろいろな場面で、役割期待が変わる。どれが特に強く要求されるかは、状況や時代によって変わってくる。しかしいずれにしても経営者は、7つの顔を使い分ける多能の職業家なのだ（<**図表6-2**>）。

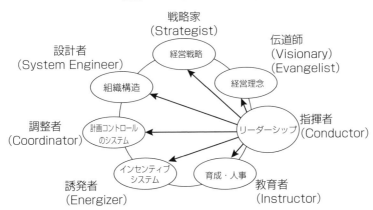

<図表6-2> リーダー7つの顔

イノベーションとベンチャーが果たす役割

　バブルが弾けて以降、今日までわが国経済は低迷を引きずってきた。いわゆる「失われた20年」である。

　しかし世界に目を転じると、先進諸国では規制緩和が進み、ITやバイオテクノロジー、環境、エネルギーといった分野で技術革新が生まれ、不連続性のイノベーションが勃興している。イノベーションが起こり進化すると、社会やわれわれの民生生活をそれに合わせて作り変えていく必要が生まれる。先進技術

を活用して，より良い社会へと構造的に変える時代的要請が生まれるのである。

　変革が必要になっても，しかし既存勢力は身動きできないことが多い。それは過去の環境に合わせて積み上げた資産を引きずっているからである。過去に蓄積した資産は，時代にそぐわなくなって，大方陳腐化している。弱みの要因にすらなっている。とはいっても，それを一気に捨て去ることはできない。企業のステークホルダー（利害関係者）は，その資産の上で生きているからである。時代に合わないからといって，彼らの生存基盤をバッサリ切り捨てることはできない。痛みが大きすぎて，変革に及び腰になるだけでなく激しい抵抗すら起こる。

　こんな折に，抵抗する既存勢力を尻目に変革の担い手になるのがベンチャーである。

　ベンチャーはしがらみを持っていないので，失うものはない。フットワーク軽く，新しい提案を矢継ぎ早に繰り出してくる。自由な発想で新しいテクノロジーを駆使し，新しい風を吹き込んでくるのである。

　ベンチャーをリードする人材は，高度成長期を引っ張ってきた大企業の経営幹部人材とタイプが異なる。

　かつての高度成長期では，世の中から何が求められるか，明快だった。例えば世の中は生活必需品を求めていた。品質が良く安価な製品であれば売れた。したがって組織の目標も立てやすかった。目標が明快だと，組織全員が協力しながら，それぞれの役割に集中できる。チームワークが重視され，技術やノウハウは企業の中にコツコツ蓄積することができた。インセンティブもチームを重視し，平等に分配され年功が尊重された。

　そこで活躍するリーダーには，気配りの利いたチーム志向の人が向く。チームの目標はチーム全員が整然と共同作業を行い，能率を上げながら失敗を最小限に抑えることである。「出る杭」はいらないが，落ちこぼれは許さない。信賞必罰が必要だ。

　高度成長期の経営スタイルは，こんなイメージだろうか。これに対してベンチャーの経営スタイルは，真逆である。

まずベンチャーは新しい提案，革新性が命である。したがって組織は，自由で創造的でリスクテイクに満ちた雰囲気で溢れている。協調性に多少乏しくても，独創的な才能を持つ人なら歓迎だ。「出っ張る，尖った杭」が欲しい。当然，彼ら現場を仕切る人たちに大きな権限が与えられる。自由にいろいろなアイデアを探し回り，試行錯誤を繰り返す環境が与えられる。

　ベンチャーでは全員がリーダーといってもいい。朝令暮改はまったく構わない。動きが遅いと，すぐに競争に後れをとる。スピードが命なので，独断専行が許される。才能がある人なら，内部とか外部は関係ない。いつも新鮮なアイデアに対してオープンで，チャンスは誰にも開かれている。

　ベンチャーで大ヒットを飛ばした人には，多額の成功報酬が支払われる。成功の確率は低い。だからその中で成功をつかんだ人に，報酬は青天井である。同時に，試行錯誤の実験には失敗はつきものだ。失敗した人をいちいち罰していたら，社員は誰もいなくなる。だから「Freedom to Fail（失敗の自由）」がある。

　高度成長期の大企業とベンチャーのリーダーシップ・スタイルの違いをまとめたのが，＜図表6-3＞である。かように両者はかけ離れている。

＜図表6-3＞ 大企業 vs ベンチャーのリーダーシップ・スタイルの違い

要　素	大企業	ベンチャー
経営環境	成長安定期	革新期
経営戦略	明確・固定的	探索・多様・柔軟
組織文化	改善・努力重視	創造・自由闊達
	リスク回避	リスクテイク
	チームワーク重視	独創的個人尊重
	自前主義	オープンイノベーション
組織構造	ピラミッド組織	小集団フラット組織
計画コントロール	積み上げ方式	コンティンジェント柔軟プラン
インセンティブ	年功・平等	成功報酬・傾斜配分
	信賞必罰	Freedom to Fail
育成・人事	自前育成	外部才能・オープン
リーダーシップ	温厚・民主的	独断専行的

<図表6-4> グリーとガンホーの比例縮尺財務諸表と経常利益推移
（単位：億円　PLは経常利益まで表示）

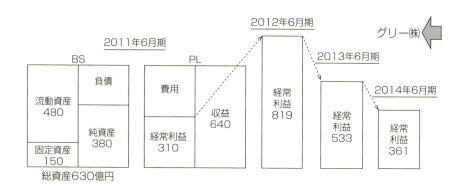

　ベンチャーの競争相手は全方位にいる。既存勢力とも戦うが，そればかりではない。新しい提案をしてくるベンチャーは，雨後の筍のように次々に続いて生まれる。後発のベンチャーも強力なライバルである。

　そんな典型的な業界が，ゲーム業界である。昨日の覇者が今日は負け組，という有為転変の激しい世界である。

　<図表6-4>は，グリーとガンホーの財務諸表を要約して表示したものである。コンソール型ゲーム機の覇者であった任天堂やソニーに代わって，覇権を握ったのがグリーやDeNAである。彼らは，パソコンや携帯電話というプラットフォームが主流の時代の覇者となった。しかし主流がスマートフォンに地滑り的に変わると，ガンホー・オンライン・エンタテインメントに取って代わられた。ガンホーの次の覇者はどこからやってくるのだろうか？

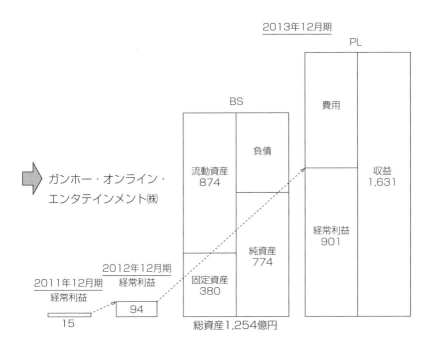

ベンチャーの定義と日本の低い起業率

　今までベンチャーという言葉を無前提に使ってきたが，この言葉も曖昧に使われることが多い。「ベンチャー」とは，何だろうか？　普通の「中小企業」とどこが違うのだろうか？

　「ベンチャー企業」という言葉は，もともと「冒険企業」からきている。ベンチャーの必要条件としては，「技術やビジネスモデルのユニークさ」とか，「大企業への低い依存度」がイメージされている。大企業への依存度が高い中小企業は「下請け」であり，ベンチャーのイメージとは遠いのである。

　米国シリコンバレーでは，「ベンチャーとは，スタートからすでに志は大企業であるような創業間もない企業」と定義されてきた。つまり「世の中を革新

する構想を創業時から描いていること」が条件であり，今は小さくても「志はすでに大企業」であるような企業のことである。

　ここが日々の糧を得るための「生業」や「家業」，その延長としての「同族的中小企業」との違いである。志の高さが，条件としてイメージされている。

　Global Entrepreneurship Monitor という機関の調査によれば，日本の起業率は世界でも最低水準であるという[4]。起業率とは「成人 100 人に対する起業準備中，ないし起業後 3 年半未満の人の数」を指している。

　この調査でトップはアフリカのバヌアツの 42 人，米国は世界 25 位の 13 人，日本は 4 人と調査国 73 カ国中の何と最下位である。バヌアツに企業が少ないことは容易に想像できるので開業しかないのはわかるが，日本は米国と比べてもかなり低い。

　筆者は米国シリコンバレーに滞在したことがあるが，インテルやアップル，グーグル，ヤフーといった数多くのベンチャーを輩出してきたこの地域には，ベンチャーを育てるインフラが整っており，彼我の差を痛感したものである。

　例えば，次のような環境に恵まれている。

　まずベンチャーに資金を提供するベンチャー・キャピタル（VC）が多数ある。またエンジェルと呼ばれる人たちがいて，リスク・マネーが豊富に供給されるメカニズムになっている。エンジェルとはかつて起業に成功して大金持ちになった人が多い。彼らはコミュニティを形成し，情報交換しながら将来性のありそうなベンチャーをいつもウォッチしている。

　彼らの審査の目は厳しいが，必要とあればコミュニティのネットワークを使って CMO（マーケティング担当役員）や CFO（財務担当役員）など必要な人材を集め，経営のサポートをしてくれる。出世払いの成功報酬で協力してくれる弁護士や公認会計士など，専門家も揃っている。

　大学がベンチャーのインキュベーション機能も果たしている。シリコンバレーを創ったといわれるスタンフォード大学の教授たちは，同時に起業家で

---

[4]　日経ビジネス 2014/1/20 より

あったりもする。

　また，たまたま訪問インタビューしたベンチャー企業の経営者は，「自分はVCから派遣されたCEOだが，CEO職を務めるのはこれで6つ目だ」と言っていた。「過去に取り組んだベンチャー5社のうち3つは失敗したが，1つは事業売却に成功し，また1つはIPO（株式上場）した」と胸を張っていた。彼にとって2つの成功例こそ自分の力量の証であり，失敗は取るに足らないという口ぶりだった。

　こんな環境下にあるので，アントレプレナー（起業家）たちは失敗すれば「タダ働き」にはなるが，家屋敷を取られるわけではなく，またやり直せばいい。これが"Freedom to Fail"である。そして成功すればインセンティブは青天井である。だからリスクにチャレンジし続けられる。

　「誠意と努力を尽くして仕事をしていれば，チャンスは何度でも来る」

　彼らはそう信じている。

　わが国はこれとは対照的である。最近ではスマートフォン・アプリやゲームの開発ベンチャーをターゲットにしたVCがたくさん立ち上がり，ベンチャー投資の環境が変わりつつある。とはいっても，まだ間接金融メインの社会であるだけに，起業にひとたび失敗すれば家族ともども路頭に迷いかねないのが，大方の日本の事情だろう。

　だから起業したいと考える人たちの間にも，リスクに対する恐怖心が過度に浸透しているように思える。しかしこのインフラの下では，恐怖心があって当然である。

ベンチャーのリスクと大企業社員のリスク

　ベンチャーは革新的な提案を引っ提げてチャレンジする企業なので，新しさゆえに成功確率が低いのはやむを得ない。

　シリコンバレーのベンチャー・キャピタリストが書いた本に，ベンチャーの成功確率が記されている（<**図表6-5**>）。この数字は彼の経験から導かれ

<図表6-5> ベンチャー企業の成功確率
(J.L. Nesheim, "High Tech Start Up", The Free Press 1998)

た直観的な数字だ，と断っているが，しかし当たらずとも遠くない実情を表しているのではないかと思われる。

彼によると，シリコンバレーでは新事業プランのアイデアが，毎日エンジェルやVCに山のように押し寄せてくるという。そのおびただしい件数の中身は，といえば「ほとんどがジャンク（くず）」だという。

その母数が100万件とすると，100万の新事業プランの中からVCでプレゼンテーションの機会を与えられるのはわずか1,000件に過ぎないという。シリコンバレーのコミュニティにいる目利きたちの厳しい審査の目を通過するのは大変で，ほとんどのビジネスプランはゴミ箱行きなのである（これはVCでの話なので，エンジェルによってすくい上げられる案件もある）。

さらに1,000のVC審査案件の中で，実際に投資されるのは60件に過ぎない。そしてその60の投資案件の結末は，といえば，本当の意味の成功と呼べる株式上場にこぎつけられるのは，わずか10%の6件である。30%のベンチャーはどこかに売却され吸収される（この中には高値で売り抜ける成功例もありうる）。そして何と60%は倒産するという。

日の目を見ないアイデア100万件を分母とすれば，IPOに成功するのは0.0006%に過ぎない。VCの審査に乗った1,000件を分母にしても，成功確率

は0.6%。まさに「センミツ」以下の世界なのである。

そんな「失敗は当然」という世界で，いちいち提案者に失敗のコストを強いれば，やがて世の中に新規提案が出てこなくなる。誰もチャレンジしたいと思わなくなる。

「ノープレイ，ノーエラー」

失敗コストの高い日本では，だから起業率が低いのである。

しかし，である。それならば反対に大企業にいれば安泰なのだろうか。予想もしない変化が起こる今日，「寄らば大樹の陰」などとのんびり構えていられる時代だろうか？

今や，日本の数々の大企業か絶不調に陥っている。それはパナソニックやソニーだけではない。日本の空のフラッグシップJALも破綻した。日立製作所，NEC，三菱電機の半導体事業をルーツとするルネサス・エレクトロニクスも実質的に倒産した。これらの企業は，国家資金の救済によって何とか再生にこぎつけた状況にある。

今や地方自治体もリストラに追い込まれる時代であり，公務員といえども安泰ではない。まして大企業のサラリーパーソンでいることが一生安住の地であった時代は，とうに終わっているのである。

しかし失敗コストの高い日本では，人々は大組織から離脱することに対して，過度の恐怖感を抱く傾向がある。サラリーパーソンにとって安定した収入や一流企業という金看板を失うことは，人生の転落を意味しているかのようだ。自分という存在すら喪失してしまうと，受け取る人が多いようだ。

筆者も実は，起業した1人である。筆者は大学卒業後，たまたま公認会計士という資格を取り監査法人に就職した。国家資格を持っているので，普通の会社員より，はるかに自立に有利な立場のはずである。しかし監査法人を辞めることに，恐怖を感じて長い間グズグズした。家族の顔が，特に生まれて間もない赤子の顔が頭に浮かび，「家族を路頭に迷わせたら，どうしよう」などと思い悩んだのである。

しかしあるキッカケで組織を飛び出すことになったのだが，外に出てみると

予想とは全く違って、思いもかけない世界が開けた。

起業のプロセスは確かに大変だった。しかし必死で仕事に取り組んでいたら、仕事を楽しみ、起業の喜びに浸る自分を発見したのである。

起業家たちの至福

慶應ビジネススクール（KBS）のOBが起業して、今日大成功を納めている再生ファンドがある。その創業者・笹沼泰助氏（アドバンテッジ・パートナーズCEO）に、シンポジウムで「起業して良かったと感じることは何か？」と質問した時、即座に返ってきたのは次の言葉だった。

「それは最高の幸福感ですよね」

筆者はこのセリフを耳にして、「この言葉に尽きるな」と感じた。起業とは自らリーダーシップを握ることであり、最高の自己実現を実感できる立場でもある。起業して組織が形を成すまで、その苦労は半端ではない。しかし達成感や喜びは、もっと半端ではないのだ。

起業した経験のある人は異口同音に、「見える景色が変わる」という。苦労の後の喜びは何物にも代えがたく、またそれは事前には見えなかった世界なのである。そればかりか、「大組織を辞めることに躊躇していた自分は、一体何だったのか？」とすら振り返って笑えるようになる。

「起業って、意外と何とかなるんですよね」とは、やはりあるOBの言葉だが、その実感は起業を経験していない人にはわからない。笹沼氏が口にした「最高の幸福感」も、起業した人にのみ開ける世界なのである。

ケース ㈱ローソン…イントラプレナー新浪剛史氏の経営革新[5]

日本で花開いたフランチャイズ・システム

　㈱ローソンは,「ローソン」,「ナチュラルローソン」,「ローソンストア100」などのコンビニエンス・ストア（以下CVS）を展開するフランチャイズ本部の会社である。加盟店の数は日本国内で11,987店に及び（2014年8月末現在），チェーン全店売上高は約2兆円に迫る。売上高・店舗数ともにCVS業界で第2位の地位を占めている。

　ローソンはかつてダイエーの子会社として設立され成長を遂げたが，親会社のダイエーの経営不振から2000年に三菱商事㈱との間で資本業務提携が結ばれ，経営権は三菱商事へ移った。

　2002年に，当時三菱商事の室長に過ぎなかった新浪剛史氏が，三菱商事から転籍して社長に就任した。その後，新浪氏は過去最高を更新する業績を上げてきた。しかしずっと強い危機感を持っていた。

　「従来型のコンビニは飽和状態。ダイナミックに店舗のモデルを転換し，成長を目指す」

　2013年にはキャッチコピーを変更し，従来の「マチのホットステーション」から，新しく「マチの健康ステーション」とした。今後健康食品を充実させ，「ナチュラルローソン」や医薬品を販売する店舗を拡充するなど，業態転換を進めると表明した。

　一方で業界トップのセブン-イレブンは，悠々と2位以下に大きな差をつけている。2014年2月期連結決算で営業利益の伸びも14%増と，ローソン（2.8%増）やファミリーマート（0.5%増）を圧倒した。この3強の激しい競争の陰で，4位以下のチェーンの業績は一層厳しくなっている。例えばサークルKサンクスの営業利益は14%減，ミニストップは9%減となった。

　日本のCVSの歴史は1973年に始まる。GMSイトーヨーカ堂の子会社として，

5　このケースは山根節・廣瀬博『㈱ローソン…イントラプレナー新浪剛史の経営革新』（慶應義塾大学ビジネススクール刊2013）をベースにしている。

ヨークセブン（1978 年よりセブン-イレブン・ジャパンに社名変更）が設立された。イトーヨーカ堂が，当時世界最大の CVS チェーン・米サウスランドからラインセンスを取得して事業を立ち上げたのである。

翌 1974 年に創業理念を「既存中小小売店の近代化と活性化」，「共存共栄」と決め，1 号店をフランチャイズ契約で出店した。そして「変化への対応と基本の徹底」をスローガンに，変化し続ける消費者ニーズに対して製造・物流・販売の仕組みすべてを革新し，成長を果たしてきた。

セブン-イレブンは，次のようなさまざまな革新的取り組みを行ってきた。
・日本型フランチャイズ・システムの確立
・高密度集中出店方式
・高品質かつ適正価格の商品政策
・日本初となる商品の小口混載配送
・温度帯別共同配送
・発注端末 POS システムの導入
・単品管理
・その他，業界を先駆けるネット事業や金融事業の立ち上げなど

このようなセブン-イレブンの小売革新は，そのまま CVS の業界標準モデルとなった。

CVS が現在のように社会的インフラにまで成長した要因には，日本型のフランチャイズを確立したことがあげられるだろう。

フランチャイズ・システムでは，本部（フランチャイザー）と加盟店（フランチャイジー）が「フランチャイズ契約」を締結し，それぞれが役割分担する。本部は情報流を一手に集約し，商流・物流をアウトソースしながら，流通チャネル全体をコントロールする。一方で，加盟店は本部から店頭に届けられた商品を検品した上で陳列し，消費者に販売する。加盟店は販売に専念する一方，本部は販売以外の機能を担当して加盟店をサポートするのが一般的である。

フランチャイズ・システムを利用することで，加盟店は認知度の高いブランドを利用できる。事業経験がなくても本部の指導で事業をスタートできる上

に，地域内での新規参入をある程度コントロールしてもらえる。本部はスピーディーな店舗網拡大が可能になり，チェーン全体で「規模の経済」を発揮できる。

　半面，制約も多い。チェーン全体の統一性が優先され，ブランド・イメージを維持するため，決められたルールを守らなければならない。例えば本部は消費期限切れ直前の弁当類の値引き販売を認めない。また陳列棚が寂しくならないように絶えず一定量を保つよう店を指導するが，廃棄ロスは加盟店負担となる。本部と加盟店は協力関係だが，利益相反が生じる可能性もある。

　「ロイヤルティー」は加盟店が本部に支払うフランチャイズ・システムの利用料だが，本部が開発したシステム・パッケージの対価を意味している。CVS業界の場合には，一般的に「粗利分配方式」のロイヤルティー制を採用するチェーンが多い。

　本部は加盟店からのロイヤルティーを主な収入源としているが，一部で本部直営店の経営も行っている。直営店を持つことで，本部の新入社員に店長経験を積ませたり，加盟店の店舗運営指導を行うスーパーバイザー（店舗運営相談員，以下，SV）を育成したり，あるいはさまざまな実験をここで試すこともできる。

新浪氏と中内㓛氏との出会い

　ローソンは，GMS最大手（当時）のダイエーが米コンソリデーテッド・フーズとのコンサルティング契約を結び，1975年にダイエーローソンとして生まれた。1989年には東日本を中心に展開していたサンチェーンと合併し，店舗名もローソンに統一された。

　新浪氏は1959年，神奈川県横浜市に生まれる。実家は横浜港で港運業を営んでおり，当時アメリカ海軍の仕事に携わっていたことから，実家にたくさんのアメリカ人が訪れる環境で育ったという。慶應義塾大学に進んで3年生のとき，子供のころからのアメリカへのあこがれもあって，1年間の米国スタンフォード大学との交換留学プログラムに応募した。

外交官を夢見ていたが，国際的な仕事がしたいと，1981年に三菱商事に入社する。最初に配属されたのは砂糖部だった。総合商社では，入社して最初に配属された部署で退職を迎えるという，いわゆる「背番号制」の傾向が強かった。しかしそれでは未来は開けないのではないか，と考え始め，独学で商社ビジネスや経営に関する勉強を始めた。彼は砂糖部で会社人生を全うする気はなかった。

　社外の各種勉強会にも積極的に参加した。また意欲的な若手ビジネスマンを集めて，自ら勉強会を主催することもあった。社内にチャンスや刺激が足りないなら，外に求めようとしたのだ。

　外部の会合などに参加していた25歳のころ，彼はダイエー創業者中内㓛氏がスポンサーとなって主催する若手の勉強会「ボイス・オブ・ザ・フューチャー」に参加し，中内氏と知り合う機会を得た。後にこの出会いが，三菱商事のローソン株取得のきっかけとなる。

　若手勉強会の出席者はほとんどが海外留学経験者だった。刺激を受けた新浪氏は，アメリカ留学を希望するようになる。ところが会社に社費留学の申請を何度出しても，上司に推薦してもらえなかった。ようやく推薦を得て社内試験に臨み，筆記試験は何とかクリアしたものの，役員面接で2度も落とされる。『お前みたいに出来の悪い奴はいない』とまで言われたという。業を煮やした新浪氏は，それならと自分でハーバード大学に応募し合格証を手にする。その後で会社の社費留学制度に申請し，留学をかろうじて勝ち取る。1991年には晴れてハーバード大学経営学修士号（MBA）を取得した。

　企業派遣の海外留学経験者は，帰国後ヘッドハンティングがかかり退社するケースが多い。新浪氏にも帰国後，誘いがかかった。しかし海外留学後も会社に留まったある先輩から，こんなことを言われる。

　「この会社にいて，求める方向と自己実現が同じなら，大きいことができるぞ。ベンチャーキャピタルに行っても2～3千万円をちょこちょこやっているだけだ。コンサルティングにしても，自分でやるんじゃない。ほかのところは良く見えるが，よく考えろ」

この言葉で，新浪氏は退職を思い留まる。
　後に新浪氏は「単純に独立という道を選んでいたら数億円の仕事がせいぜい。三菱商事の看板を背負っているからこそ，ケタの違う仕事ができる」と語っている。
　帰国して3年後の1994年，34歳となった新浪氏は食料開発部に在籍していたが，病院給食を手掛ける事業を自ら企画し，ソデックスコーポレーションを社内起業する。
　新浪氏は「具体化は任せてください」と上司に直訴し，自ら社長となった。売上10数億円の会社を買収統合して，社員30名でのスタートとなった。そしてわずか5年で売上高100億円規模の会社に育て上げる。
　ソデックスを経営していたころの1999年には，経営難に陥っていた日本ケンタッキー・フライド・チキン（三菱商事の子会社）の社外取締役も務め，ここでも事業再建に力を尽くした。いずれも経営者か，経営に近い立場の仕事だった。

新浪氏，ローソン社長に手を挙げる

　1999年秋，生活産業流通企画部に籍を移していた新浪氏のもとへ，ダイエー会長を退いた中内㓛氏から「ローソンの株の一部を，三菱商事に持ってもらいたい」との提案が寄せられた。経常赤字で苦境だったダイエーにとってローソンは優良子会社であり，いわば虎の子だった。しかし2兆円超に膨れ上がったダイエーの有利子負債を削減するために，株式売却を持ち掛けてきたのである。新浪氏はローソン株の買取りを三菱商事経営陣にもちかけ，商事と中内氏の仲立ちをすることとなった。
　2000年2月，ダイエーと三菱商事はローソンの資本業務提携を締結する。商事がダイエーからローソンの発行済株式の20%を約1,700億円で購入し，ダイエーに次ぐ第2位の株主となった。翌2001年2月には，ダイエーからさらにローソン株8%を追加取得して筆頭株主になり，合計約2,000億円を投じた商事が前面に立ってローソンの経営を担うことになった。

このような状況のもとで，新浪氏は当時の三菱商事・佐々木幹夫社長に直談判し，自分が社長をやりたいと申し出る。

「10年前に給食会社を立ち上げたとき，すごく燃えたんです。あの時は34歳だったけど，僕はもう一度燃えたい」

「給食会社には55歳から65歳ぐらいの，銀行から天下った人たちがたくさんいた。そこに三菱の資本を入れて新たに創業したんですが，最初は『この小僧が』という目で見られ，すごく難しかった。でも，これはと思うプロパー社員3人に『こういうことをやりたいんだ。一緒にやろう』と自分の思いを何十回，何百回と語った。そしたら，その3人が会社を作っていってくれました」

（いずれも新浪氏の発言）

　佐々木社長は，新浪氏の申し出に何とOKを出した。そのことは新浪氏本人も含めて，周囲を驚かせた。彼は2000年4月から三菱商事側のローソンプロジェクト統括室長兼外食事業室長となっていたが，2002年3月にローソンの顧問に就任し，同年5月に出向ではなく転籍して社長（CEO）となった。このとき新浪氏は43歳。東証1部上場の小売専業企業としては最年少となる，異例の社長抜擢だった。

新浪氏の10年間のローソン改革

　CVS業界はセブン-イレブンが最強のリーダーであり，同業他社はセブン-イレブンの戦略，戦術を後追いする傾向が強かった。日本型CVSのビジネスモデルを創り出したのもセブン-イレブンなら，他社に先駆けて継続的にモデル革新を行ってきたのもセブン-イレブンだったからである。

　実際のところ新浪氏も社長就任時には，ローソンの社員たちに向けて「同じコンビニじゃないか。強者であるセブン-イレブンを徹底的にベンチマークし，その強みを学ぶところから始めよう」と発破を掛けた。

　またこうも言った。「セブン-イレブンにできていることがなぜできないのか。効率の悪い店はどんどん閉店すればいい。その上で，CVS業界のベストプラクティスをとにかくマネすればいいんだ。できないのなら，何としてもや

らせればいい」

　ところが，現場を廻ってみると皆ヘトヘトになっていることに気づく。ダイエー傘下の時代から「セブン-イレブンがやっているんだから，お前らもやれるだろう。難しいことをやらせているのではない。セブン-イレブンのマネをすればいいんだ。なぜセブン-イレブンにできて，お前たちはできないんだ」とずっと言われ続けて，社員は辟易としていたのだ。

　社員たちと話すと，誰もが自信を失い萎縮しているのがわかった。セブン-イレブンは圧倒的首位であり，ローソンはセブン-イレブンの追随者に過ぎない。逆立ちしてもかなうはずがない，と。

　劣等感で固まった社員の心を動かすにはローソンを本気で変えるしかない，と新浪氏は決心する。

　新浪氏は「ローソンの目指すべき強さとは何か」を必死に考えた。全面戦争を挑むのではなく，業界2位のチャレンジャーとして「どこで，どう戦うか」を突き詰めて考えていった。決めたらそこに経営資源を集中投下し，その「局地戦」には必ず勝つ。半面セブン＆アイ・グループのように総合小売業ではなく，CVS業態のみのローソンには資源にも限りがある。したがって場面によっては「勝てない戦い」もあるだろう。苦しいがそこに無駄な資源投下はしないという，明確な「諦め」も必要なのではないか。

　新浪氏は全国の営業拠点や有力な加盟店オーナーのもとを訪れて，話を聞いた。移動しながら景色を眺めていた時，ヒントを思いつく。ローソンは業界の中でも，特に田舎の店舗が多かった。セブン-イレブンは大規模商圏に集中出店して，チェーン全体の効率を高めている。田舎にポツンと立地する店舗が多いことは，チェーンの基本から外れていることを意味する。

　しかし新浪氏は「ローソンの強みは全国の田舎に店舗があること。都市生活者だけでなく，全国各地域のライフラインになっている。これこそがローソンの潜在的な強み」と考えることにした。

　このヒントから地方や郊外に立地した店舗網を活かすような，「地域密着の店舗を作る」という戦略の着想を得る。日本の地方は千差万別なのに，CVS

業界は均質な商品やサービスを提供している。むしろ地域とともにあるような，あるいは地域によって姿を変えるCVSチェーンがあってもいいのではないか。

セブン-イレブンとの差別化を模索するローソン

　チェーンストアの論理では，均質化された商品・サービスを多店舗展開することで「規模」に見合った「効率」を手にしようとする。しかし新浪氏は小売チェーンの常識にとらわれず，均質性を犠牲にしてさまざまな店舗・業態を開発していった。

　こうしてできたのが「ナチュラルローソン」，「ローソンストア100」，「調剤薬局併設型ローソン」などである。

　当然のように，「店舗は均質にして増やすもの」という固定観念に縛られている人たちや，ダイエー出身の商品本部長たちから反発が起こった。新浪氏は三菱商事・小島順彦副社長（当時，現・会長）らの強力なバックアップを得て，商品本部長クラスの大幅な入れ替えを断行した。

　その他にも，地域ごとの多様性を実現するために権限を現場に下ろしていった。2003年，それまで20あった運営部を解体し，全国の営業エリアを7つの支社に分割する「支社制度」を導入した。

　この分権の網の目は，後にさらに細かく分けられた。2011年に「支店制度」を導入し，それまで7支社の下の区割りである約120のディストリクトを廃止し，意思決定権限を持つ76の支店として再編した。支店長にはリーダー教育を施した上で，支社の権限の一部を委譲した。例えば出店可否の判断など，エリア戦略の意思決定は支店レベルに委ねられた。

　さらに2012年6月からは，支店に属するSVたちをチーム化した。SVに2人のアシスタント・スーパーバイザー（店舗運営相談員補助，ASV）を付け，3人1組で店舗を巡回し，個人技ではなくチームワークで店舗を支援する体制にした。支店長の指示にただ従うのではなく，3人で知恵を出し合い，それぞれの立地に合った店作りを加盟店と一緒に考えることを求めた。日本型CVSの中央集権的運営とは異なる，新浪氏のローソン分権経営ができ上がっていった。

日本のCVSは，最先端のPOSシステムを導入していることも特徴である。店舗では，購入者の年齢層や性別，当日の天気までもPOSレジで手入力しデータ収集している。この顧客の購買情報をもとに日々分析を行い，改善を続けている。この仕組みは他の小売業態をリードしていた。

　これを作り上げたのはセブン-イレブンだが，CVS各社はPOSシステムに関しても同社に追随してきた。しかし新浪氏はマネだけでは先行するパイオニアに勝てないと考え，POSシステムを乗り超える試みも始めた。

　その切り札が，会員制ポイント・カード「Ponta」による顧客購買情報である。現在，Ponta会員は5,000万人を突破し，会員による売上高は全体の半分近くを占めるまでになった。

　会員カード発行時に，顧客は性別，生年月日，住所，配偶者の有無，会社員か学生かなどの事項を登録する。レジ係の目視に頼るPOSシステムよりも，正確に年齢や性別を把握できる。

　ローソンはこの情報を商品開発に生かし始めている。例えば，CVSは60歳以上のシニア層を苦手としてきたが，年齢層ごとの商品・サービス開発に取り組みつつある。

三菱商事の事情

　総合商社はかつて日本の産業の夜明けを支えた業態といわれている。また銀行や通産省（現・経済産業省）などと並んで，産業再編を主導する役割も担ってきた。

　しかし今まで何度となく「商社不要論」や「商社冬の時代」などが叫ばれ，一時その存在感は薄れたかに見えた。しかし2000年代に入って世界的な資源高を背景に勢いを取り戻し，産業再編の仕掛け人として再び動き始めている。その過程で，従来型の取引仲介による口銭（売買手数料）を稼ぐビジネスモデルから脱皮し，今日では自らリスクを取って事業に投資する「投資会社」型モデルに転換してきている。

　特に三菱商事は，資源，自動車，食料など幅広い分野で川上から川下まで隙

間なく投資し，着実に利益を生み出す戦略を進めている．

さらに商社には，「人材供給会社」というもう1つの顔もある．ローソンをはじめ，日本ケンタッキー・フライド・チキン，北越紀州製紙，メタルワン，三菱自動車工業など，三菱商事出身者が社長を務める企業の数は，連結対象会社の半分強に達する．同社には後継者難の出資先から派遣要請が舞い込むことも多く，派遣している社長の総数は300人に及ぶという．

新しい分野の事業育成を目論む三菱商事は，新浪氏をローソンへ送り出す際，全面的な支援を行った．当時の佐々木幹夫社長と小島順彦副社長は次のように言ったと伝えられている．

「同じ価格で同じ品質だったら，三菱商事から買う必要などない．メリットがあるなら商事から買えばいいが，それ以外なら買う必要は一切ない．つねにローソンの企業価値向上に努めてくれ．何か問題があったら，いつでも俺たちに言ってこい」

ローソンの企業価値向上に責任を持つ新浪氏には，投資会社としての親会社三菱商事の並々ならぬバックアップがあったのである．

とはいえローソンの業績はなかなか上向かなかった．三菱商事にとってローソンへの約2,000億円の出資は，投資規模としては資源関係を除けば過去最大のものであった．しかし2008年には株価が下がって約850億円もの減損処理（「のれん代」の一時償却）を迫られるという事態にも直面した．

各社の有価証券報告書には，役員報酬が掲載されている．新浪氏をローソンへ送り出した小島順彦氏（現会長）の2013年度の役員報酬は207百万円（うち退任時支給の積立金とストックオプションが計82百万円），また三菱商事の現社長・小林健氏は231百万円（うち同82百万円）である．そして同時期のローソン新浪氏の役員報酬は195百万円（うちストックオプションが82百万円）となっている．

> ケース解説

サントリー新社長に迎えられた新浪氏

　新浪剛史氏は 2014 年，ローソン社長を退任し，サントリー社長に転身した。

　サントリーは創業 110 年を超える同族企業である。社長はすべて一族によって引き継がれてきた。そこに創業以来初となる外部経営者を招いたのである。

　会長の佐治信忠氏は新浪氏の人柄について「夢に向かって力強く執念深くチャレンジし続ける人。一言でいえば，『やってみなはれの人』だ」と評価し，後任に選んだ理由を「国際感覚に優れ，海外人脈も広い。サントリーの世界戦略を力強く推し進めてくれる人材」と期待を表明した。

　マスコミはこの事例を次のように論評した。

　「外部から経営者を招くことは欧米では一般的だが，日本企業は企業文化の継承を重視して生え抜き人材をトップに起用することが多い。しかし最近では他社で実績を残した『プロ経営者』と呼べる人材を起用する動きが広がっている」

　新浪氏がユニークなのは，ハーバードへの企業派遣を半ば強引にゲットしたことである。社内試験に 2 度も落とされてもめげずに，自分でハーバードに応募し合格証を手にした上で人事と交渉し，留学を勝ち取った。

　もう 1 つ面白いのは，留学後も会社に留まったことである。企業派遣の海外留学者は帰国後ヘッドハンティングがかかって，退職が多いことはよく知られている。ご本人に高値のマーケット・プライスがつき，それを評価しない派遣元企業に見切りをつけてしまうのである。しかし新浪氏は先輩の言葉で転職を思い留まる。

　彼が言うように，「三菱商事の看板を背負っているからこそケタの違う仕事ができる」というのは事実だろう。

　そしてさらに新浪氏が面白いのは，事業を自ら企画し社内起業を志したことである。「その具体化は任せてください」と上司に直訴して自ら社長となる。そしてこの経験が後のローソン社長への布石となった。

「給食会社を立ち上げたとき，すごく燃えた。僕はもう一度燃えたい」

この思いが三菱商事のトップを突き動かし，新浪氏は43歳で東証1部上場の小売専業企業としては最年少トップとなる。彼は三菱商事では課長レベルのポジションだったので，異例の人事だったはずだ。しかも三菱商事のトップたちは，新浪氏のメンターとなり，有形無形に全面支援した。

なかなか向上しなかったローソンの業績

意気込んでローソンに乗り込んだ新浪氏だったが，すぐに壁にぶつかる。それは業界リーダー・セブン-イレブンの後追いをしようとしたためである。

<**図表6-6**>はセブン-イレブン・ジャパン（単独）とローソン（連結）を

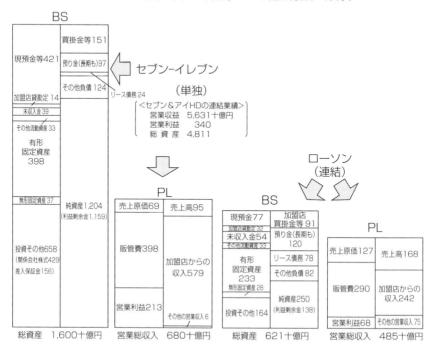

<図表6-6> セブン-イレブン vs ローソン　比例縮尺財務諸表
（2014年2月期　単位：十億円　PLは営業利益まで表示）

同一縮尺で比較した財務諸表である（セブンは単独で，セブン＆アイ HD の連結ではないことに注意）。

一目で，セブンの圧倒的強さがわかる。ローソンの営業総収入はセブンの 7 割近くあるが，本来の CVS 事業の規模を表す加盟店からの収入を比較すると，セブンはローソンの 2.4 倍あり，店舗数の差より大きい。全店舗 1 日当たり平均売上で，ローソン約 55 万円に対してセブンは 70 万円近くあり，10 万円超の差をつけていることがこの収入にも表れている。結果として営業利益でセブンがローソンの 3.1 倍強と，大差をつけている。

BS は過去からの蓄積量がいかに違うか，を見せつけるようである。純資産の金額ではローソンの約 5 倍，手元流動性は約 5.5 倍，投資その他は約 4 倍と過去から積み上げた利益の蓄積が資産に表れていて，ローソンがセブンに追いつけない事情がよく読み取れる。

ケースにもあるように，日本型コンビニのビジネスモデルを創り出したのはセブン-イレブンである。そればかりか他社に先駆けて，革新を続けてきたのもセブンである。したがって同業他社はセブンの戦略，戦術を後追いする傾向が否めない。いわゆる「Me-Too 戦略」である。

実際のところ新浪氏も社長就任時には，ローソンの社員たちに「同じコンビニ。セブンにできることがなぜできないのか」と言い続けた。しかしこれは明らかに失敗だった。

消費者側から見れば，これではセブンに勝てないのは明らかである。Me-Too 戦略をとるローソンと業界トップのセブンの店が並んでいたら，消費者はセブンを選ぶだろう。すべてにおいて進んだセブンを選ぶほうが，リスクの少ない無難な選択だからである。

また「マネしろ！」と叱咤される社員にとっても，これほどモチベーションの上がらない言葉はない。人は創意工夫しながら仕事をする時，燃えるのだ。ましてセブンは数歩先を進んでいる。後追いでは，いつまで経っても勝ちを実感することはない。社員がますます下を向くのは当然である。

しかし新浪氏は状況を理解し，やり方を本気で変える決心をする。ここは筆

者の勝手な想像だが，MBAの座学が功を奏していると推測している。座学で戦略論を学び，多様な方法論を知っているからである。

新浪氏は「Me-Too戦略」を捨てて，戦略を変えた。トップとは異なる差異ポイントを明快にし，そこに経営資源を集中投下して「局地戦」に勝つという戦法，いわゆる「差別化戦略」，ないし「集中化戦略」へのシフトである。

トップ企業のように全方位で展開できないなら，「小さな勝ち」を重ねていく。どうしても勝てなければ，構造を大改革することで「競争のルール」を変えてしまう。

この戦略の延長線上で，例えばナチュラルローソンなどの業態改変が生み出された。またおにぎりやデザートなど一部の限られた商品ジャンルで，尖った商品性を打ち出し，そこからやがてヒットがいくつか生まれ始めた。「ローソンだけにしかない品物がある」と消費者が認識すれば，ローソンに足を運ぶ動機が増すのだ。

しかしローソンの業績は新浪氏が社長になって数年は，あまり改善しなかった。<図表6-7>を見てもわかるように，当初不採算店の閉鎖をしつつ新規出店を加速したので営業利益は少しずつ増えたものの，株価は低迷している。

<図表6-7> ローソンの12年間の業績推移
（同社決算説明会資料より）

2008年にはローソン株の下落で、三菱商事は減損損失（のれん代の減損）も計上した。しかし差別化戦略が浸透するようになって、2010年以降のここ数年やっと業績が上向いてきた。親会社である三菱商事は、その間じっと待ち続けたのである。

三菱商事がサポートする事情

三菱商事が新浪氏を送り出し、その成長をじっと待ち続けたのには三菱側の事情もある。＜図表6-8＞は、三菱商事の財務諸表である。

ケースにもあるように、総合商社は、かつて世界に情報ネットワークを持ち、日本の産業振興を主導する役割を担ったが、日本経済が成熟し始めると「商社

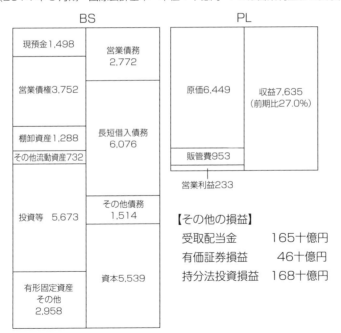

＜図表6-8＞ 三菱商事比例縮尺財務諸表
（2014年3月期　国際会計基準　単位：十億円　PLは営業利益まで表示）

総資産　15,901十億円（前期比5.6%増）

不要論」の声を聞くようになる。かつては資源の調達と製品輸出を商社に頼ってきた日本企業も，自力をつけ「流通中抜き」の「商社はずし」をするようになったのだ。

商社はそうした動きに対抗するために，2000年代に入って川上の資源権益や川下のBtoC企業への投資を強化するようになる。

最初はトレーディングの権益を守るための投資だったが，やがて投資が本格化すると投資自体が本業化した。その過程で口銭を稼ぐ旧来型の「商社」から「投資会社」に転換してきたのである。そのことは三菱商事のバランスシートを見てもわかる。今やBSの最大の資産は「投資等」となっている。

またトレーディングの利益は，PL中の「営業利益」に表れる。営業利益2,330億円は，当然だが税金差引き前の数字である。税引後に換算するには，実効税率を差し引いた65％程度をかけて見る必要がある（約1,500億円）。

一方で投資のリターンは，「受取配当金」や「持分法投資利益」などで表現される。それぞれ1,650億円，1,680億円あるが，こちらは税引き後の数字である。この他の投資リターンとして，有価証券の売却時や期末再評価時に出てくる「有価証券損益」も460億円ある（これは税引き前）。どちらが大きいかといえば一目瞭然，投資リターンのほうが大きくなっている。

総合商社が取り扱う商品はかつて「ラーメンからミサイルまで」といわれ，今は「コンビニから鉱山まで」といわれる。それほど多様な非関連事業を抱える投資会社にとって，最も重要な経営資源は何か。それは個別の事業ごとに必要とされるようなマチマチの資源ではない。たとえどんな事業に投資しても，成功を引き出せる汎用的なリソースとは何か。それは有能な経営者である。

特に三菱商事は最近，「人材供給会社」という顔を強みに押し出し始めた。商社が従来から持っている金融力や情報力，物流などであれば，他の企業からいくらでも調達を代替できる。しかし有能な経営者だけは容易に手に入らない。もしどんな事業でもこなせる「プロ経営者」をキラ星のごとく揃えることができたら，投資先の成功確率を高めることができる。さらに将来優良な投資案件も，どんどん三菱商事に持ち込まれることになるだろう。良い投資会社と

してのビジネスモデルができ上がるのである。

　総合商社はもはや単なる商社ではなく，実業を持ちつつも再生ファンド，あるいはベンチャー・ファンドと性格の似た投資会社に変身した。いわばハンズ・オンの投資会社であり，プロ経営者を育成し輩出していかなければ勝ち続けることはできないのだ。

　その意味で，三菱商事の新浪氏への並々ならぬバックアップの裏側には，「派遣経営者のシンボル・新浪剛史に失敗してもらっては困る」という親会社の事情もあるのだ。

わが国ではアントレプレナーよりイントラプレナー

　三菱商事はどんな事業でも経営できるトップを育成するために，経営教育に力を入れている。OJTはもちろんのこと，派遣留学も含めてOFFJT（座学）の経営教育の場を豊富に設けていると聞く。

　新浪氏は，いわば三菱商事が育んだイントラプレナー（社内起業家）である。厳密にはローソンは新浪氏が起業したものではないが，給食会社を社内起業し，その布石がローソン再生につながったとすれば，社内起業家と呼んで差支えないだろう。

　ローソンでの成功は，もちろん新浪氏の「社長をやらせて！」と申し出る情熱があったからこそもたらされたものだろう。しかしそれを許容し，全面サポートし，待ち続けた商事の貢献も大きいといわなければならない。

　ソフトバンク孫正義氏のような人は，事業をゼロから立ち上げたアントレプレナーの代表選手である。孫氏のようなイノベイティブな起業家を日本は待望している。だから起業家を大量に輩出するシリコンバレーをモデルに，「日本にもシリコンバレーを作ろう！」という政府構想が何度も立ち上がったのだ。しかし今のところ，どれもうまくいっていない。そしてシリコンバレーを見てきた私の目から見ると，それは無理だと思う。

　なぜかといえば，日本のベンチャーを取り巻く社会インフラと，シリコンバレーのそれは成り立ちから大きく違い，そのまま持ち込もうとしても無理があ

るからだ。

　例えばシリコンバレーでは，有能な学生から起業を目指す傾向にある。起業に必要な技術やカネ，人的サポートなどの経営資源も比較的容易に調達できる。

　しかし日本では経営資源であるヒト，モノ，カネ，情報（技術やノウハウ）は，大企業に偏在している。優秀な人は大企業に集まり，辞めたがらない。だからベンチャーが優秀な人を確保しにくい。

　また大企業にはたくさんのモノ（設備）やカネが眠っているが，ベンチャーがそれを利用できない。カネが大企業からベンチャーに流れる仕組みも未発達である。さらに技術も大企業に蓄積されている。多くの特許を大企業が握っているため，ベンチャーが製品開発をしようとすると，大企業の特許に抵触することが多い。技術の使用許諾を取り付けようと思っても，大企業が首をタテに振らない。

　かくして新事業立ち上げに必要なヒト，モノ，カネ，技術などの経営資源は，日本では大企業に偏って存在し，ベンチャーには回ってこない構造になっている。

　リスク負担についても，彼我の差が大きい。シリコンバレーでは，エンジェルやVCがリスクを負担してくれるので，アントレプレナーは，起業に失敗しても痛手を負わない。それまでの働きが「タダ働き」になるだけである。だからこそアントレプレナーたちは大きな賭けに出ることができる。

　しかし日本では起業のリスクが高い。全財産を失うなどという悲惨なケースもまだ多い。わが国では開業率が低い理由として，「起業マインドの低さ」を挙げる論者が多い。あたかも日本人は臆病であるかのように片づける論調もある。しかしどんな国でも個人に高いリスクをかぶせるならば，誰もあえて起業などしないはずだ。

　しかしもし日本でも，大企業が起業のリスクを負担するならば，日本は変わっていくに違いない。大企業のリスク負担能力はもちろん高い。大企業が社内でベンチャーをインキュベート（孵化）したいと考えて，社内ベンチャーをサポートすれば，容易にベンチャーを輩出できる。つまり大企業がイントラプ

レナーを大量に生み出すことができたら，日本は大企業発のイノベーションを起すことができるのだ。

日本を変革するために育成すべき人材は，アントレプレナーより大企業のイントラプレナーである。ドラッカーもこう言っている。

「大企業に起業家精神はもちろん可能だ。いよいよ大企業もイノベーションを行わなければならなくなったということである。さもなければ生き残りは難しい」（『ネクスト・ソサエティ』より）

新浪氏の事例でもう1つ強調したいことがある。

それは新浪氏がMBAだということである。起業には幅広い知見やスキルが必要である。ビジネススクールはその全体を効率的に学べる場なのである。

日本のビジネスパーソンは企業に入社して以来，技術や営業ノウハウなどを懸命に勉強し，そのおかげでわが国は今日の高度産業社会を手に入れた。経営学の学習が今必要とされているのなら，経営学も勉強すればいいのである。

リーダーシップ開発のカギ

大企業の力に期待するとしても，ただ口を開けて待っているようでは，イントラプレナーは生まれない。やはり新浪氏のように，自ら手を挙げる人材が出てこないことには話が始まらない。そのためには，自らリーダーシップ・スタイルを開発する努力が必要である。

リーダーシップ開発のためにいくつかヒントを挙げよう。

企業という組織は，遺伝子組み替え可能な生命体といわれている。だから永遠の生命を持ちうるともいわれる。しかしトップも人間であり，判断ミスは多いはずである。トップが判断ミスをして組織に危機が訪れた時，トップのイエスマンしかいないと組織は衰退する。種の保存には「最少有効多様性」，つまり存続に欠かせない多様な遺伝子が組み込まれている必要がある。現役トップと異なる遺伝子が組織には必要だ。それが何かといえば，トップを相対視し批判視できるような後継人材，つまりミドルである。突出するミドルが組織の生存に不可欠だ。

そのためには，ミドルがトップとパワー競争する意欲が求められる。トップのビジョンや政策をいつも客観的に見つめ，対抗案をひねり出す精神的強さが欲しい。筆者は全共闘世代だが，「前の世代を何が何でも批判し倒す」という姿勢は，過激でない範囲で特に今の時代に必要なのではないかと思っている。

　トップとパワー競争といっても，トップとミドルのパワー格差は圧倒的である。しかしたとえそうでも，パワー基盤を築いてトップに対抗すべきだ。「上司をマネージする」のである。

　パワーは味方，つまりフォロワーの多さによって決まる。パワー基盤の形成には，人を味方につけるインセンティブ源泉をもたなければならない。個人が持ちうるインセンティブ源泉は4つある。それは「恩賞」，「知識」，「人格」，「正義」である。

　恩賞とは，物質的インセンティブないしあるいは評価的インセンティブを主とするパワー基盤である。何かと食事やお酒をおごってくれる部長に，部下はついてくる。何かと上に引き上げてくれ，昇給や昇格でがんばってくれる上司は慕われる。これは「恩賞」のなせる業である。気配りが利き，協力を惜しまない同僚には，いざというとき借りを返したいと思うだろう。土産や中元歳暮を欠かさず届けてくる部下は，上司から可愛いと思われる。これも恩賞である。

　また，「この業界のマーケティングはあの人に聞けばわかる」，「この分野の研究では，あの研究主任が第一人者だ」というリーダーにも，人はついてくる。これは「知識」がフォロワーたちの自己実現的インセンティブに結びついているためである。

　「あの人のためなら死んでもいい」とまで思わせる人格者はそう滅多にいないとしても，「あの人と一緒に仕事したい」と思わせる人はいるだろう。面倒見の良さや性格の良さに恵まれた人は，人的インセンティブの源泉を持っていることになる。

　同じように「あの人の目指しているものは崇高だ」，「あの人は正義の人だ」と思わせる人には，人の共感を呼ぶ力がある。人々は理念的インセンティブを求めるゆえに，「正義」も重要なパワー基盤の1つである。

4つのパワー基盤すべてを持てる人はいない。どれが自分に合うパワー基盤か，それをまず発見しなければならない。どれが自分の性に合うか確認しながら，育てていけばよい。自分の性に合わないものを求めても，無理がある。部下は鋭く見抜く目を持っている。身に付かないものを振りかざしても，見抜かれる。性格が良くないと自覚する人は，知識をせっせと磨くべきである。あるいは人に分けられる恩賞を蓄えるべきである。

　自分にないものを「補佐役」に求めるという方法もある。人は全能ではない。他人と組むことで不足をカバーすることができる。

　名経営者といわれた人には，必ずといっていいほど名補佐役がいた。本田宗一郎と藤沢武夫，松下幸之助と高橋荒太郎，飯田亮と戸田寿一…など挙げればキリがない。ただし補佐役との関係が，並みの信頼関係でないことは明らかである。

　そして今まで何度か述べてきたが，マネジメントが難しいのは人のマネージが難しいからである。経営は「人がいかにうまく協働してくれるか」にかかっている。そんな意味からは，「人の気持ちの専門家」にならないといけない。フォロワーの気持ちの襞（ひだ）が読めないと，リーダーに人はついてこない。

　そして最後に，優れた経営者は伝道師の顔を持っている。大げさにいえば思想家である。リーダーは独自の価値体系を磨かなければならない。それが人々の共感を勝ち得ると，その輪の大きさで経営のサイズが決まる。したがってリーダーは自らの理想や価値観を磨く努力を続けなければならない。たくさんの人と出会い，未知の体験を重ね，「自分を開発する旅」を続けなければならない。

　「世界観を磨く！」，最後はこの一言に尽きる。

エピローグ

経営と会計は別？？

　私が慶應義塾大学ビジネススクール（KBS）で経営学を教える仕事に携わってから20年の歳月が過ぎ，2014年3月に65歳定年を迎えた（慶應義塾大学名誉教授をいただいた）。幸い早稲田大学ビジネススクール（WBS）からお誘いをいただいて（こちらの定年は70歳），ビジネススクール教授というヤリガイのある仕事を続けることができている。

　プロローグで経営は総合（synthesis）だ，という話をした。"synthesis"の反対概念が"analysis"，つまり分析である。分解して解析する（つまりanalysis）のが学問であり，学者の仕事である。実は，部分ごとに分解されたパーツの学問領域が網羅的に揃えられて，ビジネススクールの科目が構成されている。

　経営者は総合の人，学者はパーツ領域で分析する人ということになれば，両者は対極の世界に住む人たちといえる。また，それゆえに経営者と学者は基本的流儀が全く異なる。

　わからないことは「わからない」と明確に言うのが学者の正しいマナーである。知りえたことだけを誠実に語り，「わからないことは言わない」のが学者である。したがって学者はいきおい細かい部分をほじくることになる。全体は広すぎて理解が及ばないからだ。宇宙は広く奥深いのに，「宇宙のすべてがわかる」という学者がいれば，それは間違いなくペテン師である。

　しかし経営者は真逆である。壮大な宇宙に立ち向かって手を拡げ，見えない外界に対して「わからないからチャレンジする」，「わからないことを試みる」のが経営者である。「わからないことはやらない」では経営者は務まらない。だから経営者は時々，いかがわしい「山師」と間違えられるのだ。

　ビジネススクールにはおよそたくさんの科目が並んでいる。経営トップはこ

れらすべてをある程度理解していなければならないと言ったが，一方でおかしなことにビジネススクールにはこれらをすべてわかっている学者はいない。またいろいろな科目はあっても，「経営学」という統合科目はビジネススクールに存在しない。

ここにビジネススクールの，というか経営教育の矛盾がある。ビジネススクールの受講生はほとんどビジネスパーソンである。彼らは総合を知る必要がある。しかしそれを教えるのは多くが学者である。学者はパーツ領域から，受講者を攻める。しかし全体を知らない。そうなると「経営の総合化」は受講生自ら行わなければならないことになる。パーツの見識を集めて，全体を構築するのだ。しかしこの作業は，受講生が相当意識して取り組まないと難しい。

もう1つ困ったことに，ビジネスに関わる領域で昔から根強く混じり合わない学問体系がある。それが経営学と会計学である。

例えば慶應義塾大学商学部のホームページを見ると，商学部の領域を定義的に3つに分けている。それは「経営学」，「会計学」，「商業学」である（商業学とは主にマーケティング論のこと）。早稲田大学大学院商学研究科ではビジネススクール（つまり経営研究の場）と会計研究科が分離されている。つまり経営学と会計学の研究系統は基本的に別々で，学者も別々である。

しかしプロローグで紹介したように，稲盛氏は「会計がわからんで経営ができるか」と言い，坂根氏も「全体（数字）が見えないのに，本当の問題点など見えるはずがない」と言う。経営者はもちろん経営学と会計学は不可分と考えている。

筆者は「会計は経営の重要ツール」と考えてきたのだが，それは実務家出身だからである。研究者になって以来感じてきたことだが，経営学者と会計学者は全くといっていいほど融合していない。しかし確信して言うが，これは学界の都合であって，ビジネススクールではあってはならないことだと思うのだ。

この本で，戦略とマネジメント・コントロール，そして会計のすべてを書き込もうとしたのはそのためである。

ビジネススクールは「ナンチャッテ MBA」も量産？

　ビジネススクールの矛盾は学生にも影響を及ぼしている。

　学校の常だが，学生には優秀な学生もいれば，落ちこぼれの学生もいる。自信を持って社会にお薦めしたい学生は多いのだが，中には「ナンチャッテ MBA」もいないわけではない。

　ナンチャッテ MBA のタイプで一番多いのは，片手落ちの勉強をして卒業していった人たちである。例えば経営戦略論を勉強したのはいいが，会計や財務を勉強しなかった人。つまり経営学系統の一部だけ勉強して，会計学を勉強しなかった人たちである。あるいは反対に，会計学や財務理論ばかり勉強して数字を振りかざすのは得意だが，経営学の中の特にマネコンを勉強しなかった人，これも多い。マネコンの本質は「ヒトのマネージ」だと言ったが，ヒトの理解が及ばない数字屋は困り者である。

　「経営の総合化」を受講生自ら行わなければならない，と言ったのはそのためである。

　私はドラッカーとともに，もう1人のビッグネーム，H. ミンツバーグを敬愛している。彼が『MBA が会社を滅ぼす』という本を書いている話はしたが，彼はもちろん経営教育を否定しているわけではない。総合を学ばない片手落ちの MBA 教育は弊害が大きい，と警鐘を鳴らしているのである。MBA 課程で何を学ぶべきかについて重要なポイントを見落としたまま，単位だけ揃えて卒業していった人たちもいるのは，残念ながら事実である。

　とはいえ総合的な経営教育は断じて必要である。どんな MBA も，実務の中だけで手探りで経営を学ばざるを得ない人たちよりはずっと有利だと思う。実務叩き上げオンリーの人たちが，すべての経営場面を経験できるわけではない。未経験の問題は解決のヒントすらつかめないだろう。対照的に MBA 学生はバーチャルだが，さまざまな問題を考える経験を積むことができ，気づきのチャンスが多い。叩き上げでは，それは期待できないのだ。

　現在，人口大国である中国とインドの有名大学には，それぞれ 200 超の MBA コースがあるといわれている。控えめに見積もっても大規模大学では 1

校当たりで毎年千人，中規模大学では200〜500人のMBAホルダーが輩出されているという。中国とインドだけでも，最低数万人のMBAが毎年誕生していることになる。

翻ってわが国を見ると，31の大学に32専攻のビジネススクールが設立されたが，いまだに1学年の総定員数は総計2,400人程度である。年間輩出されるMBAは全体でも3,000人足らずという現状にある[1]。

「有能な経営者をどれだけ生み出しうるか」は今日，国家が競うテーマにもなっているのだ。

経営教育はサイエンス＆アート教育

第1章で，経営には"Logical Thinking"の能力のほかに，クリエイティブなデザイン能力が求められると言った。したがって経営教育の場は，サイエンス研究と同時にアート制作の場でもある。たとえていえば，ビジネススクールは芸術大学に近い。

芸大は美術評論家のようなロジックの分野で活躍する人も育てているが，もちろん一番の狙いはアーティストの育成である。ビジネススクールも同じで，芸大のようにアーティストとしての経営者を座学で育成することができる。

ではアート教育は具体的にどんなことをするのだろうか。

中学や高校教育の中でも「美術」という科目があって，多くの人が経験したことがあるだろう。そこでは色彩学や絵の具の使い方，構図構成法やデッサンの技法といった技術的・論理的な授業がある一方で，美術館へ出向いて先人たちの傑作を鑑賞することもある。また制作実習の時間もある。実際に絵具とキャンバス，あるいは粘土や彫刻刀が配られ，学生それぞれが習作をつくり，皆で比較し論評し合うのだ。

アート教育をビジネス教育に置き換えてみると，よく似ている。

まず経営の手法や考え方を学ぶLogical Thinkingの授業がある。経営環境の

1　河野宏和「製品のグローバル化から「経営のグローバル」化へ」DHBR 2012/4

読み方，消費者ニーズ分析の方法論，戦略設計やマネコンの基本的な考え方…等々，基本的な枠組みや理論を学ぶ場面である。

　一方でアーティストの卵たちが先人の作品を見たり，自ら制作実習を行うように，経営教育の場でも先人の経営の成功失敗例を見聞きし，その要因を考えると同時に，「自分だったら，こんな場面でどうするだろうか」を考え，意見をぶつけ合う授業がある。実際の経営事例を疑似体験するのだ。さらに実際に，自らのビジネスプランを白紙に描き出し，それを教師や同僚と喧々諤々議論しながらリファインしていくデザイン的セッションもある。

　ハーバードビジネススクールはケース・メソッドという教育手法を開発して，学校の評価を劇的に上げた歴史を持っている。今やケース・メソッドは広くビジネススクールに取り入れられているが，これはアート実習に似た手法の1つである。だから本書でもただ単に理論的な話をするのではなく，ケースによる学びを取り入れた。

　アート教育に方法論があるように，ビジネス教育も方法論があるのだ。

　プロ経営者と呼ばれる人たちが最近登場しているが，私に言わせるとプロ経営者とはOJTだけでなく，OFFJTのトレーニング，つまり座学を確実にこなしてきた人たちである。

　方法はいろいろある。経営書を読み漁る独学猛勉の人もいるだろう。経営者が主催する勉強会にも通い詰め，経営の知識をどん欲に吸収した人もいる。しかし本書のケースに登場した多くの経営者がビジネススクールやそれ以外の場で座学の機会を得て，経営能力を磨いた人たちである。

　座学で，いわば竹刀による日頃の鍛錬があった上で，実際の経営に挑戦し，成功や失敗を重ねることで地歩を築いてきたのである。さらに彼らにはたくさんのメンターがいて，そのサポートを獲得することでチャンスをものにしてきた人たちでもある。彼らは学んだ素養をベースに，間違いなく「経営している経営者」である。

　何度も繰り返しになるが，日本に経営者が不足しているとはいえ，経営は学習できる。日本が経営教育に本気になれば勝てる。筆者のこのメッセージがい

つか届くことを祈っている。

　本書は，長いお付き合いの中央経済社坂部秀治氏との議論がなければ，完成を見なかっただろう。お酒を飲みながら筆者がもらったアドバイスは，本書の貴重なガイドラインとなった。またケース教材の作成を手伝ってくれた慶應義塾大学ビジネススクール（KBS）の山根ゼミOBや，議論に加わってくれた早稲田大学ビジネススクール（WBS）山根ゼミの諸君は，気づきの機会を常に与えてくれる筆者の一生の財産である。もちろんKBSやWBSの教員や職員の皆さんのサポートがなければ，今日の筆者はない。

　そして孤独な執筆作業を支えてくれた妻に感謝を込めて。

　Thank you all for everything!

　2015年新年を迎えて　　　　　　　　　　　　　　　　　　　　山根　節

〈著者紹介〉
山根　節（やまね　たかし）
ビジネス・ブレークスルー大学大学院経営学研究科教授
慶應義塾大学名誉教授（ビジネススクール）

〈経　歴〉
昭和48年　早稲田大学政治経済学部政治学科卒業
昭和49年　公認会計士第2次試験合格，監査法人サンワ事務所（現・監査法人トーマツ）入所
昭和53年　公認会計士登録
昭和55年　慶應義塾大学大学院経営管理研究科（ビジネススクール）修士課程入学
昭和57年　同修了。コンサルティング会社設立・代表
平成6年　慶應義塾大学大学院経営管理研究科助教授，慶應義塾大学大学院商学研究科博士課程入学
平成9年　同博士課程修了
平成10～11年　スタンフォード大学客員研究員
平成11年　商学博士
平成13年　慶應義塾大学大学院経営管理研究科教授
平成26年　慶應義塾大学名誉教授，早稲田大学大学院商学研究科教授
平成31年　ビジネス・ブレークスルー大学大学院経営学研究科教授
現在まで　RJC カー・オブ・ザ・イヤー選考委員・理事，社外取締役，その他経済産業省プロジェクト座長など歴任。

〈著　書〉
『ビジネス・アカウンティング〈第4版〉』（共著）中央経済社，2019年
『なぜあの経営者はすごいのか─数字で読み解くトップの手腕』ダイヤモンド社，2016年
『「儲かる会社」の財務諸表』光文社新書，2015年
『山根教授のアバウトだけどリアルな会計ゼミ』中央経済社，2011年
『なぜ，あの会社は儲かるのか？』文庫版（共著）日本経済新聞出版社，2009年
『経営の大局をつかむ会計』光文社新書，2005年　他多数

MBAエグゼクティブズ
戦略、マネジメント・コントロール、会計の総合力

2015年3月25日　第1版第1刷発行
2023年7月15日　第1版第6刷発行

著　者　山　根　　　節
発行者　山　本　　　継
発行所　㈱中央経済社
発売元　㈱中央経済グループ
　　　　パブリッシング

〒101-0051　東京都千代田区神田神保町1-35
電話　03(3293)3371(編集代表)
　　　03(3293)3381(営業代表)
https://www.chuokeizai.co.jp

©2015
Printed in Japan

印刷／文唱堂印刷㈱
製本／誠製本㈱

＊頁の「欠落」や「順序違い」などがありましたらお取り替えいたしますので発売元までご送付ください。（送料小社負担）

ISBN978-4-502-14241-3　C3034

JCOPY〈出版者著作権管理機構委託出版物〉本書を無断で複写複製（コピー）することは，著作権法上の例外を除き，禁じられています。本書をコピーされる場合は事前に出版者著作権管理機構（JCOPY）の許諾を受けてください。
JCOPY〈https://www.jcopy.or.jp　eメール：info@jcopy.or.jp〉